# Respondiendo al autismo

## El programa del Método Doman® para el tratamiento del autismo, el TDA y los retrasos del neurodesarrollo

**Por Douglas Doman y Spencer Doman**

Capítulo sobre nutrición, por Dr. Vijay Murthy
Capítulo sobre el sueño, por Melissa Doman

www.edaf.net

MADRID - MÉXICO - BUENOS AIRES - SANTIAGO

2023

Título original: *Answering Autism: The Doman Method Plan for ADD and Neurodevelop mental Delays*
© 2023. Douglas Doman y Spencer Doman
© 2023. De la traducción: Pablo García Hervás
© 2023. De esta edición, Editorial Edaf, S.L.U., Jorge Juan, 68 - 28009 Madrid.

Diseño de cubierta: Marta Elza, adaptada de la original.
Maquetación y diseño de interior: Diseño y Control Gráfico, S.L.

Editorial Edaf, S.L.U.
Jorge Juan, 68,
28009 Madrid, España
Teléf.: (34) 91 435 82 60
www.edaf.net
edaf@edaf.net

Ediciones Algaba, S.A. de C.V.
Calle 21, Poniente 3323 - Entre la 33 sur y la 35 sur
Colonia Belisario Domínguez
Puebla 72180, México
Telf.: 52 22 22 11 13 87
jaime.breton@edaf.com.mx

Edaf del Plata, S.A.
Chile, 2222
1227 Buenos Aires (Argentina)
edafadmi@gmail.com

Editorial Edaf Chile, S.A.
Avda. Charles Aranguiz Sandoval, 0367
Ex. Circunvalación, Puente Alto
Santiago - Chile
Telf: +56 2 2707 8100 / +56 9 9999 9855
comercialedafchile@edafchile.cl

Marzo de 2023

ISBN: 978-84-414-4208-5
Depósito legal: M-853-2023

PRINTED IN SPAIN                                                                                    IMPRESO EN ESPAÑA
COFÁS

*A nuestras esposas, Rosalind y Melissa,*
*pioneras en el Método Doman y compañeras de vida.*

# ÍNDICE

Prólogo. Por la Dra. Isabellle Martineau............................................. 9
Prefacio. Por Douglas Doman ............................................. 11
Introducción. Por Spencer Doman ..................................... 15

CAPÍTULO 1.   El autismo y el TDA están en el cerebro.................... 17
CAPÍTULO 2.   La neuroplasticidad o «el cerebro crece con el uso»..... 29
CAPÍTULO 3.   Entender la inteligencia y las discapacidades del
              neurodesarrollo........................................... 43
CAPÍTULO 4.   Nutrición para niños con necesidades especiales........ 47
CAPÍTULO 5.   Higiene del sueño en niños con necesidades especiales. 75
CAPÍTULO 6.   Desarrollo físico en niños con autismo y TDA........... 93
CAPÍTULO 7.   Enseñar a tu hijo a leer................................. 123
CAPÍTULO 8.   Comunicación y desarrollo del lenguaje en niños con
              autismo y TDA ........................................... 151
CAPÍTULO 9.   Tu hijo y sus necesidades de integración sensorial....... 171
CAPÍTULO 10.  Desarrollo social para niños con necesidades
              especiales................................................ 191
CAPÍTULO 11.  Listos para comenzar el programa........................... 201

Conclusión ................................................................ 205

Recursos .................................................................. 207
Consultas y tratamiento en Doman International............................ 211
Información para contactar con Doman International ....................... 213
Doman International — Suministros........................................ 214

Agradecimientos.................................................................. 215
Sobre los autores................................................................ 217
Apéndice A. Recursos adicionales ..................................... 221
Apéndice B. Referencias..................................................... 225
Apéndice C. Equipamiento................................................ 229
Apéndice D. Glosario......................................................... 237

# PRÓLOGO

Bienvenido al mundo de Doman. Tu camino te ha conducido ante un equipo que se desvive por su trabajo. Eres un ganador, ¡y este equipo va a hacer que tu hijo sea también un ganador!

La historia del Método Doman® comienza con Glenn Doman, quien tenía una visión y un conocimiento de la función y el desarrollo del cerebro muy adelantados a los de su tiempo, a finales de los años cuarenta y en los cincuenta. Su trayectoria de investigación los convirtió a él y a los neurólogos con quienes trabajaba, sobre todo el Dr. Temple Fay, en los primeros profesionales sanitarios del mundo que comprendieron el concepto de la neuroplasticidad, nada menos que cincuenta años antes de que esta noción fuese finalmente aceptada por la medicina convencional, a comienzos del siglo XXI.

Con un conocimiento exhaustivo de la ciencia que se halla tras el desarrollo cerebral, el equipo Doman ha elaborado un magnífico programa de rehabilitación, basado en estimular de manera adecuada las distintas funciones del cerebro. Si a tu cuerpo le proporcionas la información adecuada (y, por tanto, también al de tu hijo), el cuerpo sabrá cómo utilizarla para hacer todo lo posible por autorepararse.

«La función determina la estructura»: este es el lema del Método Doman, en el que se integran diversos programas de terapia motriz y sensorial que ayudarán a que tu hijo alcance, en pos de la excelencia, el mejor desarrollo neurológico y fisiológico posible.

A través de décadas de experiencia y de un constante perfeccionamiento de dichas terapias, el equipo Doman está más que capacitado para ofrecer el mejor programa de tratamiento para tu hijo. Para obtener un óptimo desarrollo neurológico, el Método Doman pone especial cuidado en los factores ambientales, empezando por la dieta. Hipócrates escribió hace dos mil años que la comida es medicina y, ciertamente, en este libro se proporciona un exhaustivo plan de nutrición que toma en consideración las necesidades dietéticas y las circunstancias de cada niño o niña.

Este programa también incluye:

— Un sofisticado plan de actividad física, paso a paso, adaptado al progreso diario de tu hijo.

— Un programa de desarrollo cognitivo para enseñarle a leer y que adquiera conocimientos generales del mundo.

— Ejercicios para mejorar la respiración: fundamentales para reparar el cerebro al potenciar el transporte de oxígeno a las neuronas.

— Programas de desarrollo auditivo y competencia táctil, que capacitarán al niño para que supere la híper o hiposensibilidad al sonido y el tacto.

— Pautas para mejorar las interacciones y habilidades sociales, incluido el desarrollo del habla.

Sea cual sea la etapa en que se encuentre, este programa podrá aplicarse a tu hijo y, mediante la integración de todos los programas arriba mencionados, lo irá transformando de un modo lento, pero seguro, hasta que alcance un estado óptimo de salud y bienestar.

Aunque el proceso pueda ser largo y suponga un duro trabajo, el equipo Doman está a tu disposición a todas horas para apoyaros a ti y a tu hijo. El camino no siempre será fácil, pero los resultados os aportarán alegría, felicidad y éxito. Si se siguen cuidadosamente, estos programas ayudarán a que tu hijo alcance su máximo potencial. Así pues, ponte cómodo y disfruta leyendo sobre este nuevo enfoque, que ya lleva setenta años de gestación.

Deseo expresar mi gratitud personal hacia la familia Doman por ayudar con tan buenos resultados a cientos y cientos de niños con lesión cerebral. Una vez más, ¡te doy la bienvenida al mundo de Doman!

Dra. Isabelle Martineau
Londres

# PREFACIO

No puedo recordar un momento de mi vida en que no estuviese rodeado, o bien de adultos con graves lesiones cerebrales, o bien de niños con necesidades especiales. En 1955, cuando yo tenía dos años, mis padres Glenn y Katie Doman vendieron su casa y combinaron sus ahorros de toda la vida con una donación de cuarenta mil dólares para crear una organización, exenta de impuestos y sin ánimo de lucro, dedicada a ayudar a niños con necesidades especiales. Compraron una espléndida finca de cinco hectáreas que se convirtió en nuestro hogar y en clínica para pacientes adultos con lesiones cerebrales.

Mi madre era la jefa de enfermería y mi padre, el director. Su trabajo ocupaba todo su tiempo. Yo no tenía más que caminar veinte metros desde nuestro apartamento hasta el puesto donde mi madre trabajaba, y bajar solo dos plantas para llegar a las salas de terapia, donde siempre podía encontrar a mi padre.

Los niños teníamos carta blanca para ir a visitar a nuestros pacientes siempre que quisiéramos. Para mí era aburrido cuando no estaba con el personal médico y los pacientes con el cerebro lesionado. Cuando me tocaba ir a la escuela se me hacía muy pesado; no veía el momento de volver a casa y estar con mis amigos. Los adultos con lesión cerebral de nuestra clínica me habían adoptado y me tenían de lo más mimado.

No hay nada más irresistible para un niño que el tener la plena atención de un adulto; yo a todas horas tenía a unos treinta a mi alrededor. Sabía que tenían el cerebro lesionado pero, ¿y qué? Aquello no les impedía ser los mejores amigos que un chaval pudiera tener.

Mi padre, Glenn Doman, era un héroe. Los niños lo sabíamos y todo el mundo nos lo decía constantemente. Sabíamos que era un héroe porque hacía caminar y hablar a gente con profundas lesiones cerebrales. Algunos hasta volvían a trabajar.

Sabíamos que era un héroe porque sus mejores amigos eran soldados que lucharon con él en la Segunda Guerra Mundial. Entró en combate justo antes de la batalla de las Ardenas, la última ofensiva de Hitler en el frente occidental. En cuestión de semanas, mi padre pasó de ser el oficial más joven de una compañía de fusileros a ser el capitán. Todos los demás oficiales estaban muertos o heridos. A los veinticinco años se convirtió en «el viejo» y era responsable de las vidas de más de cien hombres.

Esta experiencia cambió su vida para siempre.

## Los niños éramos libres de hacer lo que quisiéramos

De pequeños, mi hermana, mi hermano y yo teníamos campo libre en todas las instalaciones. Podíamos ir adonde quisiéramos y a cualquier hora, lo cual quiere decir que yo podía ir a la sala de terapias y acompañar a los adultos con lesión cerebral mientras seguían sus programas. Podía ir a la cantina y comer con los pacientes o con el personal. Cuando mi padre traía a personas brillantes e interesantes para que visitaran las instalaciones, yo me podía sentar con ellos en el salón y escuchar sus conversaciones. Hablaban del cerebro, de cómo funcionaba y de lo que pasaba cuando estaba dañado, y debatían infinidad de soluciones para repararlo. A mí esas conversaciones me resultaban fascinantes. A veces eran sesiones de lluvia de ideas y de discusiones que se volvían algo apasionadas. Recuerdo haber asistido a estas reuniones desde que tenía solo seis años de edad.

Yo hacía preguntas siempre que quería. Para mí era importante, ya que así me aseguraba de que lo estaba entendiendo. Tanto mi padre como sus invitados me trataban como a un interlocutor más en la conversación. Como consecuencia, nunca en mi vida he dudado a la hora de hacer preguntas. Los invitados de mi padre eran personas maravillosas que adoraban a los niños y los padres a quienes ayudábamos. Amaban la misión de mi padre y de la institución.

A finales de los años cincuenta, cada vez eran más las familias y niños que venían a ver a mi padre. A comienzos de los sesenta cerramos la sección de internados adultos con lesión cerebral. Algunos de los pacientes (o sea, mis amigos) habían pasado a formar parte del personal de mi padre. Había tantas solicitudes de cita con padres de niños con lesión cerebral que la organización había pasado a dedicarse a ellos por completo, en vez de a los adultos. Para mí era perfecto, porque ahora estaba rodeado de niños con necesidades especiales con los que poder jugar.

## Yo ayudaba a enseñar a los padres de niños con necesidades especiales

Uno de los programas más modernos y avanzados que se pusieron en marcha se llamaba «reproducir el patrón». Cuando un miembro del equipo enseñaba esta técnica a padres de niños con necesidades especiales, me pedía a mí que fuese el niño en quien reproducían el patrón. Me lo hicieron tantas veces que yo sabía exactamente cómo comportarme para que el personal lo pudiera enseñar de forma adecuada. Era muy divertido. Yo era consciente de que lo que hacía era importante para los padres de estos niños con necesidades especiales. Mi familia y la labor de la institución se hicieron inseparables.

Mis padres estaban todo el rato trabajando y yo era parte del equipo. De nuevo, esto hacía que el colegio me resultase muy aburrido. En casa yo estaba participando en la exploración de un nuevo mundo. Me resultaban contagiosos el entusiasmo del personal y la alegría de los padres al ver moverse, gatear, caminar, hablar, leer y escribir a sus hijos con necesidades especiales. Yo sabía que formaba parte de algo nuevo y extraordinario. Cuando iba a la escuela era consciente de que las vidas de mis amigos no tenían nada que ver con la mía. Ellos eran personas normales y pensaban que yo vivía «en ese lugar tan raro».

En aquellos días no se sabía que los problemas del neurodesarrollo neurológico eran algo diferente a tener una enfermedad mental. A veces mis amigos me preguntaban si había locos viviendo allí. Esta pregunta siempre me sorprendía y molestaba. Yo pensaba que todo el mundo debía saber que los niños con necesidades especiales estaban totalmente cuerdos. Sus problemas estaban en el cerebro, no en la mente.

### ¿Por qué lloraban las madres?

Desde una edad muy temprana me permitieron asistir a simposios y conferencias, lo que para mí era un gran honor. Me sentaba en el auditorio, junto a padres de niños con necesidades especiales que habían acudido a aprender los mejores métodos para ayudar a sus hijos. Yo era el único niño en esas ocasiones. Me dejaban sentarme en el despacho de mi padre cuando este recibía a las familias; yo casi siempre prestaba mucha atención, pues eran reuniones muy especiales. Tras haber completado el Historial, la Evaluación Neurológica y el Examen Físico, el niño recibía un Diagnóstico Neurológico Funcional, que determinaba si en verdad tenía una lesión cerebral. Una vez aclarado este punto, el niño podía ser admitido en el Programa Neurológico del Método Doman. A mí me resultaba particularmente agradable el asistir a estas sesiones.

Casi siempre sucedía algo que me sorprendía y fascinaba, aunque ocurriera en prácticamente todas las sesiones. Mi padre repasaba la evaluación neurológica y el diagnóstico y, al final, decía: «Por consiguiente, no hay duda de que el problema de su hijo se halla en el cerebro; su hijo tiene una lesión cerebral». Yo esperaba este momento, observando atentamente la respuesta de las madres. Casi todas las veces se echaban a llorar. Yo nunca pude entenderlo; lo que yo veía es que el niño tenía el cerebro dañado y eso era bueno. Significaba que podíamos hacer algo con respecto a ese problema neurológico. Podíamos ayudar a los padres y al niño. ¿Por qué lloraban las madres? Para mí, una lesión cerebral era una dolencia que podía arreglarse. Sabía que los padres trabajaban muy duro y los niños también. Pero lo importante era que yo sabía que ellos podían ganar, porque los había visto hacerlo una y otra vez.

Tardé mucho tiempo en explicarme por qué lloraban las madres. En aquellos días, el término «lesión cerebral» era más o menos una creación de mi padre. Como verás en este libro, los niños con necesidades especiales reciben docenas de diagnósticos diferentes. Mi padre se cuidó de eliminar todos aquellos diagnósticos que se basaran en los *síntomas* de la lesión, y no en el cerebro. Hasta la noción de daño cerebral quedó rechazada. La palabra «daño» tiene la connotación de algo que es imposible de reparar por completo. Al final, al cabo de muchos años, pude comprender que, si alguien me dijera que mi hijo tenía una enfermedad incurable, yo también me habría echado a llorar.

Ahora, más de medio siglo después, tenemos en línea el *Curso de Método Doman: de necesidades especiales al bienestar*, y yo tengo las mismas reuniones con los padres. Al terminar mi explicación de la evaluación y diagnóstico neurológicos les digo: «Por consiguiente, no hay duda de que el problema de su hijo se halla en el cerebro; su hijo tiene una lesión cerebral». Han pasado más de cuarenta años desde que he visto a una madre llorar. De hecho, durante décadas las madres me han mirado como diciendo: «pues claro, eso ya lo sé». El mundo ha avanzado mucho; entiende que el cerebro puede lesionarse, y hasta puede tener una idea de que se puede hacer algo al respecto. De hecho, la cantidad de cosas que se pueden hacer es enorme. Hoy sabemos que los niños con necesidades especiales tienen un gran potencial, y que en algunos casos pueden desarrollarse hasta encontrarse muy, muy por encima de la media.

Douglas Doman

# Introducción

Si eres padre de un niño con necesidades especiales y te has topado con este libro, estás en la misma situación que los miles de padres que han encontrado el Método Doman. Sin importar de dónde vengas, podemos decir con certeza que amas a tu hijo y que estás desesperado por hallar respuestas con las que poder ayudarlo. Este libro está escrito específicamente para niños diagnosticados de autismo o trastorno por déficit de atención (TDA), pero puede servir a los padres de cualquier niño con necesidades especiales. Si tienes un hijo con diagnóstico de retraso en el desarrollo, síndrome de Down, parálisis cerebral, problemas de aprendizaje, hiperactividad, epilepsia, lesión cerebral u otros trastornos del neurodesarrollo, en este libro hay información que puede ser de ayuda para él.

Esta obra está repleta de recomendaciones acerca del desarrollo infantil y enseña distintos enfoques para potenciar las habilidades cognitivas, físicas, sensoriales y discursivas del niño. Proporciona orientación en materia de nutrición, salud y sueño pediátrico. Aborda la neuroplasticidad neural y la asombrosa capacidad del cerebro humano de desarrollarse y sanar. Trata del poder que tienen los padres para ayudar a mejorar a sus hijos.

Son décadas de experiencia trabajando con familias de niños con necesidades especiales las que nos han llevado a escribir este libro. Los autores y el equipo de Doman International hemos trabajado con millares de familias procedentes de Estados Unidos, Italia, Rusia, India, México, Serbia y docenas de otros países por todo el mundo.

Este libro trata de darte el poder como padre para ayudar a tu hijo. Esperamos sinceramente que cumpla este objetivo.

Spencer Doman

# Capítulo 1

# El autismo y el TDA están en el cerebro

No hemos llegado rápida o fácilmente hasta el Método Doman. Nuestro trabajo es el resultado de más de setenta años interactuando con cerca de veinticinco mil familias por todo el mundo. Hemos trabajado codo con codo con padres de niños con autismo, TDA, TDAH y casi todos los demás tipos de necesidades especiales. Estas familias aman y adoran a sus hijos, y no se han detenido ante nada por darles una oportunidad de ponerse bien.

A lo largo de la historia siempre ha habido niños con necesidades especiales. A lo largo de la historia siempre se ha creído que era imposible que pudieran ponerse bien los niños con autismo (o con otras discapacidades del desarrollo neurológico). Como consecuencia, algunos han muerto. Históricamente, a algunos los mantenían en instituciones que eran peores que las cárceles. A muchos los trataban como a ciudadanos de segunda clase. Por supuesto, se han producido muchos avances maravillosos en materia de medicina. Los niños que habrían muerto hace setenta años por sus enfermedades y problemas de salud, hoy día lo normal es que sobrevivan.

Cuando, en los años cincuenta, Glenn Doman y su equipo empezaron a trabajar ayudando a sus pacientes, jamás habían visto u oído de ningún niño autista que se hubiera puesto bien.

## El objetivo era el bienestar total

Se pusieron por objetivo hacer que los niños con autismo o con otros retrasos del neurodesarrollo se pusieran bien, al igual que sus hermanos, hermanas y otros niños de su misma edad. Se consideraba absurdo plantear que tales niños pudieran ponerse bien. Algunos lo consideraban algo ridículo y deshonesto. Y aun así, Glenn Doman se marcó esta meta tan valiente y heroica.

En un mundo que piensa que los niños con necesidades especiales no pueden ponerse bien, no es de extrañar que a veces no logremos alcanzar este objetivo.

Lo que es asombroso es cuán a menudo lo conseguimos.

El campo de investigación creado por Glenn Doman es el del Desarrollo Cerebral Infantil. Los expertos en esta materia llevan más de medio siglo demostrando que sí se puede hacer que un importante número de niños con autismo se pongan bien, y que la mayoría tienen muchísimo más potencial que el que el mundo reconoce. En estas páginas te enseñaremos cómo se han producido estos descubrimientos tan vitales, y cómo es posible que un niño con autismo, TDAH u otra necesidad especial pueda mejorar en todos los ámbitos relevantes de su desarrollo. Explicaremos cómo es posible que los padres aprendan este programa y lo pongan en práctica en casa con su hijo.

## Pocas experiencias en la vida se equiparan con hacer lo que se considera imposible

En el campus europeo de Doman International, situado en Pisa, muchas veces he observado ejecutar ejercicios gimnásticos muy por encima de su media de edad a un niño que antes era descoordinado, desorganizado, hiperactivo y socialmente inadaptado. Me llenaba el corazón de alegría.

Elle haciendo gimnasia.

He visto a una niña diagnosticada con autismo ponerse un tutú y bailar un hermoso *ballet*.

Pero ¿cuál es la visión corriente del autismo? Veamos la palabra en sí. La etimología de autismo, según el diccionario Oxford, es «principios del siglo XX (originariamente en referencia a una afección en que la fantasía domina sobre la realidad, considerada como un síntoma de esquizofrenia y otros trastornos)». *Autos* procede del griego, y significa «uno mismo».

A menudo, el autismo se define coloquialmente como el trastorno de «alguien que está intensamente interesado en uno mismo». He de confesar que esta mañana, cuando me estaba afeitando, yo estaba «intensamente interesado en mí mismo». Este término resulta bastante anticientífico cuando se examina más de cerca y, aun así, lo usamos libremente para describir a niños con una seria discapacidad del desarrollo neurológico. La definición de diagnóstico es «el arte o acto de identificar una enfermedad por sus señales y síntomas». La confusión deriva del hecho de que el nombre «autismo» procede de un síntoma que tienen estos niños. El estar «intensamente interesado en uno mismo» es *síntoma* de una enfermedad. «Autismo» es un término que describe un síntoma de un problema neurológico.

## Autismo es un síntoma

Si alguien cree que un síntoma es una enfermedad, entonces intentará tratar el síntoma en vez de la enfermedad en sí. No es posible tratar un síntoma y curar la enfermedad; la ciencia ha sabido esto desde hace mucho tiempo. Imagina si una persona fuera al médico y le dijera: «Doctor, siento una opresión terrible en el pecho, dolores en el brazo izquierdo, náuseas y dificultad para respirar». Si el médico intentara tratar los síntomas podría decir: «Para el dolor en el pecho y el brazo tómate un analgésico; para las náuseas, este medicamento antiemético; para la dificultad respiratoria, ve a casa y guarda reposo en cama». Un buen médico evaluaría la situación e, inmediatamente, examinaría al paciente para ver si le fuera a dar un ataque al corazón.

Esta es la gran diferencia entre tratar los síntomas y tratar la causa del problema. Si un médico trata únicamente los síntomas de un paciente que va a sufrir un ataque al corazón, como hizo el primer doctor, lo más probable es que el paciente muera. Sin embargo, evaluar los síntomas permitiría al buen médico diagnosticar la causa del problema (el corazón) para después tomar medidas para tratar el corazón, donde se encuentra el problema.

Para los niños con autismo y TDA, el origen de sus problemas se halla en el cerebro. Tienen retrasos del desarrollo neurológico, retrasos que se deben a un defecto en el crecimiento y las funciones normales de las neuronas. Esto ha quedado demostrado recientemente mediante el uso de la imagen por resonancia magnética funcional (IRMf), que muestra que los niños diagnosticados de autismo tienen un «trastorno del desarrollo neurológico que se traduce en anormalidades en la red cerebral», con una menor conectividad entre diversas regiones del cerebro (Saleh, M. M. y Adel, A., 2019).

## El mundo lleva mucho tiempo fallando a los niños

¿Y esto por qué es importante? Porque, durante mucho tiempo, el mundo ha intentado tratar a los niños con afecciones neurológicas centrándose en los síntomas.

Se decía: este niño es autista, así que vamos a mandarlo al logopeda para que pueda hablar y al fisioterapeuta para que aprenda a moverse correctamente; y vamos a prescribirle terapia ocupacional para que sea más independiente y terapia conductual para enseñarle a comportarse correctamente. Aunque sus intenciones son buenas, estos profesionales están tratando de resolver un problema haciendo frente a los síntomas y, por desgracia, los padres acaban descubriendo que a menudo su hijo no mejora de manera significativa con este enfoque.

Si el problema de estos niños se encuentra en el cerebro y en la función neuronal, entonces hemos de asegurarnos de que cualquier enfoque o tratamiento que se les aplique incida en el problema neurológico subyacente.

## El Renacimiento

Para los niños con necesidades especiales, el renacimiento comenzó en 1953, cuando Glenn Doman pronunció un discurso en el Instituto Rusk, considerado como uno de los principales centros de rehabilitación en EE. UU. Se dirigía a un grupo de profesionales y dijo:

> «Debe considerarse como un principio básico el que, cuando existe una lesión en los confines del cerebro, para que el tratamiento tenga éxito, debe dirigirse al cerebro, donde se encuentra la causa, en lugar de a la periferia, donde se reflejan los síntomas. Tanto si los síntomas se revelaran en una sutileza prácticamente indetectable en la comu-

nicación humana, como si estos fuesen una parálisis fulminante, este principio no debe ser violado por aquellos que buscan el éxito con el paciente con lesión cerebral».

Desde entonces, Glenn Doman y Doman International han invertido todo su tiempo y esfuerzo en descubrir y desarrollar métodos para tratar el cerebro en sí mismo. Si se trata la causa del problema de forma efectiva, los síntomas desaparecerán. Si usamos el ejemplo del paciente con un ataque al corazón, abordar la causa subyacente le salvaría la vida al paciente, e impediría que esos terribles síntomas empeorasen. Si un médico intentara tratar los síntomas de opresión en el pecho, dolores en el brazo izquierdo y dificultad respiratoria, el paciente moriría.

Para arreglar un problema, primero debemos entender cuál es el problema. Hasta que nosotros, como sociedad, no asimilemos el hecho de que los niños con autismo, TDA y TDAH tienen un problema en el cerebro, y que es este el problema que lleva a todos los devastadores síntomas que vemos en ellos, no hallaremos muchas soluciones para arreglar el problema.

## Tratar los síntomas no funciona

No es posible arreglar un problema tratando los síntomas. Esto es justo lo que han hecho los tratamientos tradicionales para niños con autismo, y es exactamente la razón de que estos niños hayan tenido dificultades para ponerse mejor. Este es el motivo por el que los padres a menudo se preguntan si los tratamientos tradicionales tienen algún resultado significativo. Pero, si lo que todos los profesionales les dicen a lo largo de su vida es que las terapias tradicionales son la única opción, ¿cómo van a saber dónde buscar?

Es por ello que los profesionales siguen considerando imposible que los niños con autismo se pongan bien, a pesar del hecho de que nuestros expertos en Desarrollo Cerebral Infantil llevan más de setenta años defendiendo que los niños con discapacidades del neurodesarrollo pueden experimentar mejoras notables, y que en algunos casos se pueden curar por completo.

Una persona muy sabia dijo un día que «la ignorancia no consiste en no saber, sino en saber muchas cosas que no son ciertas». El problema es que muchos profesionales, a menudo con la mejor de sus intenciones, sostienen que los niños con autismo o TDA no pueden ponerse bien. No creen que tengan posibilidad alguna de mejorar. No intentan abordar los problemas subyacentes, que se encuentran en el cerebro, y en su lugar optan por tratar los síntomas.

Tenemos la suerte de que la neurociencia moderna está demostrando lo que Glenn Doman declaró hace más de medio siglo. La neurociencia ha puesto de manifiesto que los síntomas que padecen los niños llamados autistas son resultado de un problema orgánico en el cerebro.

En 1973, Glenn Doman escribió un libro titulado *Qué hacer por su hijo con lesión cerebral,* ideado para niños con autismo, TDA, TDAH, retrasos en el desarrollo, dificultades de aprendizaje, epilepsia, lesión cerebral, trisomía 21 y otras anormalidades genéticas. Explicó una idea revolucionaria en aquel entonces, la de que estos niños tenían problemas en su desarrollo neurológico. Si se pudiera mejorar el crecimiento y funcionamiento de su cerebro, entonces ellos podrían mejorar.

Hoy al autismo se le llama un trastorno del neurodesarrollo. Durante muchos años Glenn Doman luchó por hacer que el autismo y otras necesidades especiales se tratasen como un problema del desarrollo neurológico. Él dijo que la lesión del cerebro podría haberse producido en el útero durante la formación del feto, durante el trauma del nacimiento o quizás después, debido a un accidente o a factores ambientales. Él afirmó que, hasta que pudiera arreglarse esta lesión cerebral, los síntomas permanecerían.

Otra persona muy sabia dijo que «desaprender es mucho más difícil que aprender». Es difícil que los profesionales desaprendan lo que les enseñaron, que el autismo y otras necesidades especiales no son curables, o que no es posible que un cerebro dañado o poco desarrollado pueda crecer o funcionar con normalidad. Es por ello que el sistema para ayudar a estos niños no se haya adaptado ni haya cambiado mucho en las últimas seis décadas. También es por ello que cada vez más padres (tal vez incluyéndote a ti) se hayan visto impulsados a aprender por su cuenta cómo ayudar a sus hijos.

## Las etiquetas pueden convertirse en estigmas

Por desgracia, el caos que produce el diagnosticar individuos basándonos en los síntomas se extiende sobre todo al espectro de niños con trastornos del neurodesarrollo. En ocasiones, estas etiquetas pueden convertirse en estigmas porque, una vez se etiqueta al niño con uno de estos términos, es posible que la sociedad no tarde en descartarlo y considerarlo un caso perdido, lo que ha causado tanta angustia a padres y profesionales:

- Autismo
- Trastorno por déficit de atención
- Parálisis cerebral

- Retraso en el desarrollo
- Dificultad del aprendizaje
- Retraso mental
- Lesión cerebral
- Epilepsia

Estos trastornos del desarrollo neurológico a menudo se han tratado en función de sus síntomas y no de la causa de estos, la cual se encuentra en el cerebro. Es por ello que todos los niños con estos y otros estigmas no han podido ponerse bien. Por lo general, se cree que para ellos no hay esperanza. Incluso hemos visto a niños con trisomía 21 y otras anomalías genéticas experimentar grandes mejoras al potenciar el desarrollo y funcionamiento de su cerebro. Esto se debe a que, aunque padezcan un trastorno genético, también tienen una discapacidad del desarrollo neurológico. Una vez mejoran su desarrollo y función cerebrales, lo mismo sucederá con los síntomas negativos, ya sean problemas del habla o dificultades en el desarrollo cognitivo. A continuación podrán mejorar sus capacidades físicas y su evolución en general.

Por desgracia, existen muchas maneras de dañar el cerebro. Nuestros hijos pueden sufrir daños cerebrales en el útero durante la formación del feto, en el parto o inmediatamente después, durante la etapa temprana de su desarrollo o más adelante. Un niño puede haber sufrido una enfermedad grave, un traumatismo craneal o un trastorno genético que pueda haber afectado al desarrollo cerebral. En ocasiones no existe un motivo obvio por el que la función del cerebro se haya visto afectada. A continuación se muestran algunas de las causas más comunes de lesión cerebral, sin ningún orden en particular.

Posibles causas de lesión cerebral:

1. Insuficiencia de oxígeno durante el periodo prenatal o el parto.
2. Prematuridad del bebé.
3. Posmaturidad del bebé.
4. Parto precipitado o prolongado (cuando este es muy rápido o lleva demasiado tiempo).
5. Nacimiento y parto traumático.
6. Retraso en el proceso del nacimiento (cuando el parto se retrasa).
7. Traumatismo cerebral.
8. Accidente de automoción.
9. Caídas.
10. Cordón umbilical comprimiendo o enroscado al cuello.

11. Abuso de alcohol o drogas durante el embarazo.
12. Complicaciones quirúrgicas (paro cardiaco estando con anestesia general).
13. Enfermedad infecciosa.
14. Infarto.
15. Exposición ambiental a productos químicos, toxinas y metales pesados.

### ¿Qué sucede cuando el cerebro está lesionado?

Aunque una lesión cerebral tiene muchas causas posibles, es muy común que la falta de oxígeno ocasione daños en el cerebro. El oxígeno es el principal alimento del cerebro y, si se reduce o interrumpe su suministro, las células de este órgano pueden morir.

Si las células del cerebro mueren, lo llamamos lesión cerebral.

Todos y cada uno de nosotros, en un momento u otro, hemos sufrido algún tipo de lesión cerebral. Los niños o niñas se caen de la bici. Cualquier adulto puede sufrir una lesión deportiva o darse un golpe sin querer contra el armario de la cocina. Todos estos pequeños accidentes pueden causar un levísimo grado de lesión cerebral. También es sabido que beber alcohol puede matar células del cerebro.

### ¿Quién tiene lesión cerebral?

Así pues, cuando Glenn Doman hablaba de personas «con lesión cerebral», ¿de quién estaba hablando? Se refería a todos nosotros. Probablemente casi todos nosotros hayamos perdido células del cerebro en el pasado, ya sea por una contusión al hacer deporte, por un coscorrón contra el armario de la cocina o en un accidente de coche. Hay quien ha sufrido algún daño cerebral por abusar del alcohol o las drogas. La cuestión es que todos estamos lesionados en el cerebro. La pregunta más importante es: ¿se notan las lesiones cerebrales que todos nosotros hemos recibido? ¿Nos han impedido alcanzar nuestros objetivos en la vida?

Para la mayoría de adultos, la respuesta es no. Podemos seguir yendo a trabajar cada día, sobrevivir y tener éxito en lo que hacemos.

Sin embargo, para los niños con autismo y TDA, o cualquier otro problema del neurodesarrollo, sí se notan las señales de una función cerebral deteriorada. Por eso hemos de tomar medidas con estos niños. La lesión cerebral es real y de importancia. Si conseguimos que su cerebro funcione y se desarrolle mejor, ellos mejorarán. Si la mejora en el cerebro es suficiente, los síntomas desaparecerán.

En conclusión, para ayudar a tu hijo con autismo y TDA debemos centrarnos en favorecer la función y el desarrollo cerebrales. Ese es nuestro mayor y más importante objetivo, y esperamos que cuando leas este libro este sea también tu principal objetivo.

## Por qué es necesario un programa integral de tratamiento

Durante los últimos sesenta años hemos descubierto que hay cuatro maneras de tratar el cerebro de manera efectiva. Son tratamientos no quirúrgicos; todos ellos se han desarrollado con el propósito de enseñárselos a los padres para que ellos los puedan poner en práctica en su casa. Estos tratamientos no quirúrgicos desarrollados por Glenn Doman son los cimientos del Método Doman.

## Respiración

Del mismo modo que la falta de oxígeno puede ocasionar una lesión cerebral y problemas neurológicos, hemos descubierto que suministrar oxígeno adicional al cerebro es una solución vital. Asimismo, hemos descubierto que desarrollar todo el sistema respiratorio resulta esencial para el bienestar y el crecimiento del niño, dado que el oxígeno es el alimento del cerebro.

Nuestro Programa de Oxigenación del Método Doman es un sistema efectivo para proporcionar más oxígeno al cerebro. También favorece el desarrollo del pecho del niño, además de mejorar la inspiración y espiración. No entraremos en detalles sobre esta parte tan importante del programa del Método Doman, ya que requiere una formación individual por parte del personal de Doman International, así como la autorización de nuestro equipo médico. Hemos elaborado otras maneras efectivas para mejorar la respiración. Nuestro Programa Físico es un modo activo de mejorar la actividad aeróbica y la respiración del niño. Más adelante profundizaremos en nuestros Programas Físicos y en por qué resultan esenciales.

## El Programa Físico

Como hemos mencionado, el desarrollo físico y el respiratorio van de la mano. Un programa aeróbico de carreras no solo es capaz de aportar oxígeno a los músculos y los órganos vitales del cuerpo, sino que también proporciona oxígeno adicional al cerebro.

Estudios recientes han demostrado que correr tiene diversos efectos positivos. Lo primero de todo, correr hace que el corazón lata más rápido, lo que contribuye a suministrar más sangre al cerebro. La sangre transporta oxígeno, lo cual es esencial ya que el cerebro requiere de oxígeno para un óptimo funcionamiento. También potencia la producción del factor neurotrófico derivado del cerebro (FNDC), que favorece el crecimiento y proliferación de las neuronas y ayuda a proteger contra la degeneración de las células cerebrales (Ferris, Williams & Shen, 2007).

Nuestro Programa Físico brinda muchos beneficios fisiológicos. Mejora el metabolismo del cuerpo; establece una respiración profunda, lo que mejora el aporte de oxígeno al cerebro; puede contribuir a eliminar toxinas del cuerpo, las cuales pueden proceder de la polución en el aire o el agua, de los aditivos alimentarios o de los medicamentos.

El Programa Físico también puede suponer una gran recompensa para los niños, al darles la oportunidad de salir y disfrutar del sol y el medio ambiente. Muchos niños, especialmente los hiperactivos, están muy necesitados tanto de una mayor actividad física como de pasar más tiempo en la naturaleza.

En 2018, el metaanálisis de una investigación publicada en el *Journal of Science and Medicine in Sport* reveló que hacer ejercicio con regularidad ofrecía mejoras en distintas áreas de desarrollo y función en niños preadolescentes, incluidos el rendimiento académico, la atención y la función ejecutiva (De Greef *et al.*, 2018). La revisión de este estudio muestra cuán potentes y duraderos son los efectos que puede tener en los niños el realizar actividad aeróbica con regularidad durante su etapa de crecimiento. Lo que quizás pueda sorprender más a padres y profesionales es el hecho de que practicar mucha actividad física ofrece los mejores resultados no solo a la hora de mejorar la salud y mantener un peso sano, sino también en importantísimas áreas de la función cognitiva.

## Desarrollo cognitivo

Nuestros planes de desarrollo cognitivo a menudo son los preferidos por los niños en nuestro programa. Están diseñados para que sean efectivos a la hora de enseñar a niños con necesidades especiales y para poderse impartir con alegría y entusiasmo, de modo que el niño disfrute del proceso de aprendizaje. Los padres estudian cómo proporcionar contenidos que interesen de verdad al niño y le inculquen el gozo por aprender. El tener un Programa Cognitivo diseñado por padres que conocen mejor que nadie los intereses del niño es un factor clave de su éxito.

La corteza cerebral es la parte del encéfalo responsable del desarrollo cognitivo. Nuestro programa se encarga de desarrollar los canales visuales y auditivos que conectan al cerebro. Al mejorar la capacidad sensorial de un niño, también lo hace su capacidad de percibir el entorno y aprender del mundo a su alrededor. Dado que esto solo puede hacerse por medio de nuestras habilidades sensoriales, tales como la vista, el oído y el tacto, el potenciar estas importantes funciones mejorará la capacidad de un niño para entender y comprender. Al fomentar el desarrollo cognitivo y la comprensión, podemos mejorar el habla. Los Programas Físico y Respiratorio, combinados con el desarrollo cognitivo, también contribuyen a perfeccionar el lenguaje. Por estos motivos es importante aplicar un enfoque integral para obtener los mejores resultados.

## Salud y nutrición

Adelle Davis, una célebre bioquímica, desempeñó un papel esencial en el desarrollo de nuestro Programa de Nutrición. Adelle es la madre de la nutrición moderna en Estados Unidos; sus libros son superventas que han leído millones de personas. A lo largo de los años, nuestro Programa Nutricional ha seguido desarrollándose gracias al continuo trabajo de investigadores, nutricionistas y colegas de todo el mundo que elaboran programas de nutrición en beneficio de los niños con necesidades especiales. Hoy día es habitual que los padres eliminen azúcares, aditivos y alimentos procesados de la dieta de estos niños. Llevamos décadas haciéndolo y hemos visto claramente cuán positivos son los cambios.

Existen cuatro vías primarias para modificar el cerebro: mediante la actividad física, a través de la estimulación y el desarrollo cognitivo, mejorando la respiración y fomentando la salud y la nutrición. Todos nuestros expertos en Desarrollo Cerebral Infantil están especializados en una de estas cuatro áreas (física, cognitiva, respiración o salud y nutrición).

# Capítulo 2

## La neuroplasticidad o «El cerebro crece con el uso»

En este capítulo revisaremos una serie de importantes principios acerca del desarrollo cerebral, cuyo valor es fundamental en la creación del Método Doman y su aplicación en niños con necesidades especiales. Es primordial que los padres asimilen estas máximas para entender cómo y por qué este método es efectivo.

### Principio n.º 1 — La función determina la estructura

«La función determina la estructura» es un importante principio biológico. Se aplica al crecimiento físico de cualquier niño y es también una ley en muchos otros ámbitos de estudio.

Nuestra función, es decir, lo que hacemos, determina nuestra estructura física y neurológica. Esto es fácil de entender si lo consideramos desde una perspectiva física. Imaginemos que hay dos personas de peso y estatura idénticos, y que les vamos a hacer levantar pesas a los dos. Si una de ellas elige unas mancuernas de cinco kilos para trabajar los bíceps y se pone a levantarlas una y otra vez, obviamente sus brazos aumentarán de tamaño y fuerza. Si la segunda persona coge unas pesas de diez kilos y las levanta el mismo número de veces que la primera, el tamaño y fuerza de sus bíceps será mayor.

Los culturistas profesionales tienen músculos enormes porque están todo el día practicando este ejercicio. Esta función enormemente incrementada (la de levantar pesas) les ha proporcionado la asombrosa forma física que poseen. No es que hayan nacido con músculos así de grandes y definidos; es la función realizada la que ha producido este resultado.

«La función determina la estructura» es una ley de la biología. Por toda la naturaleza se encuentran ejemplos magníficos de este principio. Por ejemplo, en Ecuador existe un pájaro llamado el colibrí picoespada; en la fotografía puede verse la extraordinaria longitud de su pico. Para sobrevivir y hacer frente a la competencia de sus congéneres, durante generaciones y generaciones ha desarrollado un pico así de largo para poder llegar a flores de las que no pueden alimentarse los demás colibríes, por tener picos más cortos. Una función extraordinaria le ha proporcionado una estructura extraordinaria.

Colibrí picoespada.

Lo que es más importante, «la función determina la estructura» es un principio fundamental acerca del crecimiento y desarrollo del cerebro. Cuanto más lo use tu hijo con necesidades especiales, tanto mejor funcionará y crecerá este órgano. Una función incrementada a nivel físico, cognitivo y social hará que el cerebro mejore y se desarrolle.

Como corolario, existe una ley que afirma que la ausencia de función determina la ausencia de estructura. Si el colibrí picoespada fuese desplazado a un entorno donde todas las flores fuesen superficiales y su pico tan largo dejara de ser una ventaja (y resultase, de hecho, una desventaja), la falta de función alteraría su estructura a lo largo del tiempo y el pico cambiaría.

Con relación a los niños con necesidades especiales, es muy importante entender que la función determina la estructura y que una ausencia de función genera una ausencia de estructura. Imagina que tenemos dos niños con autismo, dos con TDA y dos más con otra discapacidad del neurodesarrollo (por ejemplo, retraso en el desarrollo, parálisis cerebral, trisomía 21, etc.). Imagina si dividiéramos a estos niños en dos grupos, y que a uno lo pusiéramos en un entorno donde hubiese grandes estímulos y oportunidades, donde los niños pudiesen correr, jugar e interactuar con otros niños, practicar deportes y tener gente enseñándoles y estimulándolos con información interesante. Al otro grupo lo pondríamos en un ambiente similar al de una institución mental, sin ningún tipo de actividad física, estimulación intelectual o interacción social con otras personas.

No hace falta ser científico para saber que a los niños del primer grupo les iría mucho mejor que a los del segundo. Con toda seguridad, los niños del primer grupo se sentirían más sanos, fuertes, felices, capaces y seguros de sí mismos, gracias a esta función incrementada. Por otra parte, los niños del ambiente sin estímulos y carente de oportunidades serían más enfermizos y débiles, y tendrían peores habilidades sociales e intelectuales. Por tanto, se verían afectados por esta falta de función.

Es fácil pensar que solo una persona cruel pondría a alguien en un entorno institucional tan terrible, pero no olvides que este es el ambiente que históricamente han creado los profesionales para los niños con necesidades especiales. Glenn Doman y otros pioneros se enfrentaron al sistema con el fin de garantizar que los niños con necesidades especiales recibiesen la estimulación y las oportunidades que merecían, pero en ciertas partes del mundo estas siguen sin proporcionárseles.

La historia nos ha enseñado que la privación daña e inhibe el desarrollo cerebral. En ocasiones leemos en la prensa historias desgarradoras de niños a quienes un adulto psicótico ha mantenido encerrados en un cuarto. Es un milagro que un niño pueda siquiera sobrevivir a circunstancias tan terribles y, por fortuna, esto sucede muy raramente. Pero cuando los profesionales evalúan a este niño, descubren que este carece de habilidades para comprender, hablar o comunicarse con otras personas. Esto no se debe a que el niño no sea inteligente, sino a que le han faltado los estímulos visuales, auditivos, táctiles y sociales, además de las oportunidades físicas, que otros niños reciben de manera natural.

¿Qué es lo que nos enseñan estas situaciones extremas? Que a todos los niños, pero SOBRE TODO a aquellos con necesidades especiales, les debemos proporcionar estimulación y oportunidades extraordinarias. Una función incrementada los ayudará en todos los sentidos.

El hecho de que la ausencia de función determine la ausencia de estructura es el motivo por el cual muchos niños con necesidades especiales son bajos de estatura en comparación con los demás. En Doman International hemos integrado nutrición, respiración y desarrollo físico en unos programas diseñados para que estos mismos niños alcancen el peso y el tamaño que corresponde a su media de edad.

Volvamos un momento a los culturistas y levantadores de pesas. ¿Sabías que todos ellos empiezan con un número de fibras musculares similar al que tenemos tú y yo? Lo que pasa es que, debido a su función incrementada, la estructura cambia y hace que cada una estas fibras tengan un tamaño mayor que el de las nuestras. No es que hayan recibido el don genético de tener más fibras musculares, sino que estas han funcionado mucho más.

Uno de los modos en que el cerebro humano crece y se desarrolla se debe a la capacidad que tienen las neuronas de modificar su tamaño e interconexiones en función de la persona. Al potenciar la estimulación y la función cerebral, se puede alterar la disposición de estas células y la conectividad neuronal. Así pues, hemos de incrementar la función del niño para que la estructura de su cerebro cambie.

### PRINCIPIO N.º 2 — Entender la diferencia entre fisiología y patología

Entender la diferencia entre fisiología y patología es un importante principio del Método Doman. La patología es el estudio de condiciones anormales del cuerpo. El término «neuropatología» se aplicaría al estudio de las enfermedades del cerebro. Durante cientos de años, los «expertos» han dicho a los padres de niños con necesidades especiales que, cuando una célula cerebral está muerta, está muerta, y que no hay nada que pueda hacerse por un cerebro dañado. Esa es la razón por la que a estos niños se los haya considerado como casos perdidos.

Es cierto que un niño con autismo, parálisis cerebral, TDA o cualquier otra necesidad especial puede haber perdido millones de células cerebrales en el trance que los llevó a padecer un trastorno del neurodesarrollo. Incluso vemos a niños con profundas lesiones cerebrales que podrían llegar a haber perdido miles de millones de neuronas en el proceso lesivo. Al contemplar a los niños con necesidades especiales desde una perspectiva patológica, es fácil ser pesimista con relación a su pronóstico e ignorar su gran potencial.

El Método Doman se basa en entender la fisiología. La fisiología es el estudio de la función normal, y la neurofisiología se centra en las funciones normales del crecimiento y desarrollo del encéfalo. Los niños con necesidades especiales, al igual que los demás, poseen miles y miles de millones de células cerebrales sanas. Una persona posee una media de cien mil millones de neuronas y muchos otros miles de millones de células de glía en el cerebro. Una lesión puede matar muchas de estas neuronas pero, si se compara con los miles de millones restantes, no tiene que ser necesariamente algo tan grave. En vez de pensar «el daño ya está hecho y no hay nada que se pueda hacer al respecto», podemos verlo de otra manera y decir: «¡Vamos a trabajar con lo que tenemos y a avanzar desde esta base!». Ambos puntos de vista son muy diferentes: uno está centrado en el problema y el otro en las soluciones. Cuando alguien se fija únicamente en los problemas, ni siquiera piensa en buscar soluciones.

Pensémoslo desde una perspectiva financiera. Si tuvieras cien mil millones de dólares y, por alguna desventura, perdieras mil millones, ¿estarías terriblemente disgustado? Un punto de vista fisiológico supone tener en cuenta los miles de millones de neuronas buenas que quedan en el cerebro a la espera de recibir estímulos. En vez de lamentar la pérdida de células cerebrales desde una perspectiva patológica, nosotros celebramos los miles de millones de neuronas sanas restantes, que no esperan más que una oportunidad para crecer y desarrollarse. Aplicar este principio vital a los niños con necesidades especiales y a su potencial equivale a contemplarlos con optimismo.

### PRINCIPIO N.º 3 — Neuroplasticidad (el cerebro crece con el uso)

Desde los años cincuenta, Glenn Doman enseñó a todos los padres que acudían a informarse sobre su método el más importante de todos los principios del desarrollo cerebral. Esta ley primordial que Glenn Doman comenzó a difundir es la de que «el cerebro crece con el uso».

El propósito fundamental del Método Doman es proporcionar a diario una cantidad extraordinaria de estímulos y oportunidades para que un niño con necesidades especiales pueda usar su cerebro. Tanto nosotros como los padres hacemos lo máximo posible por prolongar este proceso durante todo el día, hasta el momento en que esté listo para irse a la cama.

Este principio es la guía del Programa del Método Doman que hemos diseñado para estos niños. Hace muchas décadas se consideraba una noción radical y revolucionaria y ahora está bien asentada en la literatura científica: la idea de que el cerebro humano puede cambiar a lo largo de la vida de una persona. La capacidad de transformación y adaptación del cerebro en función de la actividad y el entorno se denomina «neuroplasticidad», un concepto neurológico popular y bien comprendido en la actualidad.

Hoy día, todos los neurofisiólogos saben que el cerebro crece con el uso y lo consideran uno de los ámbitos de estudio más apasionantes. Muchos de los más eminentes expertos siguen dedicando sus laboratorios a la investigación en esta materia.

Por desgracia para los niños con necesidades especiales, muchos de los profesionales que trabajan con ellos no estudian neurofisiología; su punto de vista es más patológico que fisiológico. Si ellos comprendieran que el cerebro puede cambiar al potenciar la actividad y el entorno, verían a estos niños de forma muy diferente.

Al principio, Glenn Doman fue objeto de ataques por su proposición radical de que un cerebro lesionado podía transformarse y mejorar, a pesar de que desde los años treinta hubiera estudios que mostrasen que el encéfalo en verdad responde a las alteraciones en el entorno. Tuvieron que pasar décadas para que la esfera profesional comenzara a ponerse al día. En una edición de 2006 de la revista *Time* se dijo que la neuroplasticidad era «la capacidad del cerebro de desarrollarse y cambiar a lo largo de la vida, algo que en su día la ciencia occidental consideraba imposible» (revista *Time*, 2006).

Durante cientos de años, los niños con necesidades especiales han pagado un altísimo precio por la ignorancia de los llamados expertos, responsables de su bienestar. Resulta difícil de disculpar cuando uno piensa que los primeros estudios neurofisiológicos que demuestran que el cerebro crece con el uso fueron publicados hace casi un siglo. En fechas tan tempranas como los años treinta, había neurofisiólogos probando que se podía cambiar el cerebro y la red neuronal de los animales mediante alteraciones ambientales.

> **El cerebro crece con el uso.** Estas son las palabras más importantes para tratar con éxito a niños con discapacidades del neurodesarrollo, ya estén diagnosticados de autismo, TDA, parálisis cerebral, retraso en el desarrollo o de cualquier otra clase de afección neurológica.

## Conclusión — Cómo funciona el Método Doman

Es esencial comprender que el autismo, el TDA y otras formas de retrasos del neurodesarrollo son resultado de una lesión en el cerebro (que puede haber sucedido antes, durante o después del nacimiento). Es algo muy importante, ya que sabemos que este órgano puede cambiar y mejorar. Por ello, es fundamental que entendamos que el problema real del niño se halla en el cerebro, y que no se debe a ninguna enfermedad mística e incurable.

Glenn Doman dijo: «El mundo ha considerado el crecimiento y desarrollo del cerebro como si este proceso fuese un hecho predeterminado e inalterable.

El crecimiento y desarrollo del cerebro es un proceso dinámico y en continuo cambio. Es un proceso que puede detenerse, como sucede cuando hay una lesión cerebral severa. Es un proceso que puede ralentizarse, como sucede cuando hay una lesión cerebral moderada. Lo que es más importante, es un proceso que puede acelerarse».

En Doman International, todo a lo que nos dedicamos es a entender cómo acelerar el desarrollo del cerebro.

## Entender la fisiología del cerebro

Es abrumadora la cantidad de estudios que demuestran la existencia de la neuroplasticidad, o sea, la capacidad del cerebro de cambiar y adaptarse a la actividad y estímulos del entorno. Lleva muchas décadas estudiándose y sustenta la afirmación de Glenn Doman de que «el cerebro crece con el uso». La neuroplasticidad se ha convertido en un popular ámbito de estudio y en un fenómeno bien entendido. Sin embargo, cuando Glenn Doman propuso esta noción en los años cincuenta, fue objeto de virulentos ataques por hacer estas afirmaciones. Hoy día, estos mismos postulados son ciencia establecida y que se imparte en las facultades. No obstante, aunque la neuroplasticidad esté aceptada como fenómeno y concepto, la mayoría de los profesionales no saben cómo utilizar esta información de manera práctica para ayudar a las personas con necesidades especiales.

Para entender mejor cómo un niño con autismo y TDA puede evolucionar mediante un programa de tratamiento integral, es bueno conocer algo de la fisiología básica del cerebro. Este órgano contiene unos cien mil millones de neuronas (Herculano-Houzel, S., 2009), que son las células responsables de la función cerebral. Las neuronas se encargan de recibir estímulos del mundo exterior, gracias a nuestra capacidad para ver, oír, sentir, saborear y oler. Nos permiten experimentar el mundo a nuestro alrededor. Mientras lees esta página, hay neuronas transmitiendo mensajes del ojo al cerebro para que puedas comprender lo que lees. Las neuronas también envían impulsos motores a tus músculos; ahora mismo están mandando órdenes a tus músculos oculares para que se muevan a medida que tus ojos recorren estas líneas, y a tus manos para que pasen las páginas.

Las neuronas son capaces de hacer estas cosas tan increíbles porque envían señales eléctricas de una a otra. Tómate un momento para echar un vistazo a tu entorno inmediato, y asimila por un instante todo lo que ves, oyes y sientes. Lo más asombroso es que las neuronas están transmitiendo mensajes a tu cerebro sobre todo lo que hay a tu alrededor. Cuando estos mensajes te llegan al cerebro, este los interpreta. Es algo absolutamente fenomenal el hecho de que, al contemplar una hermosa puesta de sol, al oler un ramo de rosas, o al escuchar una bella sonata de Beethoven, estas experiencias estén provocadas enteramente por señales eléctricas enviadas a nuestro cerebro desde el cuerpo y los órganos sensoriales.

Las neuronas existen por todo nuestro cuerpo; tan solo el sistema digestivo contiene quinientos millones de neuronas desde el esófago hasta el colon, las cuales transmiten mensajes cuando tenemos hambre, cuando estamos llenos o cuando nos sentimos mal del estómago. Es importante darse cuenta de esto, ya que todos estos millones de neuronas que tenemos en la tripa explican por qué una nutrición apropiada es tan importante para los niños con autismo, TDA y otras dolencias del neurodesarrollo. La función intestinal puede impactar en las neuronas, que son responsables de nuestras habilidades motrices y sensoriales. En este libro haremos hincapié en la nutrición y te animaremos a tomar algunas medidas importantes para tu hijo.

¿Y por qué todo esto es importante para tu hijo? Porque, si queremos mejorar la capacidad de tu hijo, debemos potenciar la función neuronal. El cerebro de tu hijo se ha visto afectado y ese es el motivo por el que tu hijo muestra una función anormal, una deficiencia que puede reflejarse en problemas de la vista, el oído o la comprensión, en comportamientos inapropiados, en una mala coordinación o equilibrio, en defectos del habla o de las habilidades motrices finas, o en infinidad de otros síntomas de disfunción neurológica. Hemos de potenciar la función de las neuronas, y por tanto del cerebro, para hacer que tu hijo mejore en sus capacidades y que estos síntomas remitan.

Además de nuestros casi cien mil millones de neuronas, tenemos miles de millones de células de glía, que son otras células cerebrales que proporcionan aislamiento y protección a las neuronas y las mantienen en su sitio, además de suministrarles nutrientes y eliminar sus desechos. Volveremos a hablar de las células de glía cuando veamos unos estudios que han demostrado que las alteraciones en el entorno pueden provocar cambios muy reales en el cerebro.

Entendámoslo mejor: las neuronas constan de tres partes importantes. Primero está el cuerpo celular, que viene a ser el centro de mando de la célula. La segunda parte de la neurona son las dendritas, que son apéndices con forma de árbol que reciben impulsos eléctricos de otras neuronas. Por último están los axones, que son fibras nerviosas que se ramifican desde el cuerpo celular y transmiten señales hacia otras neuronas. Así, cuando un impulso eléctrico llega a la dendrita de una neurona, este se envía al cuerpo celular (centro de mando). Después, el impulso eléctrico pasa a través de los axones, que son fibras nerviosas que se ramifican desde el cuerpo celular, y de ahí a otras neuronas.

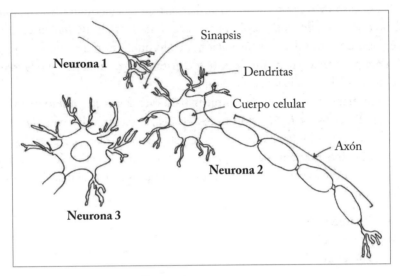

La neurona y sus partes.
Ilustración: Niyati Patel.

Las dendritas y axones se extienden de forma similar a las ramas de los árboles. Esta estructura permite que las dendritas acepten señales de otras neuronas y que los axones envíen estas señales.

En términos muy simplistas, las dendritas reciben el mensaje, el cuerpo celular lo interpreta, y después los axones retransmiten el mensaje a la siguiente neurona. Lo más asombroso es que existe un espacio diminuto llamado la sinapsis, que es la zona comprendida entre el axón de una neurona y las dendritas de otra. Los impulsos eléctricos «saltan al vacío» para viajar de una neurona a otra. Mientras lees en este instante, probablemente haya miles de señales eléctricas viajando de tus ojos a tu cerebro, unos mensajes que se están desplazando sin esfuerzo de neurona en neurona, al pasar del axón a la dendrita atravesando ese pequeñísimo espacio de la sinapsis.

El motivo por el que es importante que asimiles este concepto es que los niños con autismo, TDA y otros trastornos del neurodesarrollo a menudo tienen problemas con sus habilidades motrices y sensoriales, lo cual significa que su cerebro y neuronas no están transmitiendo las señales de forma adecuada. Con frecuencia, una lesión cerebral actúa como barrera ante la recepción de información por parte del cerebro. Esto hace que al individuo le resulte más difícil ver, oír y sentir con normalidad, además de asimilar la información de su entorno.

En el caso de una persona con autismo, TDA y cualquier otro trastorno del neurodesarrollo, sus problemas neurológicos harán de barrera ante la recepción de estímulos e información, por lo que tendremos que esforzarnos para proporcionar una excelente y constante estimulación que llegue al cerebro y ayude a mejorar su función.

¿Qué principios podemos emplear para alcanzar este objetivo? Glenn Doman dio con esta conclusión hace décadas, al recordar las palabras de su profesor de neurología cuando él era un estudiante. Aquel profesor dijo a la clase: «Hay tres maneras de asegurar la transmisión de estímulos al sistema nervioso central. Hay que incrementar los estímulos en frecuencia, intensidad y duración».

- Frecuencia
- Intensidad
- Duración

Estas son las tres palabras más importantes para los niños con trastornos del neurodesarrollo. Si podemos incrementar la frecuencia, la intensidad y la duración de la estimulación, podremos favorecer que los estímulos lleguen al cerebro de manera más rápida y efectiva. En todo lo que tratemos y recomendemos en este libro, indicaremos siempre la frecuencia, intensidad y duración con la que deberá hacerse.

Algunos de los programas que te enseñaremos en este libro están considerados en todo el mundo como algo bueno, pero en la práctica no lo son en aquellos niños que los necesitan. ¿Por qué? Porque la gente no sabe la frecuencia, intensidad y duración correctas con las que han de hacerse.

Veamos algunos ejemplos prácticos de frecuencia, intensidad y duración, extraídos de la vida real, para que podamos tener una mejor idea de estos tres principios.

Imaginemos que estoy en una cena con mi mujer, y que ella me quiere llamar la atención porque ya quiere irse, así que intentará que me fije en ella. Digamos que estoy enfrascado en una conversación con una persona en frente de mí, y ella quiere captar mi atención de manera discreta. Al principio, tal vez quiera ponerme la mano en el brazo y ver si funciona. Sin embargo, tal vez me lo esté pasando tan bien con la conversación que ni siquiera me dé cuenta (el estímulo no ha alcanzado mi cerebro). Para llamar mi atención, mi mujer tal vez quiera utilizar la *frecuencia, intensidad y duración*.

Primero intentará tocarme varias veces en el brazo, a ver si así capta mi atención (incrementará la frecuencia).

Si eso no funciona, me tocará en el brazo y dejará la mano puesta un rato para ver si produce el efecto deseado (incremento de duración).

Por último, si aún no he recibido el mensaje, tratará de aplicar un aumento de presión en mi brazo hasta que ya me entere (incrementando la intensidad).

Al final me doy cuenta de que se está esforzando por atraer mi atención y «capto el mensaje». Mi mujer ha tenido éxito al hacer uso de la frecuencia, intensidad y duración para hacer llegar su mensaje.

Por todo el mundo, la frecuencia, intensidad y duración son conceptos bien entendidos por los maestros de su oficio. Por ejemplo, todo el mundo sabe que el ejercicio es importante y que la actividad y el acondicionamiento aeróbicos son estupendos para la salud. ¿Entonces, por qué hay tanta gente que recurre a preparadores físicos para que les diseñen un plan de entrenamiento? Porque estos expertos entienden la mejor frecuencia, intensidad y duración para alcanzar los objetivos de la preparación física; he ahí el porqué.

¿Por qué hay culturistas como Arnold Schwarzenegger que son capaces de sacar unas cantidades alucinantes de músculo en comparación con el resto de nosotros? Yo a veces levanto pesas, ¿por qué no me parezco a ellos? Sencillamente, se debe la frecuencia, intensidad y duración. Ellos levantan pesas más a menudo (frecuencia); levantan objetos más pesados (intensidad) y por periodos de tiempo más prolongados (duración).

Tu hijo necesita estimulación con una mayor frecuencia, intensidad y duración, a fin de que el mensaje de los estímulos le pueda llegar al cerebro. En cada actividad que enseñemos en este libro trataremos este punto en detalle, pero es fundamental que comprendas este principio básico y que explica la importancia de proporcionar estimulación de manera constante.

## Breve historia de la neuroplasticidad

La idea de que el cerebro puede cambiar mediante la estimulación y la actividad no es un concepto nuevo. En una fecha tan temprana como 1793, un anatomista italiano llamado Michele Vicenzo Malacarne descubrió que el cerebelo de los animales domesticados era más grande que el de los animales sin amaestrar (Rosenzweig, 1996). Sin embargo, hasta el siglo xx no se produjo ninguna investigación de relieve en materia de neuroplasticidad, y no fue hasta los años sesenta que comenzaron a hallarse pruebas ingentes al respecto. A pesar de estos hallazgos, Glenn Doman y otros investigadores tempranos fueron objeto de críticas por proponer semejante noción: la de que el cerebro podía cambiar a lo largo del tiempo.

Glenn tenía la certeza de que la plasticidad cerebral era un fenómeno que podía darse en los seres humanos, pues en sus pacientes veía evidencias de rehabilitación neurológica. Muchas de las personas que trataba habían sufrido infartos y lesiones cerebrales de gravedad, y aun así se iban recuperando al darles la estimulación y actividad adecuadas. Glenn asumió que el cerebro debía ir cambiando y recuperándose gracias a su plasticidad.

Glenn conocía a dos de las mayores eminencias de su época en el ámbito de la neurofisiología: el Dr. David Krech, de la Universidad de California, en Berkeley, y el Dr. Boris Klosovskii, jefe de neurocirugía de la Academia de Ciencias Médicas de la URSS, en Moscú. Ambos habían realizado importantes aportaciones con sus investigaciones, al probar que la plasticidad cerebral sí tenía lugar en mamíferos. Krech había demostrado en Berkeley que las ratas que habían estado expuestas a una cantidad significativa de estimulación y actividad tenían un cerebro más grande que las que no lo habían estado. Junto a la anatomista Marian Diamond, Krech contribuyó enormemente a los primeros estudios de relevancia en materia de neuroplasticidad. Glenn entabló con Krech y Diamond una amistad que duró muchos años, a medida que compartían sus hallazgos entre sí. En el Moscú de los años treinta, el Dr. Klosovskii había descubierto que unos cachorros de perro y gato, criados en una plataforma que rotaba lentamente mientras estos iban creciendo, poseían áreas vestibulares del cerebro de un tamaño mayor que las de otros animales de control. Los investigadores averiguaron que «el grupo experimental tuvo un crecimiento en las áreas vestibulares del cerebro de un 22,8 % a un 35 % mayor que los animales de control» (Doman, 2005).

Glenn Doman comprendió el gran valor que tenía esta investigación, pues podía ver lo que los investigadores estaban descubriendo en sujetos animales y aplicar esta información en pacientes que hubiesen sufrido daños neuronales.

Los neurocientíficos estudiaban la plasticidad cerebral en animales, puesto que hacerlo en humanos quedaba descartado, ya que se tiene que matar a los sujetos y abrirles la cabeza para observar las alteraciones en la anatomía cerebral. Estos científicos estudiaron los cambios del cerebro criando animales, normalmente ratas, en tres clases distintas de entorno:

- *Condición individual:* en la que el animal se encuentra solo, sin estimulación especial.
- *Condición social:* un entorno donde el sujeto tiene otros animales en la jaula, de modo que tienen estimulación social, pero sin proporcionar nada más.
- *Condición enriquecida:* un medio en que los sujetos no solo tienen a otros animales en la misma jaula, sino que también les cambian ciertos factores ambientales (distintas imágenes y sonidos en la jaula), además de proporcionarles distintas actividades y equipo con el que interactuar. Esto genera un «entorno enriquecido» lleno de estímulos y oportunidades.

Tras criar a los animales en esta diversidad de medios, se les examinaba el cerebro para ver si su función y composición química se había visto alterada debido a dichas condiciones de vida. El estudio estaba diseñado para comprobar si los factores ambientales podían afectar la función, el desarrollo y la fisiología del cerebro.

La investigación de Krech y Diamond fue solo el comienzo. En 1972, un estudio realizado por los Dres. Greenough y Volkmar reveló que las ratas criadas en condiciones enriquecidas poseían campos dendríticos mayores que los de las ratas en otras condiciones (Volkmar y Greenough, 1972). Recuerda que las dendritas son la parte de las neuronas que aceptan señales procedentes de otras neuronas. La investigación demostró que las dendritas tenían, literalmente, más ramas en aquellas ratas que habían recibido una estimulación ambiental enriquecida. De ahí se podría interpretar que ese grupo de ratas eran mejores a la hora de asimilar información.

El Dr. William T. Greenough, uno de los más destacados investigadores en el campo de la neuroplasticidad, protagonizó a su vez otros importantes hallazgos. En 1985, descubrió que las ratas criadas en entornos enriquecidos poseían más sinapsis por neurona, lo que indicaba que una potenciación del entorno se podía traducir en mejoras en la red neural y en la comunicación interneuronal (Turner y Greenough, 1985).

En 1987, Greenough y otros científicos averiguaron que unas condiciones enriquecidas producían una red capilar un 80 % mayor en el encéfalo (Black, Sirevaag & Greenough, 1987). Los capilares son vasos sanguíneos, por lo que este estudio demostró que el aporte de sangre al cerebro podía mejorar gracias a la estimulación ambiental y la actividad física. Este fue un descubrimiento importante para quienes trabajábamos con niños con necesidades especiales, pues sabíamos que mejorar el riego sanguíneo en el cerebro suponía incrementar el oxígeno que se le proporcionaba. Puesto que el principal alimento de este órgano es el oxígeno, y que además este favorece su funcionamiento, comprendimos que potenciar el abastecimiento de sangre, y por tanto de oxígeno, podía contribuir a mejorar la función cerebral de nuestros pacientes.

Glenn Doman comprendió la importancia del transporte de oxígeno al cerebro. Hemos averiguado que, si logramos mejorar la respiración en pacientes con lesión cerebral, su función cerebral también lo hará y los síntomas remitirán. Descubrir que un enriquecimiento del entorno conducía a una mejora en el suministro de sangre y oxígeno al cerebro fue un componente importante de este hallazgo.

> Desde entonces, distintos estudios han demostrado que los axones pueden hacerse más gruesos gracias a la estimulación ambiental (Juraska y Kopcik, 1988) y más adelante Greenough descubrió que criar ratas en condiciones enriquecidas hacía que estas poseyeran más sinapsis entre las neuronas y las células de glía (Jones y Greenough, 1996).

Tras décadas de investigación, Greenough resumió así sus descubrimientos sobre el cerebro:

> «Estos resultados presentan una perspectiva del cerebro muy dinámica. En esencia, todos los componentes celulares parecen ajustarse a las exigencias impuestas al cerebro a raíz de las interacciones del organismo con su entorno. Queda claro que la anatomía y fisiología del cerebro varían según las condiciones de vida» (Benefiel y Greenough, 1998).

Sencillamente, Greenough dijo que la anatomía del cerebro cambia en función del entorno en el que se cría el individuo. Nosotros lo sabíamos gracias a nuestros niños con necesidades especiales: si les aumentábamos los estímulos y la actividad, ¡ellos mejoraban!

Si eres el padre o el ser querido de un niño con necesidades especiales, te darás cuenta de que hay muchísimas cosas que no se pueden controlar. Sin embargo, una cosa que podemos controlar es el entorno en el que se crían. Si les podemos proporcionar estimulación con un incremento en la frecuencia, intensidad y duración, junto con las máximas oportunidades para que puedan cultivar sus habilidades mediante una actividad óptima, estaremos haciendo un gran favor a estos individuos.

# Capítulo 3

## Entender la inteligencia y las discapacidades del neurodesarrollo

Si te preguntara qué es lo que Albert Einstein, Alexander Graham Bell y Thomas Edison tenían en común, seguramente dirías que los tres fueron personas brillantes que cambiaron la historia de la humanidad gracias a unos descubrimientos asombrosos. Por tanto, tal vez pueda sorprenderte saber que lo más probable es que los tres también padeciesen trastornos del neurodesarrollo. Hoy día muchos creen que, si Albert Einstein hubiese nacido hoy, le habrían diagnosticado autismo. Tuvo retrasos en el desarrollo del habla y no pronunció sus primeras palabras hasta los tres años de edad. Pasó grandes dificultades en sus primeros años en la escuela y era muy rígido en su horario y en su necesidad de tener una rutina.

Durante su infancia, Alexander Graham Bell tuvo problemas con la lectura, y es muy posible que hoy le hubiesen diagnosticado dislexia. A Thomas Edison lo expulsó de clase un profesor, diciendo que tenía «el cerebro hecho migas». De hecho, Edison fue educado principalmente por su madre en casa. Lo más seguro es que hoy le hubiesen diagnosticado «dificultades de aprendizaje». Obviamente, en la época en que vivieron estos grandes pensadores no se hacían diagnósticos formales. Incluso se ha propuesto, aunque no puede probarse, que a ciertos grandes científicos como Nikola Tesla e Isaac Newton les podrían haber diagnosticado autismo o TDA si hubiesen nacido en nuestros días, basándonos en los rasgos personales que mostraban. Aunque nunca lo sabremos a ciencia cierta, es muy probable que muchos grandes intelectuales tuviesen discapacidades del neurodesarrollo, lo cual no supuso que dejaran de ser inteligentes.

Glenn Doman se dio cuenta de que los individuos con trastornos del desarrollo neurológico también podían ser brillantes. Comprendió que estaba mal el hecho de que la sociedad asumiese que estos niños eran estúpidos. En los años cincuenta, descubrió que con frecuencia los médicos diagnosticaban a estos niños de «idiotas», «imbéciles» y «tarados». Él sabía que esto era anticientífico hasta la repulsión y, lo que es más aún, observó que muchos de los niños que él veía poseían una inteligencia media. Algunos incluso eran más inteligentes que los demás. Esto le llevó a decir que «no hay correlación entre lesión cerebral e inteligencia; sin embargo, hay una enorme correlación entre lesión cerebral y la habilidad de expresar inteligencia». Afirmó que, en casi todos los individuos con lesión cerebral, sus facultades para aprender y comprender no se habían visto mermadas; lo que se había visto afectado era la capacidad para expresar su inteligencia mediante el habla y el uso de las manos y el cuerpo.

Hay una gran diferencia entre no ser inteligente y ser inteligente pero no ser capaz de expresarlo. Hay un libro fenomenal llamado *La escafandra y la mariposa*, escrito por Jean-Dominique Bauby tras haber sufrido un terrible infarto. Este ataque le provocó algo llamado «síndrome de enclaustramiento», por el cual Bauby era consciente de todo lo que sucedía a su alrededor, aunque él estaba totalmente paralizado y era incapaz de moverse o de hablar. Escribió unas memorias enteras de esta experiencia parpadeando con uno de sus ojos (solamente tenía control sobre un párpado) mientras su secretaria le leía las letras del alfabeto en voz alta. Parpadeaba cuando le leían la letra correcta, y entonces la secretaria la apuntaba para ir deletreando las palabras. Él era completamente inteligente, pero solamente podía expresarse mediante el parpadeo de un ojo.

El eminente astrofísico Stephen Hawking se encontraba completamente bien hasta que le diagnosticaron enfermedad de las motoneuronas, que es un trastorno degenerativo que destruye la función de las áreas motoras del cerebro. Hawking perdió toda su capacidad para hablar y casi toda para moverse. Por fortuna, se le proporcionó un asombroso *software* que le permitía comunicar sus necesidades contrayendo una de sus mejillas para así formar letras y palabras. Su inteligencia no se vio afectada por esta enfermedad neurodegenerativa, pero sí su habilidad de expresarse.

Nadie pone en duda que Stephen Hawking era brillante, pero él tuvo la suerte de que le diseñaran un sofisticado *software* para comunicar lo que hiciera falta. Imagina que este programa no hubiese existido. Quizás la gente habría dado por hecho que había perdido toda su inteligencia junto con sus facultades motrices.

Nuestra inteligencia viene determinada por nuestras habilidades sensoriales. Todo lo que aprendemos, lo obtenemos del mundo a través de nuestros cinco sentidos: vista, oído, tacto, gusto y olfato. Todo lo que tú has aprendido, lo que tu hijo está aprendiendo y todo lo que Albert Einstein aprendió vino por estas cinco vías. Podemos llamarlas «los caminos de la inteligencia».

Sin embargo, nuestra inteligencia la expresamos mediante nuestras habilidades motrices. Estas incluyen el habla y nuestra capacidad de usar las manos y mover el cuerpo. Si te pidiera que respondieras a una pregunta, pero no te permitiese hablar, usar las manos o mover el cuerpo, lo más seguro es que te costaría mucho trabajo hacerlo. Por tanto, no sería justo si yo asumiera que eres estúpido. A menudo, los niños con discapacidades del desarrollo neurológico tienen problemas con sus habilidades motrices (llamémoslas «los caminos de la expresión»). Es difícil expresar tu inteligencia si no puedes hablar, moverte o usar tus manos bien. Por ello, Glenn Doman dejó claro que no puede darse por sentado que una persona con un problema neurológico no es inteligente, solo por el hecho de que su cerebro les dificulta el expresar dicha inteligencia.

Por esta razón, en Doman International asumimos que todos los niños son muy inteligentes. Les damos estímulos, actividad, respeto y les fijamos metas ambiciosas. Usamos un lenguaje sofisticado al hablar con ellos, estamos todo el día explicándoles cosas, les leemos textos y los educamos. Es peligroso dar por hecho que un niño no es inteligente, ya que es una profecía que se cumplirá por sí sola. Si pensamos que los niños no son inteligentes por habérseles diagnosticado autismo u otra necesidad especial, entonces les hablaremos e interactuaremos con ellos de manera diferente. No esperaremos de ellos que entiendan conceptos, así que no les explicaremos las cosas. En vez de hablarles con un vocabulario amplio y sofisticado, recurriremos a uno muy reducido. En vez de esperar madurez por su parte, haremos justo lo contrario. Al tratarlos de tontos o de inmaduros, así es como se volverán ellos. Este es el modo en que la gente habría tratado a Stephen Hawking si hubiera nacido con los problemas neurológicos que tuvo más adelante.

Los niños con autismo, TDA u otros trastornos del neurodesarrollo no son estúpidos. No permitas que nadie te convenza de lo contrario. Si alguien te dice que un niño con estos problemas en un caso perdido, todo lo que te indica es que tiene un pensamiento anticuado, y que ya es hora de buscar un profesional adecuado a quien confiar el futuro de tu hijo.

## Nuestras conclusiones sobre el papel de los padres en el desarrollo cerebral

Como has visto, el cerebro es un órgano asombroso.

En el pasado, los «expertos» insistían en que, cuando moría una neurona, muerta estaba y no había remedio. Esto se usó como excusa para hacer poco o nada por los niños con necesidades especiales.

Por su experiencia, Glenn Doman comprendió que la neuroplasticidad existía, que el cerebro podía cambiar gracias al entorno y la actividad. Pero él también especuló acerca de la posibilidad de la «neurogénesis», o sea, la idea de que tal vez se generen nuevas células cerebrales a lo largo de la vida de una persona. Pero de esto solo habló con su familia, sus amigos más cercanos y demás confidentes. Lo habían criticado tan solo por sugerir que la neuroplasticidad existía, por lo que estaba seguro de que, si planteaba que durante la vida se pudieran crear nuevas neuronas, lo considerarían una herejía.

A lo largo de las últimas décadas, los neurofisiólogos han comenzado a estudiar la posibilidad de la neurogénesis. Los estudios han demostrado que la neurogénesis tiene lugar en el cerebro del niño, del adulto e incluso de personas de ochenta o noventa años. Es algo que se produce en todos nosotros.

Por resumir se puede decir, en su sentido más básico, que a los padres de niños con necesidades especiales les enseñamos cómo proporcionar *estimulación visual, auditiva y táctil* con un incremento en la *frecuencia, intensidad y duración*, tomando en consideración el modo ordenado en que el cerebro crece.

También les inculcamos cómo proporcionar oportunidades extraordinarias para aprovechar información sensorial recién adquirida con el fin de potenciar la motricidad, el habla y las habilidades manuales del niño.

Por último, impartimos formación para que los padres se aseguren de que el niño cuenta con una adecuada nutrición, hidratación y función respiratoria, y así crear el entorno ideal para la función y el crecimiento cerebral y corporal.

Ofrecemos una serie de programas basados en lo que quiere y necesita cada niño. Nuestro Programa Avanzado Doman es el más intensivo y el que proporciona los mejores resultados. Es cierto que es un programa exigente, pero trabajamos duro para resolver los problemas de los niños que otros consideran como casos perdidos.

Los padres nos han dicho una y otra vez que hay algo mucho más difícil que nuestro Programa Avanzado Doman. Los padres nos dicen que es mucho más doloroso ver que sus hijos no mejoran, día tras día, año tras año.

Hace más de sesenta años que aprendimos que, si los padres de un niño con necesidades especiales saben cómo es posible que su hijo mejore, entonces se podrán convertir en los mejores terapeutas del mundo. Para obtener los mejores resultados, los padres pueden crear en su propia casa un ambiente enfocado al éxito de su hijo.

Los padres conocen a su hijo mejor que nadie en el mundo.

Solo ellos tienen el amor con el que dotar su casa con un entorno positivo y enriquecedor en el sentido cognitivo, físico y social.

Solo los padres tienen la determinación de brindar a sus hijos la oportunidad real de ponerse bien.

# Capítulo 4

# Nutrición para niños con necesidades especiales

Autor: Dr. Vijayendra Murthy,
*licenciado en cirugía y medicina ayurvédica, máster en*
*cirugía ayurvédica, licenciado en naturopatía, máster y*
*doctorado en sanidad pública.*

## La nutrición en los niños con necesidades especiales

Todos sabemos lo importante que es la nutrición para el desarrollo físico y cognitivo, la salud y en general para el bienestar de los niños. A menudo resulta un desafío para los padres el planear un régimen nutricional ideal para su hijo en edad de crecimiento. Los retos de mantener una buena nutrición se complican aún más cuando se tiene un niño con necesidades especiales. La idea general que tenemos de proporcionarle cantidades equilibradas de carbohidratos, proteínas y lípidos procedentes de diversos grupos de alimentos ha dejado de ser una tarea sencilla. En una situación normal, un niño comienza a explorar y a comer un poco de lo que comen los adultos a su alrededor, y desarrolla preferencias y aversiones específicas hacia ciertos alimentos.

Sin embargo, un niño con necesidades especiales puede tener limitaciones para expresar bien qué es lo que le gusta y qué no de aquello que le das de comer. También es posible que estos niños tengan una capacidad disminuida para comunicar sus preferencias o incluso establecer hábitos de alimentación regulares, al igual que los demás niños. Los trastornos alimentarios y las situaciones nutricionales comprometidas son muy comunes entre los niños con necesidades especiales.

Por tanto, es importante que tú, como padre, entiendas los conceptos básicos de la nutrición y sepas cómo fijar un plan que no solo cumpla con las necesidades nutricionales de tu hijo, sino que también mejore su salud y bienestar, reduzca los síntomas y tal vez incluso revierta los factores que estén afectando a la función cerebral del niño.

Este capítulo te ayudará exactamente a superar los desafíos arriba mencionados, a ganar confianza a la hora de escoger los alimentos adecuados y, lo que es más importante, a eliminar aquellos que puedan ser dañinos para la función cerebral de tu hijo. Asimismo, ampliarás tu conocimiento sobre el papel específico que desempeñan los distintos alimentos en dicha función. En Doman International, estamos constantemente impartiendo formación para que los padres de niños con necesidades especiales se conviertan en avezados nutricionistas.

## Alimentos, nutrición y nutrientes

Antes incluso de que examinemos el vínculo entre la nutrición y el desarrollo cerebral, es fundamental que entiendas qué es la nutrición. Todos somos conscientes de la simple realidad de que comer es esencial para que la sangre circule, para mover los músculos, pensar y sustentar la vida en sí misma, entre billones de procesos biológicos que a diario tienen lugar en el cuerpo humano. La nutrición es la ciencia que explora qué sucede con los alimentos que comemos y cómo impactan en la salud y la enfermedad. El estudio de la nutrición incluye el entender procesos tales como la digestión, absorción y transporte a través del cuerpo de los alimentos, y la excreción de los desechos y alimentos sin digerir.

Alimento es cualquier sustancia nutritiva que pueda consumirse con el fin de mantener la vida y el crecimiento. Un nutriente es una sustancia química presente en los alimentos y que contribuye a la salud, proporciona energía, sirve como elemento estructural de células y tejidos, y regula los procesos químicos del cuerpo. Tales nutrientes, que resultan vitales para que el cuerpo crezca y se repare, proceden principalmente de la comida y desempeñan funciones biológicas esenciales.

Los carbohidratos, procedentes de alimentos como los cereales y las verduras, son la principal fuente de energía para que el cerebro funcione. Las proteínas de alimentos tales como legumbres, huevos y carne son responsables de la formación y reparación de los tejidos.

Los lípidos, presentes en frutos secos, aceites o el aguacate, entre otros, favorecen la absorción de las vitaminas liposolubles A, D, E y K. Además de estos tres grandes grupos, una sustancia puede considerarse un nutriente si su eliminación pudiera causar una deficiencia en la realización de ciertas funciones biológicas.

Ahora ya puedes ver por qué es tan importante que tú, como padre, conozcas qué alimentos son ricos en nutrientes y las razones para prescindir de aquellos que no lo sean. Por ejemplo, el azúcar refinado consiste en calorías muertas y ha de evitarse en todo momento.

## La Pirámide de Alimentos para niños y MiPlato

La Pirámide de Alimentos, desarrollada por el Departamento de Agricultura de los Estados Unidos (o USDA) y hoy día reemplazada por MiPlato, ha experimentado diversos cambios a lo largo de los años basándose en datos científicos. Los distintos grupos de alimentos que originalmente recomendó

el USDA, con los carbohidratos situados en la base de la pirámide, las carnes en el medio y las grasas en la cúspide, han sido cuestionados en múltiples estudios.

En 2011, la pirámide fue reemplazada por MiPlato (*véase* figura 2).

Fuente: USDA.

No hay garantías de que, en la práctica, un plan de nutrición que siga estas pautas resulte saludable para tu hijo. Por ejemplo, si a un niño le das carbohidratos refinados, carne procesada, hortalizas de raíz con un elevado índice glucémico, frutas de alto contenido en azúcar y leche de vaca en las proporciones exactas que indica MiPlato, antes le estarás perjudicando que beneficiando. Esto se debe a que no todos los carbohidratos son iguales. No solo es importante que tú, como padre, conozcas el tamaño de cada ración y los macronutrientes (o sea, carbohidratos, proteínas y lípidos), sino que también sepas la diferencia entre los macronutrientes sanos y los perjudiciales.

### Las seis clases de nutrientes que todo padre debe conocer

Para sobrevivir y funcionar precisamos de energía, que en su mayoría procede de los carbohidratos, las proteínas y los lípidos. Ahora bien, si la energía fuese todo lo que nos hace falta, podríamos vivir a base de calorías muertas y de ingerir azúcar, pero no es este el caso. Lo que necesitamos son nutrientes que favorezcan nuestro crecimiento y desarrollo. Estos son también las proteínas, los lípidos y los carbohidratos, además de ciertas vitaminas (por ejemplo, vitamina B, vitamina C o ácido fólico), ciertos minerales (por ejemplo, cinc o magnesio) y el agua. Dichos nutrientes contribuyen a la regulación de los procesos biológicos del cuerpo.

Por ejemplo, un niño con déficit de proteínas será más propenso a padecer infecciones frecuentes. Es importante elaborar cuidadosamente un plan dietético para tu hijo que incluya estas seis clases de nutrientes, con el fin de potenciar su crecimiento, desarrollo y su salud en general. El cuerpo requiere de carbohidratos, proteínas, lípidos y agua en grandes cantidades, y por ello se denominan macronutrientes. Las vitaminas y minerales, al ser necesarios en pequeñas cantidades, se clasifican como micronutrientes.

## Carbohidratos

Los carbohidratos, a menudo referidos como «hidratos» en el lenguaje cotidiano, son una de las principales fuentes de calorías que nos proporcionan energía. Durante miles de años los carbohidratos han sido uno de los componentes más importantes de la dieta en todas las culturas del mundo. Si examinas detenidamente el MiPlato elaborado por el USDA (figura 2), los cereales, frutas y verduras, que constituyen tres cuartos del plato, contienen principalmente carbohidratos. Siempre y cuando emplees la clase apropiada de carbohidratos, podrás estar seguro de que tu hijo recibirá la cantidad de energía que necesita de lo que come.

A menudo, los niños con necesidades especiales no comen lo suficiente, o toman un tipo de alimentos que no es el adecuado. Es importante darse cuenta de que no tener la suficiente energía puede afectar el crecimiento, desarrollo y temperamento de tu hijo. Ahora bien, el auténtico desafío está en evitar los malos carbohidratos, que tienen gran densidad de calorías, pero son escasos en nutrientes. La clave para no preocuparse por lo que das de comer a tu hijo está en ser capaz de interpretar los ingredientes y la información nutricional de las etiquetas.

Más importante aún es no ser un ingenuo consumidor de publicidad y mensajes de *marketing* engañosos. Una vez empieces a saber interpretar los hechos científicos acerca de los alimentos, será como hablar un nuevo idioma y, como todos sabemos, cuantos más idiomas hablemos, mejor nos irá en este mundo. El lenguaje de la nutrición es, por tanto, un talento fundamental a la hora de cuidar de un niño con necesidades especiales.

A casi todos nos gusta el dulce, y sobre todo a los niños. Este sabor propio del arroz hervido, el pan, la pasta, las patatas o las golosinas azucaradas se debe, en esencia, a las sustancias químicas de las que están mayoritariamente compuestos. El producto final que queda tras digerir cualquier alimento que contenga carbohidratos es la glucosa.

Según lo simples o complejos que sean los enlaces entre las moléculas que forman los carbohidratos, nos referiremos a ellos como *carbohidratos simples* o *carbohidratos complejos*. Cuando tu nutricionista te aconseje que emplees carbohidratos simples y no complejos, te ayudará saber de qué está hablando exactamente. Los carbohidratos simples también se denominan «azúcares simples»; recuerda que para referirse a la glucosa se suele usar el término «azúcar».

Para que te hagas una imagen de cómo se digiere la comida, el proceso consiste en romper moléculas complejas hasta que alcancen su forma más simple y se puedan liberar en la sangre, que a su vez transportará estas molé-culas al cerebro y otros tejidos. Imagínate ahora la digestión de un alimento como la zanahoria, compuesta de carbohidratos complejos. El cuerpo tiene que trabajar más y durante más tiempo para romper estos enlaces complejos, lo que de hecho no es malo, ya que así la energía se liberará lentamente.

Sin embargo, una magdalena repleta de azúcar de mesa (que, como vimos, es un carbohidrato simple) tardará menos tiempo en digerirse y, por tanto, la energía se liberará de manera inmediata. Este es el motivo por el que a un adulto le pueda apetecer una magdalena si se siente cansado por la tarde, y no una zanahoria. También podrás comprobar el efecto de los carbohidratos simples en un niño si le das un trozo de pastel, ya que esto se puede traducir en una hiperactividad repentina debido a la súbita liberación de energía.

Así pues, es mejor que le des carbohidratos complejos en vez de simples, puesto que es preferible que la energía se libere gradualmente y no toda a la vez.

La próxima vez que vayas al supermercado, en vez de recorrer los estan-tes a toda prisa, lee y compara mentalmente el contenido en carbohidratos, azúcares y fibras de los distintos artículos en las secciones de verdulería, panadería y cereales de desayuno. Aun cuando el envase pueda sugerir que un producto es sano, sin azúcares añadidos, o rico en vitaminas, quizás no sea tan buena idea consumir a diario alimentos de alto contenido en carbohidratos simples, como por ejemplo zumos de frutas o bebidas azucaradas.

Lo que sí es buena idea es que a tu hijo le des carbohidratos complejos, como los que contienen el mijo o las verduras, ya que les proporcionará la energía necesaria liberándola de manera lenta y constante durante periodos de tiempo más prolongados. La tabla 1 contiene ejemplos de carbohidratos simples (malos para tu hijo) y carbohidratos complejos (buenos para tu hijo).

**Tabla 1**
**Alimentos con carbohidratos simples y complejos**

| Alimentos ricos en carbohidratos simples | Alimentos ricos en carbohidratos complejos |
|---|---|
| Azúcar de mesa<br>Tarta<br>Zumo de frutas<br>Caramelos<br>Sirope de maíz<br>Productos de bollería<br>Galletas<br>Cereales de desayuno envasados | Hortalizas<br>Verduras de hoja<br>Frutos secos<br>Legumbres<br>Cereales integrales<br>Avena<br>Guisantes<br>Arroz integral<br>Manzanas<br>Frutas del bosque |

## El índice glucémico de los alimentos

Otra manera útil de distinguir los carbohidratos sanos de los no tan sanos es entender qué es lo que sucede en el cuerpo cuando se consumen distintos tipos de hidratos. Al digerir cualquier alimento con carbohidratos sube el nivel de azúcar en sangre, también llamado glucemia. En respuesta al incremento de glucosa en la sangre, se libera una hormona llamada insulina, que transporta la glucosa a las células que proporcionan energía. La glucosa que no necesitan las células queda almacenada en el hígado y los músculos para usarla en el futuro. Cuanto más azúcar contenga lo que comamos, más insulina tendrá que producir el cuerpo para regular la glucosa.

El liberar insulina de manera repetida puede provocar que las células desarrollen resistencia a la misma, lo que se traduce en una elevada glucemia. Un ejemplo análogo sería si derramaras un líquido en el suelo y acto seguido cogieras una fregona para limpiarlo. Ahora bien, si los derrames son constantes y tienes que estar fregando todo el rato, al final el suelo se quedará mojado, al gastarse la fregona y volverse menos eficiente. Del mismo modo, una ingesta elevada de carbohidratos azucarados forzará la producción de insulina, con un efecto similar al de una fregona usada en exceso, y además contribuirá a elevar el nivel de azúcar en sangre.

Para que el cerebro funcione de manera óptima, el aporte de glucosa ha de ser lento y uniforme. Para medir la rapidez con la que sube el nivel de azúcar en la sangre al consumir carbohidratos, se utiliza un sistema de cuantificación llamado índice glucémico (IG), que establece una puntuación de 0 a 100 para los alimentos con contenido en carbohidratos. Cuanto más bajo sea el número, menos se incrementará el azúcar en sangre, y cuanto más elevado sea el IG, mayor será este aumento. La tabla 2 ofrece ejemplos de alimentos de IG alto e IG bajo.

Sabemos que los productos de índice glucémico elevado pueden provocar resistencia a la insulina, afectar a la función cerebral, mermar la capacidad de aprendizaje y perjudicar la memoria. Además, pueden dificultar la formación de neuronas y causar inflamación en el encéfalo. Por ello, los alimentos de IG alto no son buenos para tu hijo con necesidades especiales, y es preferible que escojas otros con IG medio o bajo.

**Tabla 2**
**Ejemplos de alimentos con IG alto, medio y bajo**

| IG alto (70 a 100) | IG medio (56 a 69) | IG bajo (0 a 55) |
|---|---|---|
| Azúcar, dulces, refrescos azucarados, arroz blanco, pan blanco, patata blanca asada y pelada, sandía, copos de maíz, cereales de trigo hilado, pan tipo *bagel*, pan de *baguette*, arroz glutinoso, arroz blanco de grano corto, tapioca, dátiles, calabaza, chirivía. | Boniatos, plátanos, uvas pasas, piña, maíz dulce, gachas de avena, centeno integral, miel, remolacha, mango, uvas sultaninas, higos. | Zanahoria cruda, manzana cruda, guisantes, lentejas, casi todas las verduras, alubias de riñón, pomelo, copos de avena, pan integral de centeno, brócoli, coliflor, repollo, hongos, lechuga, alubias verdes, pimiento rojo, cebolla, arroz integral, trigo sarraceno, cebada, nueces, anacardos, garrofones, garbanzos, arveja amarilla partida, cerezas, ciruelas, melocotón, pera, albaricoque seco, uvas, coco, kiwi, naranja, fresas, ciruela pasa. |

## La glucosa y el cerebro

La glucosa es un combustible importante para el cerebro. Acabamos de ver el modo en que los carbohidratos son esenciales para obtener energía, y que los carbohidratos complejos y los alimentos con un IG bajo son claves para favorecer la función cerebral de tu hijo. A diferencia de ciertos órganos, el cerebro requiere un suministro constante de energía las veinticuatro horas, día y noche. Ahora bien, aunque este órgano funciona solo a base de oxígeno y glucosa, por desgracia no cuenta con reservas propias. Esto provoca que el cerebro sea extremadamente vulnerable en caso de que no haya glucosa disponible. El aprendizaje y la comunicación se pueden ver obstaculizados ante un aporte deficiente de glucosa; por tanto, contar con un suministro constante es fundamental para la función cognitiva de un niño. El cerebro de los adultos utiliza un 20 % de la energía obtenida a través de la dieta; el de un niño consume dos veces la cantidad de glucosa que emplea el de un adulto. La conclusión que hemos de extraer es que los azúcares simples y los carbohidratos con un IG elevado no son la respuesta a la hora de satisfacer la necesidad de glucosa del cerebro.

## Proteínas

Las proteínas son los ladrillos del cuerpo humano. Nuestros huesos y músculos están formados principalmente por proteínas, que nuestro cuerpo también utiliza para reparar tejidos y producir enzimas y hormonas. Si tu hijo sufre de deficiencia en proteínas, esta se puede manifestar en una mayor vulnerabilidad ante las infecciones, debilidad general, o pérdida de masa muscular. Además de servir de elementos estructurales, las proteínas también proporcionan energía, al igual que los carbohidratos. Se tarda más en digerir las proteínas animales que las vegetales. La carne, compuesta en su mayor parte de proteínas y lípidos, no incrementará los niveles de glucosa de manera inmediata, tal como hacen los carbohidratos. El producto final de las proteínas son los aminoácidos.

Los aminoácidos se enlazan siguiendo diversos patrones para formar distintos tipos de proteínas. La tabla 3 ofrece una lista de los aminoácidos esenciales y de alimentos ricos en ellos. Es de especial importancia que a tu hijo le des este tipo de aminoácidos con regularidad, pues son necesarios para la producción de neurotransmisores. Por ejemplo, la serotonina, que es el neurotransmisor de la felicidad, se forma a partir de la conversión del triptófano.

Así pues, el dar a tu hijo alimentos ricos en triptófano puede aumentar las posibilidades de una mayor producción de serotonina. Esta sustancia mejora el humor y el comportamiento social, reduce la depresión, la ansiedad y las conductas agresivas, además de favorecer la memoria y el sueño. El cerebro necesita un aporte constante de aminoácidos para la producción de neurotransmisores. Sin embargo, una ingesta excesiva de proteínas acabará provocando que estas se conviertan en glucosa. Comer demasiadas proteínas tampoco es seguro.

## Tabla 3
### Aminoácidos esenciales, alimentos y funciones

| Aminoácidos esenciales | Fuentes alimenticias ricas en el aminoácido | Funciones del aminoácido |
|---|---|---|
| Histidina | Huevos, carne roja, carne blanca, carne de ave de corral, queso, queso parmesano, pescado, marisco, alubias, legumbres, semillas de chía, semillas de sésamo. | Favorece la función cerebral, los neurotransmisores, la producción de glóbulos rojos y glóbulos blancos, detoxifica el cuerpo, protege a los tejidos del daño procedente de los metales pesados o la radiación. |
| Isoleucina | Carne, productos lácteos, anacardos, almendras, avena, lentejas, arroz integral, legumbres, semillas de chía, huevos, pescado blanco, carne de cerdo, queso parmesano. | Favorece la producción de hemoglobina y el aporte de nitrógeno (necesario para el ADN). |
| Leucina | Semillas de calabaza, frutos secos, guisantes, atún, marisco, alubias, huevos, pescado blanco, queso, ternera, cerdo, pollo, queso parmesano, semillas de sésamo. | Estimula la fuerza de los músculos, sintetiza más fibras musculares, regula los niveles de azúcar, ayuda a mejorar la función cerebral y los neurotransmisores. |
| Lisina | Huevos, carne, pescado blanco, carne de ave de corral, alubias, queso, semillas de chía, espirulina, perejil, aguacates, almendras, anacardos, queso parmesano. | Favorece la reparación muscular, el sistema inmunitario, la absorción de minerales y la producción de colágeno, necesario para los huesos y tejidos conjuntivos. |
| Metionina | Carne, pescado (sobre todo blanco), queso, productos lácteos, alubias, semillas, semillas de chía, nueces de Brasil, avena, arroz integral, legumbres, cebollas, huevos, semillas de sésamo. | Favorece el crecimiento muscular, la formación de creatinina (necesaria para los músculos) y el desarrollo de nuevos vasos sanguíneos, reduce los depósitos grasos en el hígado. |

*(Continúa en página siguiente)*

## Tabla 3 (Cont.)
### Aminoácidos esenciales, alimentos y funciones

| Aminoácidos esenciales | Fuentes alimenticias ricas en el aminoácido | Funciones del aminoácido |
|---|---|---|
| Fenilalanina | Carne, pescado (sobre todo blanco), pollo, huevo, semillas de sésamo, espirulina, alga marina, calabaza, alubias, arroz, aguacates, quinoa, higos, uvas pasas, verduras de hoja, frutas del bosque, aceitunas, semillas. | La fenilalanina se convierte en tirosina, que fabrica proteínas, neurotransmisores, hormonas tiroideas y otras sustancias químicas del cerebro. |
| Treonina | Carne magra, huevos, queso, pescado blanco, frutos secos, semillas, lentejas, berros, espirulina, calabaza, verduras de hoja, semillas de chía, almendras, aguacates, higos, quinoa, semillas de sésamo. | Favorece la función del sistema nervioso, el sistema inmunitario, el corazón y el hígado, y mantiene los músculos sanos y fuertes. |
| Triptófano | Huevos, carne roja, semillas de sésamo, garbanzos, almendras, semillas de girasol, espirulina, plátanos, alubias, semillas de chía. | El triptófano se transforma en serotonina, a menudo llamada la hormona de la felicidad. Reduce el estrés, provoca relajación y favorece un sueño reparador y la función cerebral del sistema nervioso. |
| Valina | Carne roja, ternera, huevos, queso, queso parmesano, carne de pollo y de cerdo, frutos secos, semillas de sésamo, alubias, espinacas, legumbres, brócoli, semillas, semillas de chía, cereales integrales, higos, aguacates, manzanas, arándano rojo y azul, albaricoques. | Favorece el crecimiento muscular, proporciona glucosa a los músculos al hacer ejercicio, favorece el sistema nervioso, mejora la función cognitiva. |

## ¿Cuánta proteína debe tomar mi hijo?

Si echas un vistazo a MiPlato (figura 2), las proteínas deberían cubrir en torno al 25 % de la ingesta de un niño. Si bien la mayoría de las dietas occidentales giran en torno a las proteínas, sería un error pensar que solo la carne, el pescado y los huevos proporcionan este macronutriente. De hecho, varios aminoácidos esenciales (véase la tabla 3) están presentes en frutos secos, semillas y alimentos de origen vegetal. En el caso de los bebés y los niños en edad de preescolar, la necesidad de dichos aminoácidos esenciales se eleva al 40 %. Es importante combinar alimentos de alto contenido proteico con las verduras, para así obtener una cantidad equilibrada de aminoácidos.

## Proteínas animales *vs.* proteínas vegetales

Todo el mundo sabe que las fuentes alimenticias de origen animal son las de mayor contenido proteico, casi un 70 %. Esto no quiere decir que los vegetarianos no puedan satisfacer sus necesidades de proteínas, siempre y cuando se sepa cómo combinar alimentos. La decisión siempre está en tu mano, ya comas productos animales o de origen vegetal. La principal diferencia entre las proteínas animales y las vegetales radica en que estas últimas carecen de ciertos aminoácidos esenciales. También es interesante constatar que los alimentos de origen vegetal contienen menos calorías, y que a largo plazo pueden resultar más sanos que los de origen animal.

Asimismo, hay alimentos de origen vegetal tales como frutos secos, lentejas, legumbres, semillas y guisantes que, además de proteína, también con-

### Tabla 4
### Alimentos vegetarianos ricos en proteína

| Alimento vegetariano | Cantidad | Contenido en proteína (g) |
|---|---|---|
| Semillas de edamame | 0,1 litros | 7,2 |
| Lentejas | 0,1 litros | 7,5 |
| Guisantes | 0,1 litros | 6,1 |
| Quinoa | 1/4 litro | 8,5 |
| Semillas de chía | 1 cucharada | 2,0 |
| Almendras | 0,1 litros | 13,9 |
| Semillas de cáñamo | 1/4 litro | 5,3 |
| Alubias con arroz | 1/4 litro | 7,4 |
| Brócoli | 1 cogollo mediano | 4,0 |
| Kale | 1/4 litro | 2,1 |
| Champiñones | 5 medianos | 2,0 |
| Espirulina | 1 cucharada | 3,0 |

tienen magnesio, folatos, vitaminas, hierro y calcio. Por tanto, aunque seas un carnívoro acérrimo, es mejor que a tu hijo le des proteínas vegetales junto con las de origen animal. Respecto a estas últimas, es bueno fijarse en si son productos ecológicos, o si proceden de animales de corral y/o alimentados con pasto, pues a largo plazo será un factor de importancia en la salud de tu hijo.

## GRASAS (LÍPIDOS)

En el lenguaje cotidiano decimos «grasas» para referirnos a los lípidos de origen animal, tales como el tocino o la mantequilla, y «aceites» al hablar de los lípidos de origen vegetal, por ejemplo, el aceite de oliva o de coco. Tanto las grasas animales como los aceites vegetales son, en esencia, lípidos. A lo largo de las décadas, la palabra «grasa» ha adquirido una connotación negativa, al señalar erróneamente a los lípidos como un factor de riesgo en muchas enfermedades crónicas. Claro está, cualquier exceso de calorías que el cuerpo no utilice quedará almacenado en forma de grasas, lo cual es un riesgo.

Sin embargo, comer lípidos no debería constituir por sí mismo un riesgo directo para la salud. Es muy importante darse cuenta de que no todas las grasas son malas, y que no todos los lípidos son iguales. Hay muchos tipos de grasas alimentarias y entender cuáles son las distintas clases de lípidos te permitirá, como padre, escoger aquellos que sean buenos para tu hijo y evitar los que no lo sean. Todas las células cerebrales son muy ricas en un tipo concreto de lípidos llamados «omega-3», necesarios para mantener la estructura y el funcionamiento del cerebro y el sistema nervioso. El omega-3 se obtiene a través de la dieta.

Antes ya señalamos que la unidad más pequeña de los carbohidratos es la glucosa y la de las proteínas es el aminoácido. La que corresponde a los lípidos es el «ácido graso». Para entender qué grasas alimentarias son buenas y cuáles son malas, tenemos que conocer las diferencias existentes con relación a su estructura.

Existen cuatro tipos de grasas: saturadas, monoinsaturadas, poliinsaturadas y grasas trans. Hay que tener cuidado con la cantidad de grasas saturadas que uno come, ya que pueden implicar riesgos, y ciertamente todas las grasas trans son perjudiciales, ya que incrementan el colesterol malo y reducen el bueno. Respecto de las grasas monoinsaturadas y poliinsaturadas, cuando se consumen en cantidades moderadas, no solamente no causan daños, sino que son esenciales para la salud y también para mejorar la función cerebral.

## GRASAS SATURADAS

Casi todas las grasas saturadas proceden de alimentos de origen animal, tales como la mantequilla, el tocino, o la grasa de la carne roja. Las grasas saturadas también pueden estar presentes en productos vegetales como el aceite de coco. Una manera fácil de identificar las grasas saturadas es que estas permanecen sólidas a temperatura ambiente. Como ejemplos de alimentos con contenido en grasas saturadas tenemos: leche entera, mantequilla, queso, carne roja, helado, chocolate o coco (tanto la fruta en sí como la leche o el aceite de coco). Las grasas saturadas aumentan tanto el colesterol malo (lipoproteínas de baja densidad o LDL, por sus siglas en inglés) como el colesterol bueno (lipoproteínas de alta densidad o HDL). Ahora bien, el dar a tu hijo pequeñas cantidades de una fuente saludable de grasas saturadas, como el aceite de coco, puede resultar beneficioso.

## GRASAS POLIINSATURADAS

Los ácidos grasos poliinsaturados (o AGPI) están presentes en los frutos secos, el pescado, en semillas y aceites derivados de las mismas, y en las ostras. Existen dos grupos de ácidos grasos poliinsaturados, los omega-3 y los omega-6, y son ácidos grasos esenciales que tu hijo necesitará para el desarrollo de su cerebro. Las grasas poliinsaturadas son líquidas a temperatura ambiente, como por ejemplo los aceites de maíz, cártamo, semilla de algodón o pescado. A diferencia de los ácidos grasos saturados, los poliinsaturados reducen el colesterol malo (LDL) y aumentan el bueno (HDL).

## GRASAS MONOINSATURADAS

Los ácidos grasos monoinsaturados (o AGMI) tienen un único enlace doble, mientras que el resto de la cadena molecular tiene enlaces simples. Estas grasas son sanas y se encuentran en el aceite de oliva, el aguacate y en frutos secos como las almendras, los anacardos, las pecanas o las nueces de Macadamia, entre otros. De manera similar a los ácidos grasos poliinsaturados, pueden reducir el LDL y mantener los niveles de HDL.

## GRASAS TRANS (LAS GRASAS MALAS)

Entre los descubrimientos que han hecho que la vida humana empeore se encuentra el proceso, desarrollado hace un siglo, de solidificar aceites líquidos y reducir su rancidez, ampliando su vida útil. Supuso la introducción al mercado de los «aceites hidrogenados», ya que es gas de hidrógeno lo que se usa para transformar los ácidos grasos poliinsaturados en un nuevo tipo de grasa solidificada o semisólida, como la margarina.

Así, y en detrimento de la salud humana, vieron la luz las grasas trans, en forma de diversas mantecas vegetales, aceites parcialmente hidrogenados o margarina. Es muy importante saber que los alimentos fritos por inmersión o la bollería industrial contienen grasas trans. Hoy día muchos países requieren que el etiquetado de los alimentos especifique la cantidad de grasas saturadas y trans; asegúrate de fijarte en ello cuando hagas la compra. Las grasas trans aumentan el LDL, espesan la sangre, causan inflamaciones y afectan a la inmunidad.

Por consiguiente, has de tener especial cuidado cuando a tu hijo le compres alimentos preparados. Cualquier tipo de comida rápida, sean *nuggets* de pollo, patatas fritas, galletas o bollos, contienen abundantes cantidades de grasas trans. Así pues, evita darle caprichos que puedan contener un veneno en potencia.

## Un toque de atención sobre los alimentos procesados y bajos en grasas

Durante las últimas décadas, en una vorágine por evitarlas, ha salido al mercado una gran cantidad de productos «bajos en grasas». Si esta es una característica natural del alimento, como en el caso de las verduras o los cereales integrales, entonces no pasa nada.

Ahora bien, si estos productos vienen fabricados «bajos en grasas», sean cereales de desayuno, yogures, aderezos de ensalada, galletas o pastas para untar, todos ellos tendrán un alto contenido en azúcares. Quizás también tengan harinas refinadas, grasas trans o jarabe de maíz de alta fructosa. Al hacer la compra, asegúrate de leer los ingredientes además del contenido en azúcar; no tomes una decisión basándote en lo que afirme el envase.

## ¿Cuántos lípidos necesita mi hijo?

Si te fijas en MiPlato (figura 2), en el exterior verás un circulito etiquetado como «lácteos» que tal vez pueda identificarse erróneamente como la principal fuente de grasas alimentarias. Es importante darse cuenta de que estas también están presentes en la carne, las nueces y las semillas. Lo primordial es que la ingesta diaria de lípidos se obtenga a partir de diversas clases de alimentos ricos en este nutriente. Estos pueden ser: aceite de oliva, aceite de sésamo, semillas de girasol, salmón salvaje, aguacate, ternera, anacardos (si tu hijo no es alérgico a los frutos secos), semillas de chía, pollo, coco, leche de coco, requesón, semillas de lino, semillas de cáñamo, cordero, etc. La tabla 5 proporciona una lista de alimentos ricos en lípidos y su contenido en grasas.

### Tabla 5
### Alimentos ricos en lípidos y su contenido en grasas

| Alimento | Cantidad | Kcal | Lípidos (g) | Grasas saturadas (g) | AGPIs (g) | AGMIs (g) | Grasas trans (g) |
|---|---|---|---|---|---|---|---|
| Huevos | 1 grande (53 g) | 70 | 5 | 1,5 | 0 | 0 | 0 |
| Mantequilla | 1 cucharada | 100 | 10,8 | 7,2 | 0 | 0 | 0 |
| Gui (mantequilla clarificada) | 1 cucharada | 120 | 14 | 9 | 0 | 0 | 0 |
| Aceite de oliva | 1 cucharada | 120 | 14 | 2 | 1 | 10 | 0 |
| Semillas de sésamo | 1 cucharada | 52 | 4,5 | 0,6 | 2 | 1,7 | 0 |
| Semillas de girasol | 28 g | 180 | 15 | 2 | 10 | 3 | 0 |
| Aceite de girasol | 1 cucharada | 120 | 14 | 1 | 3,5 | 9 | 0 |
| Semillas de calabaza | 1 cucharada | 80,3 | 6,1 | 1,1 | 2,8 | 2,2 | 0 |
| Salmón | 100 g | 208 | 13 | 3,1 | 3,9 | 3,8 | 0 |
| Aguacate | 100 g | 160 | 15 | 2,1 | 1,8 | 10 | 0 |
| Ternera | 100 g | 250 | 15 | 6 | 0,5 | 7 | 1,1 |
| Anacardos | 100 g | 553 | 44 | 8 | 8 | 24 | 0 |
| Semillas de chía | 1 cucharada | 60 | 3 | 0 | 2,5 | 0,5 | 0 |
| Pollo | 100 g | 219 | 12,56 | 3,5 | 2,74 | 4,93 | 0 |
| Coco | 100 g | 354 | 33 | 30 | 0,4 | 1,4 | 0 |
| Aceite de coco | 100 g | 862 | 100 | 87 | 1,8 | 6 | 0 |
| Leche de coco | 100 g | 230 | 24 | 21 | 0,3 | 1 | 0 |
| Requesón | 100 g | 98 | 4,3 | 1,7 | 0,1 | 0,8 | 0 |
| Semillas de lino | 100 g | 534 | 42 | 3,7 | 29 | 8 | 0 |
| Semillas de cáñamo | 100 g | 586 | 48,75 | 4,6 | 38,1 | 5,4 | 0 |
| Cordero | 100 g | 294 | 21 | 9 | 1,5 | 9 | 0 |

## Los ácidos grasos esenciales omega-3 y el desarrollo cerebral

Los ácidos grasos omega-3, que podemos obtener gracias a los aceites de pescado o las semillas de lino, son algo de lo que casi todos los padres han oído hablar, aunque tal vez no sepan muy bien qué son, por qué los necesitan los niños, o en qué forma se les puede dar. Las clases más importantes de omega-3 son el ácido alfa-linolénico (ALA, por sus siglas en inglés), el ácido icosapentaenoico (EPA), y el ácido docosahexaenoico (DHA).

Estos tres ácidos grasos tan primordiales (o sea, ALA, EPA y DHA) son insaturados, lo cual es una gran indicación de que son beneficiosos para la salud. Cuando te familiarices con las fuentes de grasas insaturadas, podrás obtenerlas a través de estos alimentos (véase tabla 6). También es importante saber que, para tu hijo, estos ácidos grasos esenciales equivalen al 5 % de sus necesidades dietéticas diarias. Por norma general, una cucharada puede servir como indicación aproximada de la dosis diaria. El ALA se encuentra en alimentos de origen vegetal, como aceites y frutos secos, así como en ciertos productos animales, como por ejemplo la ternera alimentada con pasto. Por su parte, el EPA y el DHA proceden del pescado.

Una deficiencia dietética en ALA puede reducir la función neurológica y la percepción sensorial, además de afectar al aprendizaje, y se sabe que la falta de DHA puede reducir el tamaño de las neuronas. En concreto, los ácidos grasos omega-3 funcionan como neuroprotectores, y su carencia puede disminuir el transporte de glucosa al cerebro. Ahora bien, es muy importante darse cuenta de que, por si sola, la ingesta de omega-3 no basta para proteger y mejorar la función cerebral.

Los aceites de pescado tienen una importancia primordial en la dieta debido a su alto contenido en EPA y DHA. Si eres vegetariano es probable que, aunque a tu hijo le des aceites vegetales, nueces o semillas, no sea suficiente para satisfacer la necesidad que tiene el cerebro de todos los ácidos grasos esenciales. Por tanto, podrías considerar la opción de un aceite de pescado de alta calidad (sin contaminación por mercurio), o bien la de un suplemento vegetariano de omega-3 fortificado con DHA o EPA. La tabla 6 incluye una serie de alimentos ricos en ácidos grasos omega-3. Para los niños se recomienda una cantidad de entre 500 y 900 miligramos al día.

Tabla 6
Alimentos ricos en omega-3

| Alimentos ricos en omega-3 | Cantidad | Contenido en ALA |
|---|---|---|
| Salmón | 85 g | 1,8 g |
| Sardinas | 85 g | 1,4 g |
| Atún | 85 g | 0,7 g |
| Semillas de lino | 14 g | 6,9 g |
| Nueces | 28 g | 1,9 g |

## Precauciones ante la contaminación por mercurio en el pescado y aceites derivados

El mercurio es un metal pesado de carácter tóxico para el cuerpo humano y que afecta en particular a la función cerebral. Los niños son especialmente vulnerables ante tales efectos adversos. Aunque la exposición al mercurio puede deberse a la polución del aire u otros factores medioambientales, la ingesta de pescado contaminado puede ser una importante fuente de intoxicación. Cuanto mayor sea el pez, más posibilidades habrá de que contenga mercurio, ya que los peces grandes se alimentan de otros más pequeños, los cuales pueden haber estado ya expuestos.

Por lo general, es aconsejable no tomar más de dos comidas a la semana que incluyan pescado. Puesto que este es una fuente importante de omega-3, será prudente evitar posibles envenenamientos por mercurio. La tabla 7 ofrece ejemplos de distintos pescados y su contenido en mercurio, el cual puede afectar a ciertas partes del cerebro al penetrar en él a través del torrente sanguíneo. A determinadas concentraciones, el mercurio puede causar síntomas tales como parálisis cerebral, espasmos, convulsiones y problemas visuales, entre otros problemas neurológicos.

## MiPlato y los macronutrientes

El hecho de adherirse a las raciones fijadas en MiPlato, por sí solo, no garantiza que se vaya a tener una buena salud o que se favorezca el desarrollo cerebral. Tienes que conocer los distintos tipos de carbohidratos, proteínas y

## Tabla 7
### Pescados y su nivel de contaminación por mercurio

| Pescado | Concentración en mercurio (ppm) | Nivel de contaminación por mercurio |
|---|---|---|
| Caballa real | 0,979 | Alto |
| Atún (fresco/congelado) | 0,68 | Alto |
| Lubina | 0,35 | Alto |
| Fletán | 0,24 | Medio |
| Trucha marina | 0,23 | Medio |
| Pargo | 0,16 | Medio |
| Rape | 0,16 | Medio |
| Atún (claro, en lata) | 0,12 | Medio |
| Bacalao | 0,11 | Medio |
| Abadejo | 0,05 | Bajo |
| Salmón | 0,02 | Bajo |
| Anchoas | 0,01 | Bajo |
| Sardinas | 0,01 | Bajo |

lípidos para después planificar el menú de tu hijo. En general, lo ideal para un niño es tomar tres comidas principales con dos tentempiés a intervalos regulares. Lo mejor es que en todas estas ocasiones se consuma algo de proteína. Respecto a las frutas, lo mejor es que se las des entre las comidas principales. Para estos casos, una opción sana es combinar una fruta y proteína no animal; por ejemplo, una manzana y manteca de frutos secos, o frutas del bosque y nueces.

## El agua

Normalmente no se considera que el agua esté en la misma liga que los carbohidratos, proteínas y lípidos; ahora bien, es importante darse cuenta de que el agua sí es un macronutriente. La necesitamos en una cantidad mayor que otros macronutrientes. Nuestro cuerpo se compone en gran medida de agua, al igual que sucede con diversos fluidos, como la sangre o la linfa. Nadie puede sobrevivir sin agua más de unos pocos días. El agua pura se encarga de transportar nutrientes a las células y de eliminar los desechos del cuerpo a través del sudor y la orina. Y por supuesto, el agua es clave para la regulación de la temperatura corporal.

Tal vez te preguntes cuánta agua has de dar a tu hijo. Esta cantidad depende de diversos factores, tales como el clima, la edad del niño, su nivel de actividad, o la cantidad de fluidos además del agua que pueda ingerir en forma de alimentos o bebidas. Lo más importante es que a tu hijo le des agua pura y de calidad. El hecho de que venga embotellada no siempre es garantía de pureza, al estar envasada en un plástico que, en si mismo, puede suponer un riesgo de intoxicación; nunca se sabe cuánto tiempo puede haber permanecido almacenada.

La mejor manera de garantizar que tu hijo tome un agua de alta calidad es invertir en un buen filtro. No le des zumos o refrescos comerciales como parte de su ingesta de líquidos. Dale de beber entre comidas y no durante las mismas, ya que puede reducir su ingesta alimentaria y afectar a la digestión. Tomar agua media hora antes de las comidas y una hora después le ayudará a tener una digestión adecuada. Asegúrate también de que esté bien repuesto de agua después de cualquier actividad.

Si tu hijo tiene un historial de convulsiones, la cantidad de agua y la hora a la que se la des pueden suponer factores de importancia. En tales casos, evita darle de beber en las dos o tres horas antes de irse a la cama.

Al calcular la ingesta de agua de tu hijo, no hace falta que incluyas la cantidad de agua usada para cocinar. Sin embargo, has de tener en cuenta la cantidad de agua que añadas a la comida después de cocinarla. La tabla 8 ofrece indicaciones generales sobre la cantidad total de agua que una persona ha de tomar a diario en función de su actividad.

### Tabla 8
### Ingesta diaria de agua en relación con la edad y la movilidad

| Edad | Personas físicamente activas y con buena movilidad | Personas con mínima actividad física por baja movilidad | Personas con restricciones de movilidad severas |
|---|---|---|---|
| Menos de 5 años | 500 ml | 300 ml | 100 ml |
| Entre 5 y 16 años | 800 ml | 600 ml | 200 ml |
| Adultos | 1500 ml | 1000 ml | 200 ml |

## Micronutrientes

A diferencia de los macronutrientes, algunas vitaminas y minerales los necesitamos en microgramos o miligramos; de ahí que los denominemos micronutrientes. Las vitaminas son necesarias para muchas reacciones químicas en nuestro cuerpo. Algunas de ellas, en concreto las vitaminas A, D, E y K, se disuelven en la grasa antes de pasar a la sangre (de ahí que se llamen vitaminas liposolubles) y quedan almacenadas en el hígado si no se utilizan. Por tanto, no tienen que formar parte de la dieta diaria, aunque sí es necesario ingerir con regularidad una cantidad suficiente de alimentos ricos en vitaminas liposolubles. Dado que esta clase de vitaminas se acumulan en el organismo, algunas pueden alcanzar niveles tóxicos.

Las otras nueve vitaminas son solubles en agua o hidrosolubles; son las vitaminas B y la vitamina C. No se almacenan en el cuerpo y las que no se utilizan son expulsadas a través del riñón. Por tanto, nuestra dieta diaria ha de incluir alimentos que contengan estas vitaminas hidrosolubles; ahora bien, estas se pueden destruir fácilmente al cocinarse.

Los otros micronutrientes importantes son los minerales. El magnesio, el cinc y otros minerales similares son elementos que el organismo necesita para ciertas reacciones químicas, y por sus aportes a la estructura corporal. Ya hemos visto los carbohidratos, proteínas, lípidos y vitaminas, pero tal vez te hayas topado con el término «electrolitos». ¿A qué se refiere? Son minerales que pueden conducir electricidad, como por ejemplo el sodio y el potasio.

Algunas vitaminas y minerales son muy importantes para el funcionamiento del cerebro y el sistema nervioso. Como padre de un niño con necesidades especiales, te vendrá bien si lees cuidadosamente las etiquetas de los alimentos para ver si contienen estos micronutrientes tan fundamentales.

## Eliminación de ciertos grupos de alimentos

A menudo, la comida rápida y los alimentos procesados contienen aditivos dañinos, además de múltiples antinutrientes. El colorante alimentario utilizado en la comida rápida puede impactar de forma negativa en la salud y la función cerebral de un niño. Cientos de aditivos y colorantes como, entre otros, el amaranto o E 123 (no la semilla, sino el producto sintético), el Ponceau 4R (E 124), el Rojo allura AC (E 129), la indigotina (E 132), el Azul brillante FCF (E 133) o el Verde rápido CFC (E 143), pueden provocar comportamientos agresivos, hiperactividad y trastornos del estado de ánimo en los niños.

## Tabla 9
### Vitaminas con sus funciones y fuentes alimentarias

| | | |
|---|---|---|
| Vitamina B$_1$ (Tiamina) | El cerebro y el sistema nervioso contienen una cantidad considerable de vitamina B$_1$, que favorece la conducción de los impulsos nerviosos y la conversión de la glucosa en energía. | Frutos secos, semillas, avena, guisantes, legumbres, ternera, huevos. |
| Vitamina B$_2$ (Riboflavina) | Favorece el metabolismo de carbohidratos, proteínas y lípidos. Es fundamental en la transformación del triptófano en niacina. | Huevos, carne magra, verduras de hoja, cereales integrales. |
| Vitamina B$_3$ (Niacina) | Sus coenzimas están ligadas a numerosas acciones enzimáticas y al metabolismo de los ácidos grasos. Favorece la transformación de la vitamina B$_6$ en su forma activa. | Hígado, pechuga de pollo, pavo, salmón, atún, anchoas, ternera, aguacates, champiñones, arroz integral, guisantes. |
| Vitamina B$_5$ (Ácido pantoténico) | Es un precursor de la coenzima A, necesaria para el metabolismo de todos los macronutrientes. Es de especial importancia en la síntesis de los neurotransmisores. | Champiñones, brócoli, aguacates, cereales integrales, avena, arroz integral, ternera, carne de ave, marisco, huevos, semillas de girasol, garbanzos. |
| Vitamina B$_6$ (Piridoxina) | Esencial en la síntesis de la serotonina, el GABA (ácido gamma-aminobutírico), la adrenalina y otros neurotransmisores. | Pistachos, aguacates, semillas de girasol, semillas de sésamo, atún, pechuga de pavo, ternera alimentada con pasto. |
| Vitamina B$_7$ (Biotina) | Entre otras importantes funciones, estabiliza el nivel de azúcar en sangre, protege el cerebro, mejora la memoria y la concentración, y favorece la función de los neurotransmisores. | Huevos, hortalizas, verduras de hoja verde, coliflor, champiñones, frutos secos, productos de casquería. |
| Vitamina B$_9$ (Ácido fólico) | Pertenece a un grupo de compuestos denominados folatos, que se encuentran principalmente en el hígado. En su forma activa (como coenzima), favorece diversos procesos metabólicos y la formación del tejido nervioso. | Verduras de hoja verde, espinacas, alubias, arroz integral, aguacates, espárragos, coliflor, brócoli, pimientos morrones, guisantes, lentejas. |

*(Continúa en página siguiente)*

**Tabla 9 (Cont.)**
**Vitaminas con sus funciones y fuentes alimentarias**

| | | |
|---|---|---|
| Vitamina B$_{12}$ (Cobalamina) | La glándula pituitaria contiene la mayor concentración de cobalamina. Favorece las funciones del sistema nervioso, mejora la memoria, proporciona energía y evita la pérdida de neuronas. | Pescado, hígado, ternera, huevos. Es importante darse cuenta de que una dieta 100 % vegetariana (sin lácteos) carece de vitamina B$_{12}$. |
| Vitamina C | Se encuentra en el sistema nervioso central; las neuronas también contienen altas cantidades de vitamina C. Es importante en la creación de dopamina y norepinefrina, además de favorecer un sistema nervioso saludable. | Casi todas las frutas y verduras son muy ricas en vitamina C. |

Gran parte de la comida rápida y los alimentos procesados han de freírse a temperaturas muy elevadas, en aceites normalmente reutilizados, lo que a largo plazo puede acarrear consecuencias peligrosas para un niño.

## Azúcar

El azúcar es un antinutriente. Si bien la glucosa es el producto final de los carbohidratos y actúa como el combustible principal del cerebro, el azúcar refinado que se añade a un alimento puede perjudicar su funcionamiento. Los alimentos azucarados pueden tener un impacto negativo en la función cognitiva y el bienestar psicológico, algo de especial importancia en niños con trastornos del desarrollo neurológico.

Las dietas altas en glucosa y fructosa afectan a la memoria y las facultades de aprendizaje, ya que ralentizan el cerebro debido a la resistencia a la insulina. Las conexiones sinápticas se debilitan al disminuir los niveles de insulina, lo que nubla la mente y merma la capacidad cognitiva. Un exceso de azúcar puede provocar subidas y bajadas repentinas en la cantidad de glucosa en la sangre, causando en el niño síntomas tales como irritabilidad, cambios de humor, fatiga o confusión.

Los alimentos con un elevado índice glucémico trastocan los neurotransmisores, lo que genera comportamientos hiperactivos o agresivos, altibajos emocionales o rabietas en niños con trastorno por déficit de atención e hiperactividad u otras afecciones. Un aumento a largo plazo en los niveles de glucosa en sangre puede estar ligado a inflamaciones leves del cuerpo y sobre todo del cerebro.

## Gluten

El gluten es una proteína similar al pegamento, presente en el trigo, la cebada, el centeno o la espelta, entre otros muchos cereales. El gluten es la sustancia que hace que los productos derivados tengan una textura blanda, gomosa o esponjosa, como sucede por ejemplo en el pan, la masa de pizza o los artículos de bollería. Gran parte de los alimentos procesados contienen gluten.

Hasta los últimos años apenas había estudios acerca de los efectos perjudiciales del gluten en la salud intestinal y del sistema nervioso. Muchas personas, incluso aquellas que no son celiacas, experimentan hinchazón, letargo y embotamiento al comer alimentos con gluten. Se sabe que los anticuerpos que se producen al consumir gluten provocan inflamación intestinal y afectan a la función cerebral. En el caso de los niños con trastornos del desarrollo neurológico, es bueno tomar muchas precauciones con respecto a los alimentos que contengan gluten.

## Sal

La sal, aunque resulte esencial para el funcionamiento normal del cuerpo, puede provocar deficiencias cognitivas y problemas cardiovasculares si se consume en demasía. Una ingesta excesiva causa un incremento en la presión sanguínea y, en particular, de la presión intracraneal, lo que puede desencadenar episodios convulsivos. Por tanto, lo mejor es evitar utilizar sal como condimento al preparar alimentos para niños con trastornos del desarrollo neurológico.

## Maíz

Existen muchas razones para eliminar el maíz de la dieta de tu hijo. Casi todos los cultivos de maíz en el mundo son de OGM (organismos genéticamente modificados) y proceden de explotaciones inundadas de pesticidas con el fin de incrementar el rendimiento. Se trata de productos químicos dañinos y neurotóxicos. Asimismo, el maíz es un caldo de cultivo para distintas clases de hongos que pueden causar candidiasis intestinal, una proliferación excesiva de un tipo de levadura presente en el sistema digestivo, lo que a largo plazo podría provocar deficiencias nutricionales.

## Lácteos

Los productos lácteos son una de las principales fuentes de nutrientes. Sin embargo, la leche no es beneficiosa para un niño con necesidades especiales, una vez pasada la etapa de lactancia. Se sabe que tiene efectos negativos en los sistemas nervioso e inmunitario, algo que resulta especialmente evidente en niños con trastornos del neurodesarrollo como, entre otros, el autismo o el síndrome de Asperger.

Algunos de los efectos adversos de la leche incluyen: hipersensibilidad gastrointestinal, hiperactividad, falta de atención en las tareas, dolores y una mayor frecuencia en episodios agresivos, gritos o rabietas. Los péptidos derivados de la leche pueden acabar provocando candidiasis o hiperpermeabilidad en el intestino, problemas para ganar peso e intolerancias alimentarias.

Habida cuenta de estos efectos, resulta prudente eliminar la leche y sus derivados de la dieta de tu hijo y sustituirlos por comidas equilibradas que garanticen un crecimiento saludable. Muchos estudios han concluido que una dieta libre de gluten y lácteos puede producir mejoras significativas en los síntomas de los principales trastornos del neurodesarrollo y en la calidad de vida en general. Se pueden considerar otras alternativas a la leche, como aquellas elaboradas a partir de semillas o frutos secos, por resultar más seguras en términos comparativos y por poder prepararse en casa de manera segura.

## La importancia de los prebióticos y probióticos

La salud del sistema digestivo, en particular de la flora intestinal, ha sido un aspecto de interés para los investigadores tanto en materia de neurociencia como de inmunología. En términos muy simples, una mala microbiota en el sistema digestivo predispone a que un niño tenga mala salud. Por ello, es necesario que un niño con necesidades especiales tome alimentos ricos en prebióticos y probióticos, y que a veces consuma estos en forma de suplementos alimentarios. Cada vez resulta más claro que contar con un microbioma rico y diverso en el intestino puede servir de protección contra enfermedades infecciosas, sobre todo en este órgano.

El término «prebiótico» se refiere a las fibras no digeribles presentes en alimentos tales como la cebolla, el ajo, el jengibre, las alubias o los plátanos, entre otros muchos. Cuando pasan por el estómago y llegan al intestino grueso, estas fibras sin digerir empiezan a fermentarse, lo que ayuda a crear una buena flora microbiana. Si un niño no toma alimentos ricos en este tipo de fibras, su sistema digestivo no tendrá muchas oportunidades de formar estas colonias de bacterias beneficiosas. La ingesta de productos con fibra influye en la efectividad de dicha microbiota. Existen pruebas de que ciertos tipos de bacterias presentes en el intestino pueden empeorar el autismo, y de que otras clases pueden atenuar sus síntomas.

Los probióticos son bacterias vivas con efectos beneficiosos en la salud. Se encuentran de manera natural en productos fermentados como el chucrut, el kimchi o la sopa de miso, entre otros alimentos. También están disponibles en forma de suplementos nutricionales. El objetivo de incorporar los prebióticos y probióticos como elemento rutinario en la dieta de un niño es favorecer una buena flora intestinal.

Se sabe que los niños con autismo suelen sufrir deficiencias nutricionales, aunque estén siguiendo una dieta equilibrada, si se los compara con niños sin trastornos semejantes. Esta diferencia se ha atribuido al hecho de que los niños con autismo tienen una microbiota que no es capaz de absorber los nutrientes con tanta facilidad. Es importante que el plan nutricional de tu hijo incluya alimentos prebióticos sin gluten, como avena, cacao, cebollas, ajo, coco, espárragos, acelgas, legumbres o manzanas. Aunque los lácteos son una fuente habitual de probióticos, dado que para los niños con autismo es importante evitarlos te aconsejamos que consultes a un nutricionista del Método Doman, o a un profesional cualificado, para que te asesore sobre qué tipo de probióticos son los más apropiados para tu hijo.

## Conclusión

Es importante que a tu hijo le des comidas equilibradas que contengan todos los nutrientes esenciales, a saber: carbohidratos, proteínas, lípidos, vitaminas, minerales y fibra. A menudo, los niños con necesidades especiales tienen una peor nutrición que la media, debido a la dificultad para alimentarse y a su intolerancia o aversión a ciertos tipos de alimentos. Tales circunstancias pueden provocar deficiencias nutricionales.

Es posible que estos niños requieran suplementos alimentarios. Consulta a un nutricionista del Método Doman o a un profesional cualificado antes de dar a tu hijo cualquier complemento dietético. Los niños con necesidades especiales mejoran su funcionamiento con una dieta libre de gluten y lácteos. También es importante eliminar los alimentos que sepas que causen intolerancias o alergias a tu hijo.

Como norma general, una buena nutrición para tu hijo supone utilizar alimentos frescos. Conviene evitar los productos enlatados o procesados, así como la comida rápida, ya que carecen de valor nutricional y pueden empeorar sus síntomas. Para que tu hijo tenga una nutrición adecuada, es necesario contar con una buena planificación que se adhiera a los principios descritos en este capítulo.

# CAPÍTULO 5

## HIGIENE DEL SUEÑO EN NIÑOS CON NECESIDADES ESPECIALES

Melissa Doman, de Melissa Doman Sleep Consulting
*Este capítulo ha sido aportado por Melissa Doman, directora de
Nutrición y Salud en Doman International. Melissa también
es CEO de Melissa Doman Sleep Consulting, una empresa
dedicada a enseñar a padres de niños con necesidades especiales
cómo hacer que sus hijos se puedan dormir de forma independiente
e ininterrumpida. Melissa tiene más de una década de experiencia
en formación y asesoramiento en esta materia.*

Para ayudar a un cerebro en su desarrollo son necesarios tres elementos: oxígeno, estimulación y dormir. El sueño es un componente fundamental en los procesos de crecimiento y sanación del cerebro, pero que a menudo se pasa por alto. En este capítulo te explicaremos por qué dormir es tan importante para los niños con necesidades especiales, cuántas horas de sueño necesita un niño, y cuáles son los hábitos más importantes que le debes inculcar.

¿Qué sucede exactamente cuando dormimos? Durante la noche, el cuerpo y el cerebro pasan por distintos ciclos del sueño que se prolongan hasta la mañana. Dichos ciclos se dividen en cinco etapas diferentes. La primera es de un sueño muy leve; es una fase en la que sabes que estás intentando quedarte dormido. En la segunda, el sueño sigue siendo bastante ligero, todavía eres consciente de que te estás quedando dormido y, desde luego, te molestaría si alguien intentara sacarte de este letargo.

Esta segunda etapa carece de movimientos oculares rápidos (por lo que se denomina sin MOR o nREM, por *no rapid eye movement*) y, aunque se trate de un sueño liviano, en realidad es muy importante para la mejora de la memoria y las habilidades motrices, y para el funcionamiento de las áreas de la corteza cerebral responsables de la ejecución de movimientos.

Las fases tres y cuatro son las etapas sin MOR más potentes. Comprenden la parte de la noche en la que el cerebro organiza y transfiere la información aprendida durante el día desde el hipocampo (la unidad de almacenamiento temporal) a la corteza, que es el principal banco de datos. El cerebro no solo traspasa dicha información, sino que también la ordena, haciendo una especie de «limpieza general» que tiene lugar todas las noches.

Finalmente tenemos el sueño de movimientos oculares rápidos (MOR o REM). Para los científicos esta es, con diferencia, la etapa del sueño más misteriosa. No solamente es cuando organizamos información y recuerdos, ¡sino que también soñamos! De hecho, en fase REM nuestro cerebro se encuentra ¡un 30 % más activo! que cuando estamos despiertos. Durante el día se expanden las sinapsis entre las células cerebrales para asimilar nueva información, y de noche se contraen para fortalecerse. La fase REM es vital para generar nuevas sinapsis y que estas sean más fuertes, y para deshacerse de las sinapsis viejas y gastadas. Para cualquier niño con un diagnóstico del neurodesarrollo, pero sobre todo para aquellos con trastornos de espectro autista, resulta fundamental que obtengan suficiente sueño en fase REM.

Además de todos sus beneficios neurológicos, dormir también es importante para muchos otros procesos: es el momento en que el cuerpo produce la hormona del crecimiento humano (HCH) de manera natural. Muchos niños con problemas neurológicos son bajos de estatura en comparación con su media de edad, y la producción de HCH alcanza su punto álgido en los primeros años de vida. He ahí el motivo por el que los atletas profesionales duermen muchas horas; de hecho, J. J. Watt, uno de los mejores jugadores de fútbol americano, admitió hace poco que él dormía once horas cada noche.

El sueño también desempeña un papel importante en la función inmunitaria y la salud en general. Es la mejor manera de combatir las infecciones, ya que al dormir es cuando estas barreras se regeneran una y otra vez. Nuestra inmunidad se verá significativamente reducida con un mal descanso, aunque sean tan solo unas pocas noches.

Dormir es vital para muchísimos procesos del organismo, y muchos niños se encuentran privados de sueño de manera crónica. En el caso de los niños con autismo o TDA, la privación de sueño es aún mayor. Se estima que un 50 % de los niños diagnosticados de espectro autista padecen problemas de sueño, que incluyen dificultad para dormirse o permanecer dormidos, cansancio crónico durante el día y otros más. Muchos niños también tienen que lidiar con el insomnio. Se ha asociado la privación crónica de sueño con un aumento excesivo de peso, con dificultades para regular la insulina y con ciertas afecciones cardiacas, entre otras cosas.

Con relación a los niños con autismo o TDA, si ellos duermen mal, los padres a menudo observarán un incremento en los comportamientos anormales, tales como una mayor hiperactividad o conductas autoestimulatorias, entre otros. En un estudio de 2016, unos investigadores descubrieron que la privación de sueño afecta a los niños en mayor medida en las áreas parietal y occipital del cerebro (Kurth *et al.*, 2016). Justo entre estas dos zonas se encuentra alojada la glándula pineal, responsable de segregar y regular la melatonina. Los niveles de esta hormona alcanzan su nivel más alto cuando nos vamos a dormir, y el más bajo al despertarnos por la mañana. Asimismo, la privación de sueño perjudica las áreas encargadas de lo siguiente:

- Percepción e integración sensorial.
- Convergencia de la visión.
- Memoria visual.
- Percepción del espacio.
- Coordinación ojo-mano.
- Capacidad de atención.

Para los padres es un motivo de estrés y preocupación el hecho de que sus hijos no duerman bien. Quieren lo mejor para ellos, y saben cuáles son las consecuencias al día siguiente si un niño duerme mal, pues interrumpirá el descanso de los padres y entonces serán los tres quienes estén agotados. Esta, desde luego, es una mala combinación, y como los padres quieren evitarla a toda costa, recurrirán a lo que sea con tal de que el niño vuelva a conciliar el sueño.

Ahí es donde suele empezar el problema: un niño puede dormir mal, los padres toman cualquier medida que estimen necesaria para hacerle conciliar el sueño, y entonces el niño depende de sus padres para ello. Es un proceso que se puede prolongar durante meses, o años. En ocasiones los padres tienen que acostarse con su hijo por pura necesidad y, a menudo, carecen de recursos para ayudarles a que el niño se duerma de forma independiente. Tal vez decidan preguntarle al pediatra, pero, con frecuencia, los médicos simplemente recomendarán melatonina u otro medicamento, sin dar ningún consejo práctico u holístico de mejora del sueño.

Si los padres son capaces de hacer frente a los problemas de sueño de su hijo e inculcarle hábitos que sean buenos de verdad, los resultados serán evidentes. No siempre será fácil —las primeras noches en que un padre introduce algún cambio son las más complicadas—, pero, con mucha paciencia y constancia, ¡tu hijo podrá dormir estupendamente! Aquí están las principales recomendaciones para mejorar el sueño de tu hijo:

### Lo primero, ten claro cuánto necesita dormir tu hijo

Las cifras que siguen son la cantidad de horas de sueño recomendadas en un ciclo de veinticuatro horas (que pueden incluir tanto siestas como descanso nocturno), basadas en una observación personal de diversos niños. Las necesidades de tu hijo también dependerán de la intensidad del Programa del Método Doman que realices en casa, pero a modo general son unas buenas pautas:

- De 0 a 3 meses: 16 horas diarias como mínimo.
- De 3 a 6 meses: de 13 a 16 horas diarias.
- De 6 a 12 meses: de 12 a 14 horas diarias.
- De 1 a 3 años: de 11 a 13 horas.
- De 3 a 5 años: de 10 a 13 horas.
- De 5 a 14 años: de 9 a 11 horas.
- A partir de los 14 años: de 7,5 a 9 horas.

Una cosa que puede resultar algo complicada es decidir también el número de siestas. Muchos de los niños dentro del Programa del Método Doman seguirán durmiendo siestas hasta edades un poco más tardías que el niño neurotípico; otros podrán prescindir de ellas antes. Ahora bien, a la hora de fijar el número de horas, ten también en cuenta las siguientes recomendaciones:

- De 0 a 4 meses: hasta cuatro siestas diarias.
- De 4 a 6 meses: hasta tres siestas diarias.

● De 6 a 12 meses: hasta dos siestas diarias.
● De 1 a 3 años y medio: una siesta diaria.

## Los niños deben aprender a dormirse ellos solos y a crear sus propias estrategias para relajarse

Todos tenemos nuestras maneras de quedarnos dormidos. Algunos tienen que acostarse sobre un cierto lado, otros necesitan tener una pierna flexionada. A uno le puede gustar llevar calcetines, a otro escuchar una música determinada mientras se duerme, etc. Una herramienta del sueño es un objeto que usamos como ayuda para dormirnos. Por ejemplo, si eres como yo, necesitarás una almohada y una manta (estas son las herramientas más habituales) y, con estas dos cosas, probablemente te puedas quedar dormido en cualquier lugar. Llevamos mucho, mucho tiempo yéndonos a dormir de esta manera. Es algo que tenemos grabado, una necesidad convertida en algo increíblemente habitual. A lo largo de nuestras vidas hemos desarrollado estrategias para ayudarnos a conciliar el sueño y no despertarnos.

Ahora bien, si un niño tiene problemas para quedarse dormido, es porque aún no cuenta con su propia estrategia interna. A menudo depende de sus padres de alguna manera; de ahí que los padres se conviertan en la herramienta del sueño. Si a ti te quitasen las tuyas (la almohada y la manta), te resultaría muy difícil o tal vez imposible quedarte dormido. A los niños les pasa lo mismo cuando dependen de otros objetos como herramientas del sueño. Tenemos ejemplos en ciertos niños que solo se duermen cuando les amamantan o les dan el biberón, o cuando les tienen que mecer, acunar o dar palmaditas, o bien cuando necesitan tener a uno de sus padres acostado a su lado mientras se van relajando. Algunos necesitarán un chupete y, en casos extremos, los padres quizás tengan que envolver a un bebé en mantas, pasearlo en su cochecito o sentarse en un balón suizo con él en brazos y dar botecitos hasta que por fin se duerma.

El problema de usar estas estrategias es que el niño recurrirá a este tipo de ayuda una y otra vez. Veamos un escenario bastante típico: el nene se está preparando para ir a la cama, mamá le lee dos o tres libros (o más) y después lo coge en brazos y lo acuna para que se duerma. Esto igual lleva quince o veinte minutos. Luego, mamá intenta ponerlo con mucho cuidado en su cuna o en la cama, y marcharse sin hacer ruido. Pero ¿qué es lo que pasa? Que el niño vuelve a despertarse. Entonces mamá tiene que volver a empezar el proceso de cero, y quizás tenga que hacerlo de nuevo hasta que por fin el niño está profundamente dormido. Si tiene suerte, esa noche tal vez solo se despierte una o dos veces (en las que tendrá que seguir repitiendo el proceso). Sin embargo, podría ser una de esas noches en las que el niño se despierte más de cinco veces, casi cada dos horas, pidiendo esa misma ayuda todo el tiempo. Está usando a mamá como herramienta del sueño y lo que pensará es que siempre va a necesitar a mamá o a papá para que le ayuden a volver a quedarse dormido.

Recuerda que, nada más dormirnos, todavía nos encontramos en una etapa muy ligera del sueño. En ella, tu hijo se dará cuenta de que te has ido, o de que lo estás intentando, y pedirá esa ayuda hasta que haya alcanzado un sueño lo bastante profundo. Sería como si alguien te quitara la almohada de debajo a los dos minutos de haberte puesto cómodo en la cama; ¡pues vaya una gracia! ¿Y por qué esos niños se despiertan tan a menudo por la noche? Cuando completamos un ciclo del sueño (de unos noventa minutos), es muy común en cualquier persona el despertarse por un brevísimo espacio de tiempo. Sin embargo, nos damos la vuelta, nos ponemos en una postura cómoda, y sin más nos volvemos a dormir. Casi todos nosotros, al levantarnos por la mañana, ni siquiera recordamos el habernos despertado varias veces en plena noche, por la facilidad con que nos quedamos dormidos de nuevo. Ahora bien, un niño que dependa de alguien para conciliar el sueño recurrirá a ese apoyo una y otra vez.

Una vez tu hijo tenga sus propios trucos y maneras para dormirse de forma independiente, las rutinas y calidad del sueño de tu hijo mejorarán enormemente. Tu hijo se despertará más descansado, y tendrá más energía durante todo el día. ¡Al principio será todo un reto poner en marcha estos cambios! Quizás tu hijo oponga una gran resistencia. No obstante, si pones constancia y gestionas siempre igual la hora de irse a la cama y los desperta-res nocturnos, tu hijo aprenderá muy pronto a hacerlo por su cuenta.

## Ir temprano a la cama es fundamental

Durante miles de años, los seres humanos hemos dependido de la luz natural para conciliar el sueño y despertarnos por la mañana. Nuestros cuerpos han evolucionado para responder del modo apropiado cuando el sol sale y se pone. Esta respuesta y las correspondientes oscilaciones en la energía se denominan ritmo circadiano. Todos tenemos un reloj interno que marca cuándo nos sentimos adormilados y cuándo tenemos un montón de energía. Las personas nos hemos estado yendo a la cama y levantándonos de esta manera porque eso es lo que la naturaleza nos ha dictado durante miles y miles de años.

No fue hasta que Thomas Edison inventó la bombilla en 1880 cuando cambió todo por completo. Una vez se pudo obtener este objeto con facilidad, las fábricas y los negocios podían permanecer abiertos hasta más tarde, se podían ofrecer entretenimientos hasta bien entrada la madrugada, y la gente podía quedarse más tiempo despierta. ¡Por fin podíamos desafiar a la naturaleza y crear luz artificial en nuestros hogares! La bombilla fue un catalizador para miles de otros inventos que hoy día están mutilando la capacidad de nuestro cuerpo de irse a dormir y descansar adecuadamente, lo que ha perjudicado el sueño tanto de adultos como de niños. Culturalmente nos hemos acomodado al hecho de comer y acostarnos más tarde, y de estar mirando pantallas a todas horas, lo que ha afectado a nuestra hora de irnos a dormir. Los niños se van a la cama cada vez más tarde y, como resultado, tenemos unos niños exhaustos y privados de sueño. *Si vas a hacer una cosa que vaya a mejorar el sueño de tu hijo, que sea mandarlos más temprano a la cama.*

Al asegurarte de que tu hijo se va antes a dormir, estás garantizando que tengan la cantidad de horas de sueño que necesita. En los niños, en general, el ritmo circadiano se ralentiza hacia las siete de la tarde, en preparación para la noche. En el caso de tu hijo, según nuestra experiencia, cuanto más se acerque a este momento su hora de irse a la cama, tanto mejor. Cuando los padres se aprovechan de un modo constante de esta «ventana de oportunidad», las ventajas habituales incluyen:

1. El niño se duerme más fácil y rápidamente.
2. Menos berrinches al acostarse.
3. Menos despertares nocturnos.
4. A veces el niño se despierta más tarde.

Un beneficio adicional de que tu hijo se acueste más temprano es que te da algo de tiempo para ti mismo. Te mereces un descanso, y el que tú te cuides no solo es vital para el bienestar general de tu hijo, sino también para seguir con éxito cualquier Programa del Método Doman. Tener un par de horas al final del día para descansar, leer un libro, prepararte para la mañana o doblar ropa mientras te pones al día con tu serie favorita os brindará a ti y a tu hijo la ocasión de hacer borrón y cuenta nueva para afrontar una nueva jornada.

Mi recomendación es que al principio, durante un par de semanas, mantengas un seguimiento de a qué hora se va a la cama tu hijo. Apunta exactamente cuándo se acuesta, cuándo se levanta y cuántas veces se despierta por la noche. Después, una vez decidas la cantidad de horas que debería dormir tu hijo, ajusta el programa a la nueva hora de irse a la cama.

## Mantén una rutina constante para irse a dormir (siestas incluidas)

Una cosa muy fácil y sencilla de poner en práctica con tu hijo en casa es una rutina para que se vaya a la cama. El tener cada noche una rutina predecible y constante empezará a enseñar a su cuerpo y su cerebro que ya es hora de «desconectar». Si estás tratando de hacer que tu hijo se duerma de forma independiente, esta previsibilidad le dará la cancha que necesita para que se vaya yendo a dormir por su cuenta.

Un célebre investigador del sueño, el Dr. William Dement, cuenta en su libro *La promesa del sueño* la historia de una noche en que organizó una cena en su casa. Se les había hecho tarde y él se derramó algo en la camisa, así que se excusó para ir a cambiarse y, cuando se dio cuenta, ya tenía puesto el pijama y se estaba preparando para acostarse. Su rutina para irse a dormir había sido tan constante, ¡que el simple hecho de subir las escaleras y quitarse la camisa fue un estímulo suficiente para que el cerebro comenzara a prepararse para la noche! (Dement, 2000).

En el caso de los niños con necesidades especiales, la previsibilidad y la constancia en la hora de irse a la cama son fundamentales. Somos animales increíblemente rutinarios y en verdad no nos gustan las sorpresas, sobre todo cuando hablamos de dormir. Si a tu hijo le supone cualquier dificultad el irse a la cama, el hecho de saber qué esperar todas y cada una de las noches le pondrá las cosas mucho más fáciles. Con rutinas es como mejor funcionan los niños, y una vez establecidas será más fácil que se duerman de forma más independiente.

En primer lugar, planea una rutina que sea relajante y fácil de seguir. Por ejemplo, si sabes que lavarse los dientes es una batalla cotidiana con tu hijo, no lo pongas en el guion. Tampoco recomiendo que se incluyan juegos o diversiones que puedan alborotar al niño o cargarlo de energías justo antes de irse a la cama. Tampoco añadas nada de tiempo con pantallas en la rutina para irse a dormir. Si pones a tu hijo delante de la tele o de un teléfono, tableta, ordenador, etc., lo que estás haciendo es obstaculizar la creación natural de melatonina en el cerebro. La luz azul que generan las pantallas actúa como un engaño, haciéndole creer al cerebro que todavía es de día, por lo que la glándula pineal se detendrá o, al menos, pospondrá la liberación natural de melatonina en el sistema, lo que ciertamente hará mucho más difícil que el niño concilie el sueño. A este respecto, recomendamos encarecidamente interrumpir la exposición a cualquier pantalla al menos una hora antes de acostarse. Ahora bien, ten en cuenta que esta es la cantidad mínima recomendada, y que hay niños a los que les va mejor cuando se elimina incluso dos horas antes de ir a dormir.

Lo ideal es que esta rutina dure entre veinte y treinta minutos antes de acostarse. Menos tiempo no es suficiente para que el cuerpo se calme, y hacer que dure más de media hora tampoco es necesario, porque estarás posponiendo lo inevitable. No obstante, si tienes que acostar dos niños a la vez, el proceso se puede alargar hasta los tres cuartos de hora.

Prepara una rutina sin muchas complicaciones, que sea fácil de seguir para todos. Mi consejo es que conste de cinco o seis pasos. Algunas cosas que se pueden incluir son, por ejemplo: bañarse, lavarse la cara, ponerse el pijama, cambiar el pañal, hacer pipí una última vez, cepillarse los dientes o el pelo, leer un libro, cantar una canción o una nana, rezar las oraciones o cerrar las persianas, entre otras muchas. Asegúrate de que al menos una parte de este proceso se realice en el dormitorio, pues queremos que tu hijo asocie su habitación a un lugar de descanso y relajación.

Cuando decidas la rutina de irse a la cama para tu hijo, ¡anótala! Imprime esta lista o ponla por escrito, y muéstrasela a tu hijo mientras sigue el proceso. Algo que de verdad recomiendo es ponerla en una funda transparente o plastificarla, para que así puedas usarla todas las noches y no se estropee. De este modo también podrás tachar con un rotulador los pasos que se vayan completando y luego borrarlo todo para la próxima vez.

Aquí te dejamos una rutina muy fácil y habitual, que se puede usar con prácticamente cualquier niño. Verás que no solo hay casillas para tachar, sino también dibujos para ilustrar cada uno de los pasos. Si a tu hijo lo que más le gusta es bañarse, y a ti te cuesta horrores sacarlo del agua, entonces fija un límite de tiempo. Ten preparado un cronómetro y pónselo a la vista. En cuanto termine la cuenta atrás tienes que ser constante a la hora de interrumpir el baño. ¿Y si tu hijo te sigue pidiendo que le leas más libros? Pues tú sé constante y no te pases de uno. Dale a elegir entre dos, pero léele solamente uno. Cuanto más claro se lo pongas a tu hijo, mejor podrá seguir los pasos y más fácil le resultará.

**Rutina de** _____ **para irse a dormir**

1. Bañarse

2. Cepillarse los dientes

3. Hacer pipí

4. Ponerse el pijama

5. Leer un libro

6. Luces apagadas

De igual modo, si tu hijo sigue durmiendo la siesta durante el día también puedes usar una rutina que le facilite saber cuándo es la hora. Ahora bien, en este caso el proceso ha de ser mucho más corto, de no más de quince minutos de duración. Puedes incluir, por ejemplo: cambiar el pañal, ponerse el pijama, leer un poema, cantar una canción, etcétera. Esta pauta habrá de seguirse exactamente igual y siempre que tu hijo duerma una siesta.

## Ten en cuenta las necesidades sensoriales del niño

Las primeras recomendaciones que hemos tratado son la base para crear mejores hábitos de sueño en tu hijo. Ahora bien, no hay duda de que las cuestiones sensoriales pueden ser un factor importante en términos de dormir bien. Por eso queremos asegurarnos de que la habitación y el entorno estén adaptados de un modo que favorezca la conciliación del sueño y que tenga en cuenta las necesidades sensoriales del niño:

- **Necesidades visuales.** Algunos niños son increíblemente sensibles a la luz. Puesto que muchos niños con autismo, TDA u otras necesidades especiales perciben el mundo de un modo mucho más brillante y caótico que nosotros, es importante tenerlo en cuenta a la hora de hacer que se duerman. Incluso un pequeño resquicio de luz procedente de la ventana o del pasillo es capaz de echarlo todo a perder con un niño que sea sensible en el plano sensorial. Por eso se recomienda para todos los niños, incluso los que no tengan buena vista, que duerman en una habitación muy, muy oscura. Es un consejo de lo más sencillo, ¡pero que puede marcar la diferencia entre una siesta de treinta minutos y una de dos horas! Para saber si en el dormitorio de tu hijo hay suficiente oscuridad, entra en él cuando sea de día. Apaga todas las luces, baja las persianas y cierra la puerta. Estando así, *si extiendes la mano y puedes seguir viéndola, no es lo bastante oscuro.*
Para corregirlo, puedes poner cortinas opacas o incluso tapar directamente las ventanas, sea con papel tapiz, de aluminio, o con bolsas de basura negras. También hay soluciones más permanentes como las películas opacas adhesivas, que van muy bien para bloquear la luz. A algunos niños les puede asustar un poco la oscuridad, y no pasa nada por ello. Puedes instalar una lámpara de noche en su habitación; ahora bien, lo mejor es que sea de un color cálido como rojo, rosa, anaranjado o amarillo, y colocarla detrás de un mueble para que solamente dé una mínima cantidad de luz.
- **Necesidades no visuales.** Muchos niños diagnosticados de autismo o TDA tienen problemas de hipersensibilidad a los sonidos, lo que desde luego puede arruinar el sueño de cualquier persona. Piénsalo: si pudieras escuchar el frigorífico en el piso de abajo, la calefacción central, a alguien hablando fuera de tu habitación, y todo esto al mismo tiempo, te costaría mucho calmarte por la noche.

Tomando esto en consideración, algo muy sencillo que pueden hacer los padres con su hijo es ponerle tapones para los oídos, lo que servirá para alejar el caos auditivo y le ayudará a tranquilizarse. Utiliza tapones de silicona que se amolden fácilmente al oído y se asienten en la entrada, en vez de en el interior. A algunos niños también les puede venir bien usar auriculares con bloqueo de sonidos, y son una alternativa en caso de que no les gusten los tapones. Más adelante volveremos a estos dos elementos en el capítulo dedicado a las necesidades sensoriales. Si tu hijo tiene una gran sensibilidad táctil y no tolera los tapones o los auriculares, entonces una opción puede ser aislar el dormitorio. Por ejemplo, si vives en una calle con mucho tráfico, puedes poner paneles que absorban el sonido en el lado que corresponda y reducir así el ruido. Algo que no recomendamos para los niños con problemas de sensibilidad sensorial es el sonido blanco; si tu hijo ya escucha demasiado ruido en el ambiente, el sonido blanco no hará más que sumarse al caos existente.

## Asegúrate de que la dieta de tu hijo sea la ideal para dormir

Nuestro aparato digestivo contiene cientos de millones de neuronas, agrupadas en lo que se denomina el sistema nervioso entérico. En él hay más neuronas que en el sistema nervioso periférico y la médula espinal. Si este aparato no funciona del modo adecuado, el cerebro tendrá que enviar más energía a los órganos digestivos, lo que puede afectar a funciones como la del sueño. Cuando se tiene un trastorno de espectro autista o TDA, es muy común padecer también problemas digestivos. Todos los niños son diferentes, pero para aquellos con afecciones neurológicas hay ciertos alimentos que en general son problemáticos a la hora de irse a dormir:

1. *Azúcar:* el azúcar puede dar muchos problemas a cualquier niño con hiperactividad y afectar a su comportamiento en gran medida, algo que han observado el personal de Doman International y los padres que siguen el Método Doman. Son muy pocos los padres que piden que se vuelva a incluir el azúcar una vez se ha eliminado de la dieta de un niño. ¿Y por qué lo harían? Pueden ver cómo su hijo se tranquiliza casi al instante. Además, el azúcar provoca aumentos

repentinos de glucosa y de hecho incrementa los niveles de la hormona del estrés en el cuerpo. Para muchos niños, la proliferación de la mala flora intestinal y las levaduras es un factor de importancia con relación al crecimiento y desarrollo del cerebro, y el azúcar no hace más que alimentar lo que ya están incubando.

2. *Alimentos comerciales:* casi todos los alimentos comerciales están atiborrados de conservantes, grasas hidrogenadas, toneladas de sal y, en su mayor parte, algún tipo de azúcar, lo que en el caso de un niño con autismo puede afectar a la función estomacal y, posiblemente, provocar una mayor hiperactividad. Con frecuencia, las familias que siguen el Método Doman observan grandes cambios en sus hijos cuando se elimina este tipo de alimentos. A nivel general, una buena pauta a seguir es que, si un producto contiene más de cinco ingredientes y estos tienen más de cuatro sílabas, ¡no lo compres!

3. *Gluten:* en algunos niños con necesidades especiales, el gluten puede causar problemas. Este nutriente contiene una proteína llamada gliadina, que puede causar roturas en la capa interior del intestino. Si se ingieren cantidades suficientes de gluten, se pueden producir agujeros en esta pared intestinal, y agravar los síntomas de la llamada «hiperpermeabilidad intestinal». Estos pueden incluir: intolerancias o alergias alimentarias, fatiga, heces blandas o estreñimiento a nivel crónico, alergias cutáneas o dolor en las articulaciones, entre otros, y también pueden agravar los síntomas del autismo.

4. *Lácteos:* aunque los seres humanos hemos consumido productos lácteos durante cientos de años, nuestros cuerpos pueden carecer de las enzimas necesarias para digerirlos. Asimismo, la calidad de la leche ha disminuido enormemente, ya que hoy día a algunas vacas (dependiendo del productor y la normativa aplicada) les dan hormonas, antibióticos y demás para que produzcan más leche que la que dicta la naturaleza. El proceso de pasteurización puede acabar con las bacterias beneficiosas y, una vez se eliminan los efectos saludables de la leche, lo que queda es un líquido que no podemos digerir adecuadamente y que afectará al tracto intestinal. Si has tomado las debidas precauciones y eliminado por completo los alimentos recién mencionados de la dieta de tu hijo, estarás favoreciendo que tu hijo tenga un sueño más reparador.

### Haz que tu hijo tenga montones de actividad física

La actividad física tiene una importancia primordial a la hora de restablecer un ritmo circadiano que no haya estado funcionando adecuadamente. Al estar físicamente activo se queman calorías, lo que genera la necesidad de dormir en lo que se denomina ritmo homeostático. Cuando esto se produce en sincronía con el ritmo circadiano, dormir se hace mucho más fácil. No es pues de extrañar el ver que un niño muy sedentario tiene problemas para dormir. Además, estar moviéndose ayuda a desarrollar el cerebro por el reto que supone para este órgano. La actividad física también ayuda a oxigenar el cuerpo y el encéfalo. Si este cuenta con el alimento que necesita (o sea, oxígeno), le será más fácil que haga todo lo que tiene que hacer, incluyendo dormir.

En cualquier niño se recomienda al menos una hora de actividad física al día. Para darle constancia, sigue las recomendaciones de este libro para establecer un programa de caminatas y carreras para tu hijo. Practicar con regularidad cualquier actividad con tu hijo (aunque este aún no camine, y solo pueda arrastrarse o ir a gatas) es beneficioso para la salud, desarrollo cerebral y el sueño.

Hay montones de actividades que practicar para mantener el interés de tu hijo. Además del programa físico elemental, puedes considerar cualesquiera de las siguientes opciones:

- Trepar y escalar en un parque infantil.
- Caminar.
- Senderismo o paseos por la naturaleza.
- Montar en bicicleta o triciclo, incluyendo los de empujar.
- Nadar.
- Bailar.
- Jugar al fútbol.
- Montar en patinete.
- Jugar con trineos.
- Jugar a atrapar la pelota.
- Subir y bajar cuestas.
- Dar volteretas (de un modo seguro).

### Siempre, siempre, siempre sé constante

Si decides aplicar uno, dos o todos los cambios que te acabamos de recomendar, ten en mente algo muy importante: SÉ CONSTANTE. A cualquier niño con algún trastorno del neurodesarrollo le vendrá bien la rutina. Al darles constancia, estás poniendo orden y tranquilidad en su mundo, que para ellos puede resultar caótico. También puede suceder que sepas qué hay que cambiar en la rutina del sueño de tu hijo, pero que no estés seguro de cómo vaya a reaccionar tu hijo o de si serás capaz de enseñarle a tu hijo cómo dormirse de forma independiente y que no se despierte en toda la noche.

El primer paso es, simplemente, dar el primer paso. Decide qué es lo que puedes hacer ahora y elige una rutina o una hora de irse a la cama que sepas que puedas aplicar de manera constante. ¡Entonces cíñete a ello! Un error habitual que cometen los padres es el no darse a sí mismos y a su hijo el tiempo necesario para crear un nuevo hábito. A todo el mundo le frustra cuando las cosas no van bien las primeras dos o tres noches y entonces vuelven a las viejas costumbres. Sin embargo, la mayoría de los niños tardarán al menos tres semanas en ajustarse plenamente a cualquier cambio que introduzcas con relación a irse a dormir. A todos nos cuesta acostumbrarnos a los cambios.

¿Y si la ciencia moderna dijera que lo mejor es dormir en el suelo de la cocina sin manta ni almohada? Si tú decidieras hacer ese cambio, ¿te imaginas cuánto tardarías en habituarte a esta nueva forma de dormir? Desde luego no lo harías en tres o cuatro noches. Y ten en cuenta que en los adultos se tarda una media de sesenta y seis días para crear un nuevo hábito y ceñirse a él. A nivel neurológico, cuando se crea una nueva costumbre hay que ejercitarla, y hacerlo siempre de la misma manera para que tu cerebro asimile la pauta. Una vez esto ha sucedido, tu cerebro se pone en piloto automático, creando algo permanente. Ahora bien, tu cerebro necesita tiempo para aprender, y al de tu hijo le pasa igual.

Sea cual sea el cambio que decidas aplicar, sé constante. Hace falta constancia en todos los aspectos del sueño: cuando tu hijo se prepara para acostarse, el lugar donde duerme, la hora de ir a la cama o, si estás tratando de que sea independiente, en darle el espacio que necesita para crear sus propias estrategias para tranquilizarse él solo. Lo peor que puedes hacer es no tener constancia, ya que causarás confusión y frustración, además de alargar mucho más el proceso. Por desgracia, por este mismo motivo no existe ningún enfoque gradual. No vale con no tumbarte al lado de tu hijo durante dos noches, luego hacerlo en la tercera y después dejar de hacerlo por completo. Sería como volver a empezar el proceso de nuevo la noche siguiente.

En la práctica, las primeras noches son siempre las más problemáticas. Tu hijo se está adaptando a una manera completamente nueva de dormir, y tratará de recurrir a la ayuda que ha estado recibiendo durante mucho tiempo. Asegúrate de mantener un seguimiento de las rutinas, la hora de ir a dormir, tu implicación en el proceso, etc., para así ver cómo de bien estás siguiendo tu plan. Es muy común que en las primeras semanas los padres vean que sus hijos tienen un par de noches buenas y luego otras dos que no lo son tanto. Recuerda, el cerebro está aprendiendo pautas y hábitos nuevos, y no quiere decir que haya algo en esencia incorrecto en lo que estás haciendo. Sin embargo, tras los primeros diez días, si las cosas siguen sin marchar bien, revisa tus notas. Si hay siquiera una sola noche en que cambió la hora de ir a la cama, la rutina de ir a dormir, la dieta, etc., es suficiente para hacer que el proceso se alargue.

Aunque puede ser todo un desafío, los resultados valen totalmente la pena. La clave del éxito está en ejercitar este nuevo hábito y tener constancia, y entonces podrás ver los resultados en tu hijo. Al final del proceso tu hijo se encontrará más descansado y tú también lo estarás, lo que tendrá un efecto enormemente positivo en toda la familia. Si tu hijo duerme bien y durante toda la noche, tendrá una buena base para tener éxito en otros aspectos de su desarrollo: su evolución física, su desarrollo cognitivo y del habla, su maduración social y emocional, y su salud en general.

Para obtener más información
sobre Melissa Doman Sleep Consulting,
consulta www.melissadomansleepconsulting.com
o contacta con Melissa por email en: domansleepconsults@gmail.com

## HOJA DE CONTROL PARA DORMIR

1. Ambiente y dormitorio:
   - ❏ La habitación está totalmente a oscuras: con ventanas e intersticios de la puerta sellados.
   - ❏ Si es necesario, cambiar la lámpara de noche a un color cálido (rojo, rosa, anaranjado o amarillo).
   - ❏ La habitación está completamente en silencio, y con aislamiento sonoro si es necesario.
   - ❏ Quitar aparato de sonido blanco.
   - ❏ Habitación libre de distracciones (guardar juguetes, libros, etc.).
   - ❏ La habitación es segura (muebles estables y que no se puedan caer, sin lámparas o aparatos sueltos).

2. Alimentos a eliminar:
   - ❏ Cualquier alimento comercial o ultraprocesado.
   - ❏ Azúcar.
   - ❏ Chocolate.
   - ❏ Alimentos altos en sal.
   - ❏ Alimentos con gluten.
   - ❏ Productos lácteos.

3. Una actividad física al día para dormir:
   - ❏ Actividad programada de manera constante todos los días.
   - ❏ Hasta una hora de actividad física diaria.
   - ❏ Elegir actividad que favorezca la respiración.

4. Quitar pantallas al menos una hora antes de acostarse:
   - ❏ Televisión.
   - ❏ Tableta/iPad.
   - ❏ Teléfono móvil.
   - ❏ Libro electrónico.

5. Preparar la rutina para ir a dormir:
   - ❏ No más de treinta minutos de duración.
   - ❏ Escoger actividades que relajen.
   - ❏ No incluir juegos o tiempo con pantallas.
   - ❏ Escribir la rutina en una hoja de control.
   - ❏ Poner la rutina en práctica.
   - ❏ Seguirla en el mismo orden todas y cada una de las noches.

# Capítulo 6

# Desarrollo físico en niños con autismo y TDA

Douglas Doman,
*hijo de Glenn Doman, creador y fundador de Doman International Institute*

En este capítulo hablaremos sobre el programa físico ideal. Al emplear el término «programa físico», nos referimos a un protocolo especializado que los padres pondrán en práctica todos los días con su hijo con necesidades especiales. Dicho programa está diseñado de tal modo que el niño pueda realizarlo con éxito, disfrutar con él y desarrollarse en todas las áreas funcionales.

Desde hace décadas sabemos que es muy importante contar con un programa físico para niños con necesidades especiales, en particular aquellos que sean hiperactivos o desorganizados. Los padres con quienes trabajamos afirman que nuestro programa físico intensivo contribuye a reducir la hiperactividad, en parte porque realizar ejercicio a diario es lo que necesita cualquier niño en edad de crecimiento, y además hace que se canse y duerma bien.

Lo ideal es que el programa físico se vea como una recompensa, al dar a padres e hijo la oportunidad de salir y disfrutar del sol y el aire libre. En nuestro programa, los padres se organizan el día de forma que el niño sabe que todos los días podrán irse a dar una vuelta.

Vamos a ver cómo la neurociencia apoya firmemente los beneficios de contar con un programa de caminatas y carreras. Aunque desde hace miles de años se sabe que la actividad física es importante, la ciencia está demostrando que desempeña un papel crucial en la función y el desarrollo neurológicos.

Tal vez algunos de los padres que lean este libro tengan hijos que hayan aprendido a caminar, pero que no lo hagan bien. Otros tendrán niños capaces de andar y correr, pero solo por distancias cortas. Y puede que otros padres tengan niños que se pasen todo el día echando carreras. Las siguientes recomendaciones de ejercicios físicos son aplicables a todos ellos; la única diferencia estribaría en lo rápido que un niño puede pasar de una actividad a la siguiente.

En este capítulo trataremos los siguientes aspectos:

1. Un programa inicial de caminatas con el que trabajar la resistencia, el equilibrio y la velocidad de marcha.
2. Un programa de transición entre caminatas y carreras.
3. Un programa de carreras que desarrolle la velocidad y el aguante al correr.

## Empecemos por el primer paso, el programa de caminatas

¡Andando!

Este programa de caminatas lleva décadas poniéndose en práctica con miles de niños con necesidades especiales. Caminar es una función dirigida desde la corteza cerebral, y desarrollar esta región del encéfalo puede resultar de gran ayuda. La corteza es el área donde se genera e interpreta el lenguaje y la que gobierna las habilidades motrices finas, como abrochar y desabrochar un botón o atarse los zapatos, entre otras actividades que requieren destreza. Potenciar la corteza puede favorecer diversas facultades neurológicas.

## Caminar aporta múltiples beneficios al niño con necesidades especiales

### Caminar desarrolla la respiración

En este programa vamos a incrementar gradualmente el aguante y la resistencia del niño al caminar. Como ya hemos mencionado, la función determina la estructura, de modo que, cuanto más ande el niño, más se fortalecerá y desarrollará su estructura física. Lo mismo sucederá al respirar: cuanto mayor sea la distancia que pueda recorrer, tanto más se reforzará su respiración, que será más profunda cuanto más rápido sea capaz de caminar el niño. Cuanto mayor sea la velocidad, el niño respirará más hondo y con mayor frecuencia, y esto es justo lo que queremos conseguir.

En primer lugar, nos centraremos en ayudarle a recorrer mayores distancias andando sin parar. Después pasaremos a incrementar la velocidad de marcha. Cuando un niño sea capaz de caminar una milla (1,6 Km) con facilidad, sin parar y de un modo rutinario, entonces podremos animarle a andar más rápido en distancias cortas y asequibles y que, por ejemplo, «esprinte» lo más rápido que pueda (pero siempre caminando) durante 10, 15 o 20 metros. La distancia se irá incrementando gradualmente en función de la edad del niño. Durante estos «esprints», el niño se moverá más rápido y su respiración se acelerará y será más profunda.

Potenciar la respiración de esta manera comporta numerosos efectos beneficiosos; en ocasiones, respirar mejor puede favorecer la capacidad de comunicarse. Algunos niños con necesidades especiales se quedan literalmente sin aliento al hablar y les cuesta pronunciar palabras y frases largas, ya que esto requiere un elevado control respiratorio. Al hacer que caminen y, con el tiempo, que corran mejor, les estaremos ayudando a resolver este problema. A medida que un niño recorra mayores distancias sin parar y que después incremente la velocidad, se estará aproximando a su función aeróbica máxima.

## CAMINAR ES UN EJERCICIO AERÓBICO SALUDABLE

Aeróbico significa «que vive en presencia de oxígeno». Muchos problemas neurológicos se originan por una falta de oxígeno en el cerebro. Tras más de cincuenta años dedicados a la búsqueda de soluciones, hemos descubierto que suministrar más oxígeno al cerebro es un factor clave para lograr que este órgano se desarrolle adecuadamente. Por esta razón mi padre, Glenn Doman, creó y desarrolló el Programa Doman de Oxigenación.

Un buen programa aeróbico «baña» al cerebro y los órganos vitales del cuerpo en oxígeno, lo que incrementa su suministro, refuerza el sistema inmunitario y ayuda a mejorar la salud.

La ciencia ha demostrado que correr es beneficioso para los seres humanos. Un artículo reciente indica que el ejercicio de carrera aeróbica «incrementa de un modo significativo el tamaño de la región izquierda del hipocampo en los seres humanos» (Firth, Stubbs, Vancampfort *et al.* 2018).

El hipocampo es una parte del cerebro de suma importancia para el aprendizaje y la memoria en los seres humanos. Este es posiblemente el motivo por el que hoy tengamos tantísimos estudios que muestran que practicar actividad física con regularidad resulta beneficioso para las facultades cognitivas y el rendimiento académico en los niños (McPherson, MacKay, Kunkel y Duncan, 2018).

### EL PROGRAMA FÍSICO DEBERÍA REALIZARSE EN EL EXTERIOR

Por muchos motivos, lo mejor es que este programa físico se realice en el exterior. Como ya hemos mencionado, a casi todos los niños les encanta estar al aire libre, lo que para ellos hace que el programa físico sea una recompensa en vez de una carga. El objetivo primordial es pasar de las caminatas a las carreras, y únicamente se puede caminar y correr durante largas distancias en exteriores. Hacerlo en lugares cerrados genera una serie de dificultades y obstáculos innecesarios.

Otra buena razón es que los niños necesitan pasar tiempo al aire libre y estar expuestos al sol, ya que la luz solar directa es importante para regular los niveles de vitamina D.

### EL PROGRAMA FÍSICO AYUDA A DESARROLLAR LA VISTA

La vista es otro motivo por el que realizar nuestras caminatas y carreras al aire libre, ya que ahí es donde los niños pueden desarrollar su visión. Si nos pasamos todo el rato en interiores, a menudo mirando fijamente la pantalla de un televisor o de una tableta, lo que estamos empleando es nuestra visión de cerca. En el caso de los niños, practicar actividades físicas en el exterior les ayudará a potenciar su visión de lejos.

### VIGILANCIA DEL RITMO CARDIACO

Puesto que caminar y correr pueden ser actividades aeróbicas, es bueno que prestemos atención al ritmo cardiaco al realizarlas. Los medidores de frecuencia cardiaca (o pulsómetros) son baratos y efectivos, y llevan décadas usándose como herramienta para determinar la función aeróbica. Según el doctor Phil Maffetone, médico y preparador físico, la función aeróbica máxima en los niños de quince años o menos debería ser de 165 pulsaciones por minuto o ppm (Maffetone, 2015). Los medidores más sencillos suelen llevar una tira ajustable al pecho. Antes de comenzar el Programa Físico, lo primero es hacer que un médico examine al niño y confirme si la actividad es segura, sobre todo para cerciorarse de que sus pulmones y corazón están en buenas condiciones. Hay ciertas actividades que podrían no ser recomendables para algunos niños con problemas cardiovasculares.

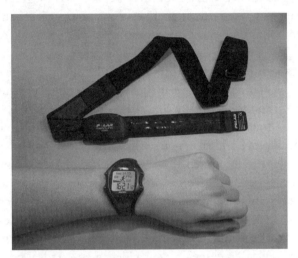

Pulsómetro ajustable al pecho, sencillo y barato. La tira está en contacto con la piel, registra el ritmo cardiaco y lo transmite a un reloj, mostrándose en el lector.

Dependiendo de la edad del niño o de cuándo haya comenzado a caminar, su frecuencia cardiaca podrá ser de 90, 100, 110 o más ppm. Una vez el niño haya entrado en calor, aumentará en 10, 20, 30 o más pulsaciones. Conforme se incremente el ritmo, el niño se irá aproximando a la zona aeróbica de 165. Quizás solo llegue a 120, pero eso está bien, pues ya estará obteniendo un beneficio aeróbico. Con el tiempo, a medida que el niño se vaya convirtiendo en un corredor avezado, podrá alcanzar una frecuencia cardiaca de 165 ppm con la que recibirá un beneficio aeróbico máximo.

PROGRAMA INICIAL DE CAMINATAS

Al comenzar este programa, ten en cuenta estas sencillas normas e indicaciones:

- **Pónselo fácil a tu hijo:** como sucede con todos nuestros programas físicos, los padres no tendrán problema en hacer que sea una actividad fácil, rápida y exitosa. Por ejemplo, si tu hijo puede caminar cien metros sin dificultad, entonces haz que empiece andando solo cincuenta metros. De este modo sentirán que han tenido éxito, y no lo verán como una obligación.

● **Consigue unas buenas zapatillas deportivas:** asegúrate de que tu hijo tiene un buen calzado para correr. Las zapatillas han de ser ligeras, cómodas de llevar y ajustarse bien al pie, nada que sea pesado o aparatoso. También deberían ser de suela fina.

● **Viste a tu hijo de forma apropiada:** vigila que tu hijo lleve ropa adecuada al tiempo que hace. Vístelo con pantalón y manga corta en verano, y con ropa cálida y con varias capas en invierno.

● **Elige un buen lugar:** escoge una zona para caminar con las mínimas distracciones. Lo ideal es que sea una pista en un polideportivo o bien un sendero tranquilo en el campo o en un parque urbano. Caminar por la acera en el centro de una ciudad probablemente sea la opción menos segura y aceptable. En ocasiones el bullicio y el desorden pueden suponer una molestia para los niños con necesidades especiales, por lo que es prudente evitar ambientes ruidosos o abarrotados. Una vez hayas elegido el mejor lugar, cíñete a él. Lo ideal para un niño es tener rutinas, por lo que conviene que esta actividad se realice siempre en el mismo sitio.

A menudo, los niños con necesidades especiales no ven, oyen o sienten del mismo modo que los demás. Pueden ser muy sensibles a la luz o los sonidos y, por ello, son capaces de organizar mejor sus sentidos cuando se encuentran siempre en el mismo entorno. A ser posible, no cambies de ubicación hasta que tu hijo haya alcanzado todas las metas del programa.

*Cómo comenzar*

Si un niño es capaz de recorrer 50 metros sin parar, entonces lo repetiremos diez veces al día por un total de 500 metros.

● Sesiones diarias: diez.
● Distancia: 50 metros.
● Distancia total diaria: 500 metros de caminata.

Cuando hayamos estado así una semana podremos aumentar fácilmente a 75 metros por sesión, lo que nos daría un total de 750 metros al día. A la semana siguiente, subiremos a 100 metros sin parar, diez veces al día, o sea 1000 metros.

Así, la programación se vería de esta manera:

1. Semana 1: 500 metros de caminata diaria.
2. Semana 2: 750 metros de caminata diaria.
3. Semana 3: 1000 metros de caminata diaria.

Ahora tu hijo es capaz de recorrer 1000 metros andando. En este punto, empieza a reducir la frecuencia de las sesiones y a incrementar la distancia. Así, pasaríamos a hacer cinco sesiones de 200 metros. A continuación, 250 metros por sesión, cuatro veces al día. Después, sesiones de 330 metros, en tres tandas. Luego, 500 metros sin parar en dos repeticiones.

Con esto, la programación quedaría así:

4. Semana 4: cinco sesiones de 200 metros.
5. Semana 5: cuatro sesiones de 250 metros.
6. Semana 6: tres sesiones de 330 metros.
7. Semana 7: dos sesiones de 500 metros.

Por último, trataremos de incrementar una de estas dos sesiones en cien metros, al tiempo que iremos reduciendo la otra de 500 a 400 metros, después a 300, luego a 200, a 100, y así acabar en una sesión diaria de 1000 metros sin parar.

La idea es hacer un poquito más de actividad cada día, pero aumentando la distancia por sesión de una manera tan gradual que tu hijo no se acabe cansando, ni se agobie ni sienta que lo estás forzando.

A estas alturas, tu hijo será capaz de caminar 1000 metros seguidos. La última etapa de este programa consistirá en aumentarlo gradualmente hasta llegar a los 1600 metros sin parar.

**Objetivo:** *caminar 1600 metros sin parar*

Cuando alcancemos esta meta de los 1600 metros (o sea, ¡una milla!), tú y tu hijo deberíais disfrutar de vuestro logro. Una vez tu hijo haya logrado recorrer esta distancia, estará listo para caminar por lugares diferentes y disfrutar de paisajes y ambientes diversos. Esto se refiere a pasear por parques, bosques, playas, o campos, entre otros. Para algunos niños esto puede resultar muy gratificante y, para otros, quizás suponga una tortura. Si al niño no le gusta el nuevo entorno, entonces vuelve al anterior, el que ya conoce.

Una vez tu hijo haya cumplido este objetivo, estará listo para pasar al siguiente programa físico, el de transición entre las caminatas y las carreras.

## PROGRAMA DE TRANSICIÓN: DE LAS CAMINATAS A LAS CARRERAS

El objetivo de este programa es que el niño pase de caminar a correr. Para algunos niños con necesidades especiales esto puede resultar sencillo y, para otros, será todo un desafío. Antes de comenzar este programa, asegúrate de que tu hijo haya cumplido los objetivos del programa de caminatas. No comiences este programa de transición a menos que tu hijo sea capaz de recorrer cómodamente una milla (1,6 Km) caminando sin parar. Por favor revisa las indicaciones ya mencionadas acerca del calzado, vestimenta y entorno más adecuados, ya que también se aplican en este caso.

Efectuaremos dicha transición con estas dos importantes pautas en mente:

1. Sesiones de marcha o trote rápidas, sencillas y de alta frecuencia.
2. Sesiones de «esprints» cuesta abajo (pero todavía caminando).

Es muy importante determinar el grado de inclinación adecuado. Si la pendiente es muy pronunciada, el niño tendrá miedo de caerse, y querrá ir más despacio. Si es demasiado poco empinada, la gravedad no ayudará a que tu hijo vaya andando más rápido y acabe yendo al trote. Tendrás que experimentar hasta que encuentres justo la inclinación correcta.

### SESIONES DE MARCHA RÁPIDAS, SENCILLAS Y DE ALTA FRECUENCIA

Cuando tu hijo esté realizando sus caminatas de una milla (1,6 Km), empezarás a animarle a que acelere hasta alcanzar su velocidad máxima durante una distancia muy corta, de diez metros. A lo largo de un periodo de dos semanas, lo irás aumentando hasta llegar a hacer diez de estas sesiones de «caminar rápido». Por ejemplo, podéis caminar unos minutos y luego hacer una actividad que consista en andar deprisa por diez metros. Podéis jugar a perseguiros entre vosotros o al perro, o a tirar un palo e ir rápidamente a por él, o dar una patada a un balón y acelerar a ver quién le vuelve a dar otra patada. Usa tu imaginación para hacer que sea una diversión para tu hijo, en vez de un ejercicio forzado. Caminad otros tres minutos y luego volved a «esprintar» caminando. A estas alturas, tu hijo estará realizando diez sesiones de andar deprisa diez metros como parte de sus caminatas de una milla.

**Objetivo:** *caminatas de una milla, incluyendo 10 sesiones de 10 metros de «esprint» andando*

No dejes de variar los juegos que propongas a tu hijo. A lo mejor le encanta lanzar una de sus figuras de acción y luego ir trotando o andando deprisa a por ella, pero tener la misma motivación una y otra vez puede acabar haciéndose aburrido. Alterna entre distintas actividades para que el niño nunca se canse de estar siempre haciendo la misma.

Una vez hayáis alcanzado el objetivo de los diez «esprints» caminando, estaréis listos para hacerlos cuesta abajo. Es aquí cuando es importante determinar el mejor grado de inclinación para este ejercicio. La pendiente ha de ser lo bastante pronunciada como para ayudar a tu hijo a aumentar la velocidad, pero no tanto como para que se ponga nervioso y «pise el freno». La inclinación correcta hará que tu hijo vaya un poco más rápido; su cerebro está notando lo que se siente al caminar más deprisa y almacenando toda esta información sensorial. Otro efecto será el de una mejor inspiración y espiración, ya que incrementar el paso favorecerá una respiración más profunda y frecuente.

## Esprints cuesta abajo

Si tienes la suerte de tener cerca un tramo largo y cuesta abajo, puedes hacer que tu hijo esprinte durante diez metros y luego camine a paso normal durante uno o dos minutos, para después repetir el ejercicio. Si no has podido encontrar más que una distancia corta, como la de una rampa, quizás tenga que esprintar cuesta abajo y luego volver a subir la pendiente para hacerlo de nuevo. Si ese es el caso, tendréis que efectuar varias repeticiones y después caminar en llano durante unos minutos, antes de volver al terreno inclinado y reanudar los esprints. Con esto darás a tu hijo un cierto respiro y evitarás que pierda interés.

Ve avanzando poco a poco hacia el objetivo de realizar diez esprints cuesta abajo cada día. Para cuando lo consigas, durante su caminata diaria tu hijo se estará anotando cien metros de esprint en terreno llano y otros cien cuesta abajo, lo cual es todo un logro.

1. Objetivo: diez esprints de 10 metros en terreno llano.
2. Objetivo: diez esprints de 10 metros en terreno cuesta abajo.

Es de esperar que, a estas alturas del programa, tu hijo haya comenzado a mostrar signos de moverse en carrera lenta o al trote. Es importante darse cuenta de que correr no es solamente andar rápido, sino que en parte consiste en «volar». Cuando un niño está corriendo de verdad, hay una fracción de segundo en la que tiene los dos pies separados del suelo. Lo puedes observar si grabas a alguien haciendo una prueba de velocidad y lo pones en cámara lenta. Verás que, por un momento, ambos pies dejan de tocar el suelo. Si tu hijo consigue estar en vuelo durante ese brevísimo instante, habrás tenido éxito al hacer que corra y, con ello, su vida mejorará en muchos aspectos.

Fíjate en cómo los dos pies de Gian Marco no tocan el suelo.

Una vez cumplido este objetivo, tu hijo estará listo para la próxima etapa: el programa de carreras.

## PROGRAMA DE CARRERAS

Si tu hijo es capaz de ir corriendo o al trote, la clave estará en incrementar la distancia de sus esprints. Si ya has alcanzado el objetivo de veinte esprints diarios (diez en llano y otros tantos cuesta abajo), ve aumentando la distancia para pasar de diez a quince, veinte y treinta metros. En ese momento, tu hijo estará trotando o corriendo por un total de seiscientos metros durante su caminata diaria de una milla (1,6 Km).

Ahora, empieza a disminuir gradualmente el número de sesiones de esprint y a incrementar la distancia de cada una. Ve pasando de realizar veinte sesiones diarias de esprintar treinta metros a diez de sesenta metros en carrera. Después continúa hasta quedarte en cinco sesiones de 120 metros y luego en dos de 300 metros, hasta llegar finalmente a 600 metros corriendo sin parar, más otros 1000 metros andando. Ve poco a poco aumentando la distancia en carrera y reduciendo la caminata hasta que tu hijo sea capaz de recorrer enteramente los 1600 metros corriendo.

PROGRAMA DE CARRERAS UNA VEZ EL NIÑO PUEDA CORRER 1600 METROS

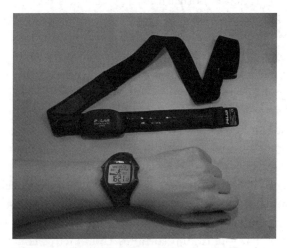

Pulsómetro Polar ajustable al pecho, nuestra recomendación para el programa de carreras.

- Usa un medidor de frecuencia cardiaca.
- El éxito de tu hijo debe estar garantizado.
- Consigue unas buenas zapatillas para correr.
- Elige ropa adecuada al tiempo.
- Es preferible hacerlo en terreno llano para que sea más fácil.
- Mantén un registro de la distancia recorrida por tu hijo en cuarenta minutos.

*Registro del programa de carreras (una vez al día)*

- Diez minutos de caminata (aumentar la frecuencia cardiaca hasta 165 ppm): *[distancia]*.
- Veinte minutos de carrera (mantener la frecuencia cardiaca en 165 ppm): *[distancia]*.
- Diez minutos de caminata (lo ideal es volver a la frecuencia cardiaca inicial, alrededor de 100 ppm): *[distancia]*.
- Distancia recorrida en los cuarenta minutos: *[distancia total]*.

*Indicaciones a tener en cuenta*

**Ten paciencia:** un niño podrá cumplir el objetivo de correr 1600 metros dependiendo de su capacidad física, la gravedad de su trastorno del neurodesarrollo, su grado de motivación y la constancia con que se aplique el programa. Si, antes de comenzar el programa, al niño de por sí le gusta correr, podría alcanzar esta meta en tres meses. En algunos casos se podría tardar hasta un año, o más. No seas muy duro contigo mismo o con tu hijo si os hace falta más tiempo; recuerda que con cada día de caminatas y carreras estás contribuyendo al desarrollo de tu hijo.

**Utiliza el medidor de frecuencia cardiaca:** deberás seguir usando el pulsómetro cuando tu hijo camine y corra, y ver cómo aumenta el ritmo de sus pulsaciones. Para un niño capaz de correr durante 1600 metros, lo ideal es realizar un calentamiento de diez minutos antes de la carrera y algo de enfriamiento después. En los diez minutos previos a la carrera, ve acelerando poco a poco la caminata para incrementar la frecuencia cardiaca. El objetivo es llegar a 165 ppm al final de estos diez minutos de caminata de calentamiento. A continuación, haz que tu hijo corra los 1600 metros con esa frecuencia cardiaca. Por último, ve reduciendo gradualmente la marcha durante otros diez minutos a modo de enfriamiento.

Esta es una manera magnífica de comenzar un programa de atletismo aeróbico. Con el tiempo, te interesará incrementar la distancia de una milla hasta que tu hijo esté veinte minutos corriendo sin parar, lo que supondrá veinte minutos de alta oxigenación para su cerebro y órganos vitales.

Hay un gran número de niños neurotípicos (sin necesidades especiales) que no pueden caminar o correr semejantes distancias. Si tu hijo es capaz de ello, se encontrará por encima de la media desde el punto de vista físico. Para obtener más consejos y más programas físicos, por favor hazte con el libro *Bebé en forma, bebé inteligente*, de Glenn Doman, Douglas Doman y Bruce

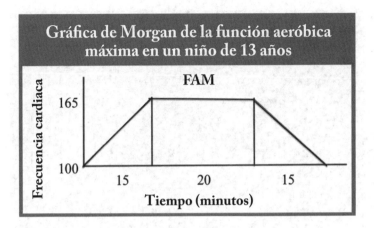

Hagy (también publicado por EDAF). Esta obra te enseñará a entrenar a tu hijo para que pueda aguantar corriendo muchas millas sin parar.

**Quizás necesites trabajar el equilibrio:** hay niños con trastornos del neurodesarrollo que tal vez no empiecen a correr con este programa. El motivo más habitual es que su equilibrio no es lo suficientemente bueno. En ese caso, *Bebé en forma, bebé inteligente* te podrá resultar útil, ya que en él se enseñan distintos programas para desarrollar el equilibrio, con los que podrás marcar la diferencia y hacer que tu hijo empiece a correr. El programa de equilibrio se realizaría en paralelo al de caminatas y carreras descrito en este libro, y en general a los niños les encanta.

Quizás otros niños no tengan éxito por tener la vista poco desarrollada, una dificultad que hará que le cueste sentirse cómodo al correr. El programa de equilibrio descrito en *Bebé en forma, bebé inteligente* también les ayudará a mejorar la visión. Si precisas de un asesoramiento más exhaustivo, tienes a tu disposición el Curso del Método Doman y al equipo de Doman International.

## Braquiación

La braquiación es una importante actividad física que también sirve para potenciar la vista, el equilibrio, el desarrollo del pecho y las destrezas manuales. El término procede del latín *brachia*, que significa «brazos», y se refiere a desplazarse mediante el uso de dichas extremidades. Casi todos nosotros hemos crecido yendo a parques infantiles con barras en las que jugar y «hacer el mono».

Un simio braquiando. Nicole, de cinco años, braquiando de forma independiente.

Esta actividad, consistente en avanzar de barrote en barrote con los brazos y sin que los pies toquen el suelo, se denomina braquiación. Muchos primates braquian por los árboles de la selva; es algo que a los simios no les cuesta ningún esfuerzo, y que a los humanos nos impresiona ver. Pues bien, las personas también somos capaces de braquiar, aunque quizás no tan bien como un chimpancé.

Enseñar este ejercicio a tu hijo exige paciencia, constancia y determinación. Ahora bien, una vez haya aprendido a braquiar, ¡te costará que deje de hacerlo! A los niños les encanta esta actividad por la sensación de ligereza al desplazarse por el aire. También es muy beneficiosa para distintas áreas de su desarrollo.

Artem, de cinco años, gozando con su programa diario de braquiación independiente.

### La braquiación es beneficiosa para la vista

Al braquiar, el niño debe encontrar el siguiente barrote y asirse a él con la mano. Para ello sus dos ojos han de converger en este punto de agarre. Un síntoma muy habitual de los trastornos del neurodesarrollo, que a menudo se pasa por alto y no se explica a los padres, es el de tener una convergencia visual insuficiente. Tenemos dos ojos, cada uno de los cuales transmite una imagen diferente al cerebro. Este, a su vez, ha de juntarlas en una imagen única y definida. ¿Has estado alguna vez tratando de leer un libro a altas horas de la noche, y de repente has empezado a «ver doble» al irte quedando dormido? Esto se debe a que nuestra convergencia de visión se va debilitando por el cansancio. Hay muchos niños con necesidades especiales que ven doble todo el rato.

Esta niña padece estrabismo convergente del ojo izquierdo.

Este joven padece estrabismo divergente del ojo derecho.

Imagínate lo difícil que les tiene que resultar la vida al ver doble. ¿Cómo vas a poder abrocharte un botón sin una convergencia visual perfecta? Debido a un trastorno neurológico, el niño verá dos botones, dos ojales y cuatro manos, es decir, un auténtico caos visual. Hay muchas actividades que son difíciles de realizar cuando se tienen problemas de convergencia. Hay que usar los dos ojos a la vez para percibir la profundidad, o para apreciar la distancia a la que se encuentra un objeto. Una mala percepción de la profundidad puede hacer que se compliquen numerosas acciones, tales como subir o bajar escaleras, atrapar o regatear una pelota, atravesar terrenos tortuosos o irregulares, o bien esquivar obstáculos en nuestro camino al caminar o correr.

Imagínate tratando de recibir un pase si lo que ves son dos balones acercándose a ti.

Imagínate intentando subir al piso de arriba si lo que ves son dos peldaños en lugar de uno.

Imagínate queriendo bajarte de un bordillo si no puedes percibir cómo es de alto.

¡Cómo se nos complicaría la vida!

Subir y bajar escaleras puede ser difícil si un niño tiene problemas de convergencia visual.

Al braquiar, siempre necesitaremos usar la vista para encontrar el siguiente punto de agarre y asirnos a él. Por tanto, si un niño realiza por su cuenta treinta trayectos de braquiación diarios en una escalera horizontal con doce barrotes, cada día dispondrá de 360 oportunidades para converger la vista.

Existe un beneficio añadido: la acción de extender la mano y sujetarse a la siguiente barra se produce justo en el instante en que los ojos del niño convergen en ella. Este empleo conjunto de la convergencia visual y la destreza manual es fundamental para poder realizar otras actividades de mayor complejidad.

LA BRAQUIACIÓN PUEDE DESARROLLAR LAS DESTREZAS MANUALES

Los seres humanos somos los únicos con la capacidad de oponer los dedos pulgar e índice rápidamente y sin dificultad, en lo que solemos llamar «agarre en pinza». La acción de formar un círculo al juntar los dedos pulgar e índice nos permite coger objetos pequeños con facilidad. Se trata de una función de la corteza cerebral, razón por la que el agarre en pinza también se denomina «oposición cortical». Parte de la belleza de la braquiación radica en que ese mismo niño tendrá 360 oportunidades al día de ejercitar y mejorar dicha oposición cortical. Esta habilidad nos permite abrochar y desabrochar botones, subir y bajar cremalleras, sujetar un vaso o verter líquido de un recipiente a otro, entre muchas otras destrezas manuales finas.

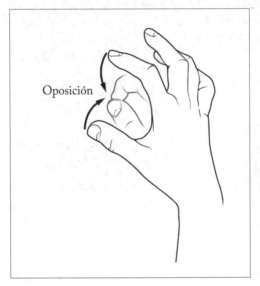

Oposición

Oposición cortical (también conocida como agarre en pinza).

Muchos niños con necesidades especiales tienen grandes dificultades para realizar estas acciones, lo cual puede deberse bien a una oposición cortical poco desarrollada, bien a una convergencia visual defectuosa, o a ambas. Así pues, la braquiación es un modo excelente de desarrollar y mejorar la convergencia ocular y el agarre en pinza.

Algunos padres observarán que sus hijos prefieren asirse a las barras usando la mano entera, sin colocar el pulgar en el lado opuesto del barrote. Se trata de un síntoma muy habitual en casos de trastorno neurológico o lesión cerebral. Es muy importante que a tu hijo le enseñes desde el inicio del programa a ejercitar la oposición cortical y emplear la mano y el pulgar al sujetarse a la barra. Si es necesario, ayúdale a colocar la mano del modo apropiado. Permitirle prescindir del pulgar hará que se le acentúe este síntoma y empeorará la situación. Aunque te cueste algo de tiempo enseñarle a utilizar el agarre en pinza, ten en cuenta que la alternativa es mucho, mucho peor.

Sofía está usando la mano y el pulgar para sujetarse a las barras de braquiación.

### LA BRAQUIACIÓN FAVORECE EL DESARROLLO DEL PECHO

El tercer gran beneficio de la braquiación es que desarrolla el pecho. A menudo, los niños con necesidades especiales no cuentan con las mismas oportunidades de crecimiento que los demás. Es habitual que estos niños tengan un tórax más débil que la media y, por otra parte, son mucho más propensos a sufrir problemas respiratorios.

Una excelente solución para este problema es la braquiación. Al extender la mano para agarrarse al siguiente barrote, el niño debe expandir el pecho. Los pulmones están adheridos a la caja torácica, de modo que, cuando esta se dilata, lo mismo sucede con los pulmones. De nuevo, este ejercicio nos da 360 oportunidades al día para que el niño se estire y ensanche el pecho. La braquiación ha producido excelentes resultados en millares de niños con necesidades especiales.

En Doman International, cada vez que una familia trae a su hijo de visita, lo que sucede cada seis meses, nuestro equipo toma medidas detalladas de su perímetro torácico. A continuación, dichos resultados se comparan con el crecimiento medio en la misma edad y durante el mismo periodo de tiempo. Es muy habitual que nuestros niños experimenten un crecimiento el doble o el triple de rápido que dicha media, o incluso aún mayor.

Tener pulmones más grandes permite que estos absorban más aire, lo que incrementa el aporte de oxígeno al cerebro. Esta mejora en la respiración favorece que el niño pueda hablar mejor.

Existen otros factores y aspectos que tener en cuenta y que quisiéramos revisar contigo para ayudarte a tener éxito con este ejercicio.

*Nota con relación al peso*

En nuestros más de cincuenta años de experiencia, hemos enseñado a millares de familias de niños sanos y con necesidades especiales a braquiar de manera sencilla, amena y efectiva. No cabe duda de que un niño más menudo y ligero podrá realizar este ejercicio con mayor facilidad que uno de mayor peso.

Si tu hijo tiene un peso adecuado o inferior a la media, entonces será un candidato excelente para practicar la braquiación. Ahora bien, si tiene sobrepeso, será mejor no comenzar hasta que haya adelgazado un poco.

Gran parte de la eficacia de nuestro programa radica en el hecho de que nosotros generamos el éxito del niño. En todas las personas, el éxito conduce al éxito. Pero si existe la posibilidad de que no lo consigan, como nos ha sucedido con tantos niños aquejados de distintos problemas, lo que aprenderán es que el fracaso conduce al fracaso.

El mundo entero hace que a un niño con necesidades especiales le resulte difícil triunfar y tener éxito. Por ello, al margen de que decidas o no seguir nuestro programa, podemos asegurarte, tras décadas de experiencia con miles de niños de todo el mundo, que lo mejor que puedes hacer por tu hijo es garantizar que pueda alcanzar ese triunfo, ese éxito.

### EMPECEMOS POR ENSEÑARLE A COLGARSE DE UNA BARRA

El niño ha de tener la oportunidad de estar todo el día practicando la braquiación. Para ello, el primer paso es enseñarle a sujetarse con ambas manos a una barra, es decir, a mantenerse suspendido en ella. Si tu hijo es capaz de permanecer dos segundos con los pies separados del suelo, ¡perfecto! Es todo lo que necesitamos para empezar con buen pie.

Melinha aprendiendo a colgarse de una barra con ayuda de su madre.

Este niño se está sujetando a la barra usando oposición cortical.

Vamos a comenzar haciendo que el niño se cuelgue durante dos segundos, y lo repetiremos cinco veces al día. Requiere muy poco esfuerzo; lo que se necesita para desarrollar las habilidades de un niño es constancia y frecuencia.

## LA REGLA DE LOS CINCO MINUTOS

Es primordial que al niño le demos un intervalo de al menos cinco minutos tras cada ejercicio de suspensión. Aunque al niño se le dé muy bien y sea capaz de mantenerse colgado sin esfuerzo durante veinte segundos o más, no rompas nunca esta regla.

¿Y por qué cinco minutos? Porque para ti, para mí y para tu hijo, soportar todo el peso del cuerpo suspendido en una barra supone un gran esfuerzo para las manos. Por eso hacen falta estos cinco minutos para dejar que los músculos y la piel se relajen y se recuperen del ejercicio anterior.

Este principio es muy sencillo de probar. Cuélgate tú de una barra todo el tiempo que puedas. Forzando un poco, tal vez puedas llegar a quince segundos. Muy bien, ahora suéltate y vuelve a colgarte de inmediato. Aun poniendo mucho esfuerzo, te costará aguantar más de siete segundos. Suéltate y cuélgate una vez más; tus tiempos seguirán reduciéndose en torno al 50 %, y esto hará que el programa sea cada vez más difícil y menos placentero para un niño. Si no se disfruta con este ejercicio, tener éxito será prácticamente imposible.

Existe otro motivo que explica la necesidad de estos cinco minutos: hacer que la piel de las manos se recupere. Todo el peso del cuerpo recae sobre la piel, que requiere de estos cinco minutos de respiro. Si se ignora esta regla, al niño se le enrojecerán las manos y después empezarán a dolerle. Con el tiempo, la piel se irá deteriorando, y puede que hasta llegue a cuartearse y sangrar, lo que hará que el ejercicio resulte doloroso y forzará la interrupción del programa.

Si el niño se hace daño en las manos perderemos días o semanas hasta que se le recupere la piel. Al comenzar, quizás el niño pudiera mantenerse colgado durante diez segundos con facilidad. Sin embargo, tras suspender el programa por una herida en las manos es posible que, al retomarlo, el niño haya retrocedido y solamente pueda aguantar cinco segundos. No es la mejor manera de poner en práctica un programa físico que brinde éxitos y alegrías a tu hijo.

Sigue la regla de los cinco minutos en cualquier circunstancia, y no la rompas aun cuando el niño esté motivadísimo y pueda realizar el ejercicio sin problemas.

Es importante que instales la barra de ejercicios, o dominadas, exactamente según nuestras indicaciones. Todas las instrucciones son importantes y se han ido perfeccionando al aplicarlas en millares de niños con necesidades especiales.

## Próximos pasos

Durante la primera semana haz que tu hijo se mantenga colgado durante dos segundos cinco veces al día. En la segunda semana ve aumentando poco a poco hasta llegar a diez ejercicios de dos segundos al día. Sigue así durante la tercera semana, y esta vez anima a tu hijo a que intente aguantar cuatro segundos.

ESQUEMA DEL PROGRAMA DE SUSPENSIÓN Y BRAQUIACIÓN

● Semana 1: cinco sesiones diarias de suspensión en barra durante dos segundos.
● Semana 2: diez sesiones diarias de suspensión en barra durante dos segundos.
● Semana 3: diez sesiones diarias de suspensión en barra durante cuatro segundos.

De este modo iremos incrementando gradualmente el número de sesiones, en cinco cada semana, hasta alcanzar entre quince y treinta sesiones diarias de suspensión en barra. Cuanto más frecuentes sean, tanto más mejorará la capacidad de aguante del niño, hasta poder mantenerse colgado un tiempo medio que irá subiendo hasta los seis segundos y después hasta ocho, diez, y más aún.

LA REGLA DEL MINUTO

A lo largo de las décadas, hemos llegado a la conclusión de que si un niño demuestra en todo momento ser capaz de permanecer colgado durante un minuto sin interrupción, poseerá la fuerza y la habilidad física necesaria para braquiar de manera independiente. No olvides que este ejercicio consiste en avanzar de barra en barra soportando el peso del propio cuerpo a lo largo de toda la escalera de braquiación. Para eso hay que tener fuerza en hombros, brazos y manos. Algunos niños con necesidades especiales son capaces de hacerlo desde el primer momento en que se cuelgan, lo cual es maravilloso. Aun así, nuestro objetivo será siempre el de crear un programa físico que se pueda realizar con éxito y sin dificultad. Por ello, a este niño le seguiremos dando unas cuantas semanas de ejercicios de suspensión en barra tal como acabamos de describir, con el fin de fortalecer sus manos y endurecerles la piel.

Nunca hemos visto a una persona, niño o adulto, en quien no se cumpla esta regla del minuto. Si bien es cierto que ciertas personas son capaces de braquiar aun sin poder mantenerse un minuto colgados, nunca hemos visto a nadie que pueda aguantar un minuto entero y que sea incapaz de hacerlo. A fin de que todos los padres reciban la mayor ayuda posible, hemos puesto un gran empeño en fijar unas pautas que permitan a cualquier niño tener éxito en un ejercicio tan importante como este.

### ¿Por qué funciona la regla del minuto?

Resulta más fácil recorrer una sola vez la escalera de braquiación que permanecer colgado durante un minuto. Para mantenerse todo este tiempo soportando tu propio peso hay que tener más fuerza y una mayor determinación.

## RESUMEN DEL PROGRAMA DE BRAQUIACIÓN

**Suspensión:** Diez sesiones al día hasta alcanzar el objetivo final de sesenta segundos.

---

Normalmente, una escalera de braquiación mide alrededor de tres metros y medio de largo y cuenta con un total de doce barrotes a intervalos de unos treinta centímetros. Una vez seamos capaces de braquiar de forma independiente, nos podrá llevar unos veinte segundos el recorrer toda esta distancia, es decir, un tercio del minuto ya mencionado. Este es un motivo por el que la regla del minuto funciona tan bien, ya que cada mano debe ser lo suficientemente fuerte como para soportar todo el peso del cuerpo durante el lapso de un segundo, al pasar de una barra a la siguiente.

### ¿Cómo hacer que la actividad de suspensión le resulte divertida al niño?

Para tener éxito con los ejercicios de braquiación, es fundamental contar con un buen programa de suspensión en barra y así fortalecer manos, brazos y hombros, además de endurecer las palmas de las manos. Para un niño menudo y de poco peso será mucho más fácil, y a los de mayor tamaño les costará un poco más.

Aquí tienes algunos consejos para salir airoso:

1. Ponte como ejemplo para tu hijo, o usa a otro niño. Cuélgate tú y haz que tu hijo te vea, o al menos pídeselo a otro niño de la familia o del barrio. Tu hijo se sentirá inspirado y más predispuesto si ve a otros niños haciéndolo y disfrutando con ello.

2. Es mejor que tu hijo tenga la cabeza en otra parte al realizar esta actividad. Mientras esté en suspensión puedes cantarle una canción, recitarle un poema o contarle un chiste o alguna historia divertida. Haz que su mente vuele y el niño podrá aguantar más tiempo sin dificultad, al no estar pensando en el esfuerzo físico.

3. Crea distintos entornos en los que el niño se pueda colgar. Tal como explicamos en el apéndice de este libro, hay muchas maneras de poner en práctica este programa, como por ejemplo instalando un trapecio. Con ello brindarás al niño la oportunidad de estar todo el día jugando, al tiempo que mejorando, su habilidad de mantenerse en suspensión.

4. Fija una serie de metas y recompensas, y utiliza tu imaginación para motivar a tu hijo. Tal vez tenga alguna canción o película favorita que puedas usar como premio. Dale un objetivo fácil de cumplir e indícale la recompensa que obtendrá al conseguirlo. Si el niño ya es capaz de aguantar diez segundos, dile que tendrá ese premio cuando llegue a los quince segundos. No dejes de usar tu creatividad para buscar formas divertidas de animar a tu hijo.

COMENZANDO EL PROGRAMA DE BRAQUIACIÓN CON TU HIJO

Una vez el niño sea capaz de mantenerse colgado y aguantar por periodos cada vez más prolongados, será el momento de iniciar el programa de braquiación. Al principio necesitará que le prestes un apoyo denominado *spotting*, un término que en gimnasia se refiere a asistir a otra persona para que aprenda nuevas habilidades de manera segura, al guiarlos y soportar parte del peso, y ayudarles a que poco a poco vayan ganando autonomía. El objetivo siempre será que sean totalmente independientes, y tu intervención como *spotter* es importante para que el niño vaya aprendiendo a soportar su propio peso cada vez mejor, y así realizar el ejercicio de manera segura.

COMPRAR O FABRICAR UNA ESCALERA DE BRAQUIACIÓN

Las instrucciones completas para ensamblar una escalera de braquiación se encuentran en el apéndice de este libro.

Doman International Institute está asociada con una magnífica empresa española encargada de manufacturar todo nuestro equipamiento físico, incluyendo materiales para niños con necesidades especiales y sanos. Mobithem fue creada específicamente para servir a nuestras familias poniendo a su disposición los mejores equipos para el desarrollo de la movilidad. Originalmente, los dueños de la empresa fabricaban muebles de alta calidad; de ahí que la estética de los productos que fabrican para nosotros sea la mejor posible. Después, han ido siguiendo nuestras instrucciones y evolucionando con el fin de ofrecer materiales mejores, más sólidos y más seguros que los que casi todos nosotros pudiéramos montar por nuestra cuenta. Mobithem vende sus productos por todo el mundo. Es una empresa internacional y su equipo domina varios idiomas. Aun cuando decidas no comprar sus productos, merece la pena consultar su página web y ver cómo los fabrican, para que así puedas construir el mejor material posible. Mobithem también puede elaborar productos a medida y según los deseos de cada familia.

Estos son los puntos más importantes a tener en cuenta al montar una escalera de braquiación:

1. Los barrotes han de estar hechos de madera noble, como el roble. La madera de pino no es buena en este caso y las barras de metal hacen que la braquiación resulte mucho más difícil, por lo que este material ha de evitarse en toda circunstancia. Los barrotes han de estar firmemente ensamblados, ya que el menor tambaleo hará que el niño se sienta inseguro.

2. Siempre hay que poner una buena colchoneta de gimnasia bajo las barras, como medida de precaución en caso de que el niño se caiga.

3. Como muestra el diagrama en el apéndice, la escalera debe contar con dos peldaños incorporados en el marco. Los peldaños deben medir al menos 60 por 10 centímetros y estar firmemente ensamblados. La parte superior de los peldaños debe encontrarse al menos a diez centímetros del suelo. Más adelante explicaremos la importancia de este punto.

4. La escalera debe colocarse de tal modo que esté apartada de otros muebles, para que el niño no tropiece o se caiga sobre ellos.

5. La escalera debe ser de una altura ajustable. La norma de seguridad es que, cuando el niño esté colgado de los barrotes, no tenga los dedos de los pies a más de diez centímetros del suelo. Al principio, la altura de la escalera debe ser tal que tú puedas caminar cómodamente por debajo de ella y con el cuerpo erguido, con los barrotes justo por encima de tu cabeza. Si la escalera es demasiado baja te obligará a agacharte, de modo que te costará mucho más trabajo soportar el peso de tu hijo. Este punto es crucial para que el programa salga bien. Si los dos papás os encargáis de ayudar al niño en la braquiación, entonces tendréis que encontrar una solución intermedia y, en vez de tener la escalera justo sobre la cabeza de uno, ponerla un poco más alta para que el otro pueda ayudar al niño con mayor comodidad.

Douglas Doman ayuda a Cristian a braquiar por la escalera. Nótese
que esta se encuentra justo sobre la cabeza de Douglas.

## Listos para comenzar

Cuando vayas a presentar la escalera a tu hijo, hazlo de la manera más
positiva que puedas, para que se sienta emocionado con esta nueva actividad.
Como suele suceder en la vida, el punto de vista puede marcar toda la diferencia. Por ello, si en el primer momento tu hijo se lleva una mala impresión
de la escalera de braquiación, será más difícil tener éxito.

Si a ti te gustaba jugar en las barras de pequeño, ¿qué te habría parecido si
tus padres te hubiesen hecho una escalera para ti solo? ¡Te habría encantado!
¡Todos los demás niños habrían querido ir a tu casa para jugar con ella! Ahora
bien, si presentas esta nueva actividad como una complicación, como una
carga, las probabilidades de éxito disminuirán considerablemente.

En vez de simplemente montar la escalera, haz que sea algo importante.
Tal vez quieras ir con tu hijo al parque y decirle: «Estaba pensando en poner
una de esas en casa». Comenta lo genial que sería poder jugar con las barras
en casa y explícale por qué sería tan divertido.

Cuando llegue la escalera, si tus otros hijos son capaces de braquiar, déjales
que la prueben. Para tu hijo con necesidades especiales, empieza fijando un
objetivo de cuánto tiempo ha de poder aguantar colgado él solo antes de
comenzar la braquiación: «Cuando seas capaz de estar veinte segundos sin
tocar el suelo, entonces podrás probar la escalera». Si no tienes más hijos,

pero en el barrio hay otros niños, invítalos a que vayan a tu casa a jugar con la escalera. Todo esto hará que a tu hijo le entren más ganas de usarla. Cuando llegue el gran día y tu hijo vaya a comenzar la braquiación, dale mucha importancia al hecho de que lo haga con tu ayuda. Lo ideal es que el niño sea capaz de mantenerse colgado durante veinte segundos antes de empezar. Si el niño puede aguantar todo ese tiempo por su cuenta, entonces podrá llevar parte de su propio peso cuando realice el ejercicio con tu apoyo. Si solo es capaz de permanecer así unos pocos segundos, entonces serás tú quien tenga que soportar casi todo su peso, lo que en algunos casos podrá resultar demasiado difícil para los padres. Este es el motivo por el que es tan importante que tu hijo pueda sujetarse él solo durante al menos veinte segundos antes de comenzar la braquiación.

El apoyo que le brindes a tu hijo al comenzar a braquiar es fundamental para que tenga éxito. Una vez sea capaz de aguantar esos veinte segundos, comenzad los ejercicios de braquiación asistida con cinco recorridos repartidos a lo largo del día.

### La regla de los cinco minutos y los recorridos individuales

La regla de dejar intervalos de cinco minutos entre dos ejercicios es tan importante en el programa de braquiación como en el de suspensión, y por los mismos motivos. Asimismo, cuando tu hijo empiece a braquiar con tu ayuda, no hagas más de un recorrido por la escalera cada vez, y no dejes que tu hijo se dé la vuelta y desande el camino; sería demasiado para un niño que acaba de empezar. Cíñete al esquema de efectuar un único trayecto y parar durante al menos cinco minutos antes de realizar el siguiente ejercicio.

Comienza la sesión de braquiación de este modo: el niño se sube al peldaño que has incorporado a la escalera. No hagas que el niño se sujete a la barra que tenga justo sobre la cabeza, sino que deberá extender una mano y agarrar el primer barrote que tenga ante sí. A continuación deberá estirarse más aún y asirse al segundo barrote con la otra mano, y de este modo estará listo para balancearse hacia adelante.

Para ver un buen vídeo que muestra cómo apoyar de manera adecuada al niño durante este ejercicio, puedes consultar varios enlaces en la página web de Doman International.

Antes de que el niño comience el ejercicio, tienes que sujetarlo agarrando cada uno de sus bolsillos del pantalón con una mano. O bien, si tu hijo lleva puesto un cinturón, puedes sostenerlo por ambos lados de la cintura. Ponte

Douglas Doman prestando apoyo a Cristian mientras aprende a braquiar.

siempre frente al niño, nunca detrás de él. Así podrás mostrarle lo mucho que estás disfrutando y le transmitirás seguridad al poder verte la cara. Además, si de repente se suelta, puedes atraerlo hacia ti y cogerlo en brazos para que no se caiga.

Dile a tu hijo que empiece el ejercicio. Tú irás caminando hacia atrás, dándole apoyo, y dejarás que aguante parte de su propio peso mientras tú soportas el resto. Empújalo ligeramente hacia atrás para iniciar el balanceo, y a continuación tira suavemente de él al tiempo que vas dando pasos hacia atrás para terminar este ciclo de oscilación. Llevará algo de tiempo hasta que te sientas cómodo con esta especie de baile de acompañamiento a la braquiación de tu hijo. Con el tiempo, vuestros movimientos deberían ser fluidos y relajados. Continuad hasta llegar al final de la escalera. En ese momento, lo ideal es que te apartes a un lado para dejar que tu hijo «aterrice» en el peldaño del extremo opuesto.

Al terminar, cúbrelo de besos y abrazos, para que sepa lo contento que estás por su esfuerzo. Esperad al menos cinco minutos y volved a repetirlo. Reparte estos recorridos de braquiación asistida a lo largo del día; de este modo el cerebro de tu hijo irá asimilando qué es lo que se siente al braquiar.

La clave del éxito está en ir transfiriendo poco a poco el peso desde tus hombros a los de tu hijo, pero de un modo tan gradual que no se dé cuenta de lo que está sucediendo. Para eso hace falta paciencia; lo importante es que tu hijo vaya llevando cada vez más peso. A partir de este momento ya se estarán produciendo todos los efectos beneficiosos a nivel de visión, destreza manual, agarre en pinza y desarrollo del pecho. Cada día que sigáis practicando la braquiación asistida supondrá una victoria y una mejora para tu hijo.

## La programación para tu hijo

A lo largo de un periodo de varias semanas, ve poco a poco aumentando el número de sesiones de cinco a diez, hasta llegar eventualmente hasta quince o treinta recorridos individuales repartidos a lo largo del día.

La buena noticia es que por cada ejercicio de braquiación podrás restar uno de suspensión. Para cuando llegues a los quince o treinta recorridos individuales, podrás eliminar del todo la suspensión. Quizás a algunos niños les guste este ejercicio, en cuyo caso podéis seguir practicando hasta llegar a aguantar un minuto colgado, pero aun así no hagáis más de cinco sesiones al día.

## Autonomía al cien por cien

Este es el objetivo de mayor importancia: todos los beneficios de la braquiación se potencian en gran medida cuando el niño es totalmente independiente. A medida que el niño va mejorando, llegará a un punto en que tenga la confianza de braquiar él solo, y tú te darás cuenta de que ya no tienes que estar dándole apoyo. Esto es fenomenal y has de animarle a que lo consiga. Ayúdales lo justo para que puedan ser autónomos lo antes posible.

## Inclinar la escalera hacia abajo

Para aquellos niños que tarden un poco más en braquiar de forma independiente, les podrá servir de ayuda si inclinas la escalera de forma que uno de los lados esté más elevado que el otro, para que así aprendan a balancearse y sujetarse a las barras ellos solos. Deja uno de los extremos justo como está, para que los pies del niño no estén a más de diez centímetros de la colchoneta, pero baja el otro de tal manera que toquen el suelo al llegar al último barrote. Así ayudarás a tu hijo a ganar confianza para llegar él solo hasta el final, al no tener que preocuparse por posibles caídas.

Lo que es más importante, la inclinación hacia abajo hará que a tu hijo le resulte más fácil balancearse y alcanzar el siguiente barrote al estar a menor altura. Cientos de niños se han convertido en braquiadores autónomos solamente con bajar la escalera tal como hemos descrito.

Dar ánimos e impresiones positivas es fundamental para tener éxito. Al principio, el niño quizás se agarrará a uno o dos barrotes de manera independiente y después necesitará que le ayudes a terminar el trayecto. Mantén el objetivo de los quince o treinta recorridos individuales; las dos barras pasarán a ser tres o cuatro, y con el tiempo tu hijo podrá completar el ejercicio por su cuenta. Si es necesario, sigue ayudándole en el momento de balancearse, y acompáñalo siempre y dale ánimos.

Una vez tu hijo sea capaz de efectuar de manera constante hasta treinta recorridos individuales de braquiación «cuesta abajo», podrás ir elevando el final de la escalera, a lo largo de varias semanas, hasta que esté paralela al suelo, según la posición original.

Cuando el niño pueda realizar treinta recorridos individuales, repartidos a lo largo del día, por la escalera horizontal, se habrá convertido en un excelente braquiador. Le encantará este ejercicio, cada vez lo hará mejor, y lo verá como un juego muy ameno. Lo practicará de forma independiente y honesta, al margen de que le pidas o no que lo haga, ¡por pura diversión! Entre tanto, estará realizando importantes avances y mejoras, pues la braquiación le estará ayudando a desarrollarse en numerosas áreas funcionales.

RESUMEN DEL PROGRAMA DE BRAQUIACIÓN

Ir subiendo hasta llegar a veinte o treinta recorridos individuales cada día.

* _____

* _____

* _____

# Capítulo 7

# Enseñar a tu hijo a leer

Spencer Doman,
*director de innovación en Doman International
Institute, nieto de Glenn Doman e hijo de Douglas
Doman.*

Leer es una de las habilidades más importantes que un niño pueda tener. Por muchas razones —algunas más evidentes que otras— este es especialmente el caso de aquellos diagnosticados de autismo, TDA y otros trastornos del desarrollo. A muchos padres de niños con autismo tal vez les parezca un lujo el hecho de que su hijo aprenda a leer. Quizás algunos puedan llegar a preguntarse qué importancia tiene para un niño hiperactivo y no verbal. Es una buena pregunta, y las respuestas son muchas.

El motivo más obvio por el que debes enseñar a leer a tu hijo es que se trata de una habilidad fundamental en la vida. No hay manera de triunfar en cualquier oficio o profesión de alto nivel sin una competencia tan básica como la lectura. El éxito de naciones enteras se ve influido en gran medida por el nivel de alfabetización de sus habitantes. Si un niño no aprende a leer, quedará excluido de muchas oportunidades en etapas posteriores de su vida: educación superior, casi todas las carreras profesionales o tener ingresos que le permitan vivir, entre muchos otros objetivos importantes que te hayas marcado para tu hijo.

Está claro que la lectura es una habilidad esencial para cualquier niño. Sin embargo, su trascendencia es aún mayor para aquellos que tienen autismo o cualquier otra necesidad especial, ya que puede favorecer su desarrollo en aquellas áreas que se hayan visto afectadas, entre otras, la habilidad cognitiva, la comprensión, la inteligencia, la creatividad, el rendimiento académico y el habla (¡sí, leer puede ayudarles a hablar!).

Quizás algunos padres piensen que esta sección no se aplique a su hijo porque aún es muy pequeño y no está en edad escolar. Pues bien, no te permitas creer que un niño no está listo para aprender a leer, solo por no haber cumplido aún los seis años. Tras más de cinco décadas de experiencia en la materia, a nosotros nos ha quedado claro lo siguiente:

- Los niños con autismo, TDA y otros trastornos del desarrollo pueden aprender a leer.
- Es necesario que los niños con dichas afecciones aprendan a leer, debido a los múltiples beneficios que les puede proporcionar.
- Estos mismos niños son capaces de leer a edades muy tempranas.

### Glenn y Tommy

Para quienes trabajamos en Doman International no es nada nuevo, ni tampoco sorprendente, el descubrir que los niños con trastornos del neurodesarrollo pueden aprender a leer a edades muy tempranas. Glenn Doman llegó a esta conclusión hace ya más de setenta años. En su libro *Cómo enseñar a leer a su bebé*, nos describe cómo dio con este hallazgo, y todo comenzó con un niño de tres años llamado Tommy Lunsky.

Para Tommy, los primeros años de su vida fueron muy difíciles. Glenn escribió: «Tommy nació con daño cerebral severo. Cuando tenía dos años lo admitieron para hacerle un examen neurológico en un buen hospital en Nueva Jersey. El día en que le dieron el alta a Tommy, el jefe de neurocirugía tuvo una conversación sincera con el señor y la señora Lunsky. El doctor les explicó que los estudios mostraban que Tommy era un niño que únicamente tenía vida vegetativa, que nunca caminaría o hablaría y que, por consiguiente, debería ser ingresado en una institución de por vida». Los padres no estaban tan dispuestos a aceptar aquella recomendación y, en su búsqueda de respuestas, oyeron hablar de Glenn Doman y su trabajo revolucionario con niños con necesidades especiales. Se reunieron con Glenn, cuyo equipo les prescribió un programa de tratamiento para realizar en casa (Doman, 1964).

Los avances de Tommy con este nuevo programa de tratamiento en casa fueron fabulosos. Al cabo de dos meses, pasó de no poder moverse a gatear con las manos y las rodillas. Cuatro meses después de haber comenzado el programa ya podía decir sus dos primeras palabras, que resultaron ser «mami» y «papi». La mamá de Tommy, viendo cómo mejoraba su hijo y deseosa de estimular su desarrollo cognitivo, le regaló un libro con el alfabeto. En una de sus evaluaciones, cuando Tommy tenía cuatro años, su madre anunció muy emocionada que ya podía leer todas las palabras del libro. A los cuatro años y medio, y con una lesión cerebral, Tommy era capaz de leer todos los libros del doctor Seuss. A medida que leía más y más, su habla iba mejorando. Resultaba extraordinario que ese niño, con un grave trastorno del neurodesarrollo, ¡pudiese ahora leer y hablar! Glenn recuerda lo asombrado que se quedó en su despacho cuando el papá de Tommy, queriendo presumir de la capacidad de su hijo, escribió en un papel: «A Glenn Doman le gusta beber zumo de tomate y comer hamburguesas». Tommy lo leyó con fluidez y sin parar ante Glenn, dejándolo boquiabierto.

Al cumplir los cinco años, Tommy ya era capaz de leer y comprender el *Reader's Digest*, que era una revista de adultos. A los seis años podía caminar (un logro que a sus padres les costó más que hacerle leer y hablar) y lo enviaron a una escuela para alumnos avanzados. Glenn y su equipo prestaron una gran ayuda a Tommy, pero no se pueden infravalorar las aportaciones que este proporcionó a los descubrimientos de Glenn Doman en materia de lectura temprana en niños.

En *Cómo enseñar a leer a su bebé*, Glenn afirmó sentirse maravillado no solamente por la habilidad lectora de Tommy, sino también por su amor por los libros, lo que había influido en su comprensión, su inteligencia y su capacidad de hablar. Por su parte, las ideas que Glenn tenía sobre la importancia de la lectura y las extraordinarias capacidades de los niños pequeños cambiaron por completo.

Glenn planteó esta pregunta: si un niño con un grave trastorno del neurodesarrollo era capaz de aprender a leer, y de hacerlo por encima del nivel de su edad, ¿entonces qué impedía a los demás hacer lo mismo? Esta cuestión le impulsó a escribir *Cómo enseñar a leer a su bebé*. Escrito en 1964, el libro ha vendido más de cinco millones de copias y se ha traducido a veintidós idiomas[1*]. A lo largo de muchos años, ha sido utilizado por cientos

---

[1*]   Este libro también está publicado por la editorial EDAF (*N. del Ed.*).

de miles o tal vez millones de padres de todo el mundo para enseñar a sus hijos a leer.

Este libro no solo tuvo un profundo impacto en el mundo, sino en mi propia vida. Mis padres, Douglas y Rosalind Doman, usaron el programa descrito en el libro de mi abuelo para enseñarme a mí. A los tres años ya estaba empezando a leer libros. No me acuerdo de haber aprendido nunca a leer porque mis padres me enseñaron cuando era muy pequeño. Siempre me gusta decir a nuestras familias que todo lo que explico en este capítulo lo experimenté yo mismo. Como verás, no se trata solo de enseñar a un niño a leer; se trata de inculcarle una pasión por aprender que le durará toda una vida.

## La lectura y el desarrollo del habla

No debería sorprendernos el hecho de que leer favorezca importantes cambios evolutivos en los niños. Por ejemplo, gracias a la resonancia magnética funcional se ha observado que, cuando una persona está leyendo, se activan unas zonas del cerebro denominadas áreas de Broca y de Wernicke (Makovskaya, Vlasova, Mershina y Pechenkova, 2016). ¡Estas son las regiones del encéfalo de mayor importancia en lo que se refiere al habla! Por tanto, no es de extrañar que esta habilidad mejore cuando se empieza a leer, lo cual es una gran noticia para los padres de aquellos niños que tengan problemas del lenguaje hablado.

Otro motivo por el que la lectura ayuda a mejorar el habla es porque, precisamente, requiere el uso del lenguaje. Al leer, utilizamos los ojos (el canal visual) para descifrar dicho lenguaje. En este mismo momento, mientras lees esto, tus neuronas están transportando mensajes desde tus ojos al cerebro para que este pueda comprender lo que yo he escrito. Para alguien que esté escuchando un audiolibro, estará asimilando ese mismo lenguaje a través de los oídos (el canal auditivo). Dichos canales son dos vías sensoriales diferentes, a través de las cuales se transmite información al cerebro. Bien estés leyéndolo o escuchándolo, tu cerebro estará recibiendo y asimilando este lenguaje. Del mismo modo en que entender lo que se escucha es fundamental para aprender a hablar (pues no se puede hablar un idioma a menos que lo comprendas), la capacidad de leer lo que se escribe es nuestra manera de comprender el lenguaje de forma visual.

¿Y por qué esto es tan importante para los niños con autismo, TDA y otros trastornos del desarrollo? Pues porque muchos de ellos aprenden mejor por la vista que por el oído. Ojalá me hubieran dado un dólar cada vez que un padre me decía: «Si se lo enseño, mi hijo lo entiende a la primera; pero si se lo explico, aunque sea mil veces, le costará seguirme». Estos niños suelen ser más rápidos con el aprendizaje visual, y son capaces de aprender a leer en poco tiempo y sin dificultad.

En algunos casos, aprender a leer puede producir mejoras extraordinarias en su capacidad de hablar. Recuerdo la madre de un niño de cuatro años llamado Leo, que no podía decir muchas cosas que tuvieran sentido, al contarme lo mucho que influyó el hecho de enseñarle a leer en el desarrollo del pequeño. Sin ambages, me dijo: «La lectura dio voz a mi hijo». Al principio empezó a pronunciar las palabras que iba aprendiendo; después pasó a decir frases; de ahí, a leer libros… A medida que mejoraba su competencia lectora, lo mismo sucedía con su lenguaje hablado. Muchos niños han vivido este fenómeno, en el que la lectura les potenciaba enormemente el desarrollo del habla.

## La lectura y la comprensión

¿De dónde saca la sociedad actual esta idea de que los niños no pueden aprender a leer hasta que cumplan los seis años y vayan al colegio? Se trata de un concepto bastante moderno: cuando Glenn Doman comenzó su educación primaria, en 1925, ya sabía leer. Aprendió de la misma manera en que lo hacían muchos niños por aquel entonces: sentado en el regazo de su padre y su madre. Los padres leían libros a sus hijos y ellos, a su lado, les iban siguiendo. Antes de la invención del televisor, los libros eran la principal forma de entretenimiento de los niños. Hoy día, con tanta televisión por cable, series por Internet, tabletas y teléfonos, los niños tienen menos tiempo para los libros que antiguamente. Se trata de algo negativo para ellos, y es un punto que veremos más adelante en este capítulo. En el caso de Glenn Doman a los seis años, aprendió a leer en su casa sin problemas, y fue a la escuela con esa lección ya sabida. No es que fuese un niño excepcional; es que eso era lo normal en los años veinte. Él lamentaba que, a medida que la sociedad mejoraba en tantos sentidos a lo largo del siglo xx, la enseñanza de la lectura tuviese cada vez menos importancia.

Una vez entiendas que la comprensión del discurso hablado (por el canal auditivo) y leer (por el canal visual) son dos funciones neurológicas dirigidas a entender el lenguaje, la pregunta que surge es: ¿Por qué los niños empiezan a comprender el habla en el primer año de su vida, pero no les enseñan la lectura hasta los seis años? El motivo es que en la sociedad actual existe el mito de que un niño no puede aprender a leer hasta esa edad. No hay ningún interruptor que se encienda al cumplir los seis años y que de pronto nos dé esa capacidad. Si le preguntas a cualquier profesor de primero en un barrio normal y corriente de los Estados Unidos, te dirá que algunos de sus alumnos sí que empiezan el curso teniendo esa habilidad. ¿Es porque estos niños son unas lumbreras y los demás estúpidos? Desde luego que no; es porque les han brindado oportunidades de aprendizaje que los demás no han tenido. Algunos niños han estado expuestos a la lectura gracias a sus padres, abuelos o profesores, y han podido aprender antes de cumplir seis años. Es cuestión de darles las estimulaciones y oportunidades adecuadas.

Ahora bien, ¿cómo podemos enseñar a leer a un niño pequeño, sobre todo uno diagnosticado de autismo, TDA o cualquier otro trastorno del desarrollo? Para comprenderlo, hemos de regresar a la cuestión fundamental: «Si un niño es capaz de aprender sin esfuerzo a comprender un cierto lenguaje en los primeros tres años de su vida, ¿cómo podemos enseñarle a leer de un modo que le resulte fácil y ameno?». Pensemos en cómo un niño adquiere el lenguaje de su entorno: lo asimila oyendo hablar a los adultos a su alrededor. Cuando interactuamos con los bebés, la naturaleza nos ha inculcado una serie de normas tácitas:

- Al hablar con bebés y niños pequeños, lo hacemos siempre ALTO, CLARO y de manera REPETIDA.
- Examinemos estos tres puntos tan importantes por separado. En primer lugar, al hablarle a un bebé, nuestra voz siempre es ALTA. Lo hacemos por instinto; piensa en cómo te diriges a un bebé: ¿lo haces con susurros? Claro que no; pones una voz alta y resonante, lo cual es fundamental puesto que los bebés tienen una escasa capacidad auditiva y el sentido del oído se les está desarrollando todavía. Hablarles alto hace que adquirir el lenguaje les resulte más fácil.
- En segundo lugar, al dirigirnos a un bebé, lo hacemos con una voz CLARA. ¿Acaso les hablas entre dientes? ¡Por supuesto que no! Proclamamos nuestras palabras; dejamos espacio entre ellas; nunca hablamos demasiado rápido.
- Por último, les hablamos de una manera REPETIDA, expresando lo mismo muchas, muchas veces. Piensa en cuántas ocasiones le dices «¡TE QUIERO!» a un bebé; se lo decimos una, y otra, y otra vez. Se lo reiteramos. Esto es fundamental para que un bebé aprenda a comprender el lenguaje hablado. Necesitan que se lo repitan todo para que su cerebro decodifique y asimile nuestro idioma.

- Es importante entender que nuestra costumbre de hablar a los niños ALTO, CLARO y de manera REPETIDA es la razón por la que ellos pueden comprender lo que oyen con tanta rapidez. Ahora pensemos en cómo podemos adaptar esta pauta de hablar ALTO, CLARO y de manera REPETIDA a la enseñanza de la lectura. Para que aprender a leer le resulte fácil a un niño, le enseñaremos palabras GRANDES, CLARAS y REPETIDAS.

Veamos estos principios del aprendizaje de la lectura, centrándonos en ellos por separado:

- **Grandes:** lo mejor para un niño es que las palabras que le enseñemos sean de gran tamaño, para que parezca que están en negrita y así les resulten fáciles de ver. Para ello, las escribiremos en cartón o cartulina (las llamamos «tarjetas de vocabulario») en letras grandes, de unos ocho centímetros de altura, de modo que no cueste trabajo leerlas. El tamaño de la fuente es de especial importancia en niños con trastornos del desarrollo, ya que suelen padecer problemas de la vista. Uno de los más comunes afecta a la convergencia visual, o sea, al uso de ambos ojos a la vez. Si este es el caso, es habitual que vean doble o borroso, lo que dificulta mucho la lectura de letras pequeñas. En cambio, si estas son bien grandes, a tu hijo le resultará mucho más fácil leerlas.

elefante

Una palabra perfectamente legible.

- **Claras:** escribiremos las palabras con trazo grueso, y en general empezaremos usando tinta roja y un rotulador gordo, o bien las imprimiremos en negrita para que sean de una claridad absoluta. Al escribir usaremos un trazo sencillo y nada de florituras, para que aprender a leer resulte un proceso más sencillo y evidente.
- **Repetidas:** por último, un niño aprenderá a leer una palabra si le enseñamos varias veces a leer esa misma palabra. La frecuencia es esencial para tener éxito en la enseñanza de vocabulario. Del mismo

modo que hay que decirles las cosas varias veces para que aprendan a entender el lenguaje hablado, también necesitarán que les enseñen de manera repetida una palabra escrita para que puedan leerla. Les mostraremos las tarjetas de vocabulario con una frecuencia precisa y durante un periodo de varios días, para que aprenda a leer esa palabra de manera sencilla y efectiva.

Una vez entiendas que a un niño hay que enseñarle a leer de manera «alta, clara y repetida», podemos pasar a los detalles técnicos y prácticos para comenzar el proceso.

## La lectura y el lenguaje hablado

En ocasiones, algún padre dirá, con la mejor de sus intenciones: «¿Cómo va a aprender a leer mi hijo si ni siquiera sabe hablar?». Aunque la lectura pueda resultar excelente para el desarrollo del habla, es importante darse cuenta de que no es necesario que un niño sepa hablar para aprender a leer. Es más: no hace falta en absoluto. ¿Estás ahora mismo hablando en voz alta mientras lees? Lo más seguro es que estés leyendo en silencio, como casi todo el mundo, porque no hay que usar la voz para leer. Como padre, es muy importante que entiendas esto ya que, si tienes un hijo con problemas o ausencia del habla, no debes permitir que este factor retrase o impida que le enseñes a leer. Es más, en el caso de un niño no verbal puede resultar muy beneficioso para el desarrollo de sus propias capacidades. Piensa en el eminente astrofísico Stephen Hawking, que perdió todas sus facultades motoras, incluida el habla, debido a la enfermedad de la motoneurona. ¿Se le olvidó leer? Pues no. De hecho, no perdió ni un ápice de su genialidad, y llegó a escribir libros pese a ser no verbal.

Tu hijo tiene el potencial de aprender a leer, aunque no pueda hablar. ¡Lo que tu hijo necesita es más estimulación, y no menos, para que pueda aprender a hablar!

## Enseñar palabras en lugar del abecedario

El mejor modo de enseñar a un niño a leer sigue siendo un asunto muy discutido, a pesar de que Glenn escribió su exitoso libro *Cómo enseñar a leer a su bebé* hace más de cincuenta años. Uno de los debates más habituales tiene que ver con cuál es el mejor enfoque: el de enseñar fonemas o el de enseñar palabras a la vista. El primero consiste en hacer que el niño pronuncie las palabras sílaba a sílaba y es un método utilizado por educadores de todo el mundo, pero que dista de ser ideal. Aún con niños neurotípicos y dentro de la media, la eficacia de este enfoque tradicional resulta cuestionable.

Veamos algunos datos preocupantes extraídos del NAEP, es decir, la Evaluación Nacional del Progreso Educativo, realizada en Estados Unidos con relación a distintas asignaturas. En 2009, el NAEP concluyó que un 67 % de los alumnos de cuarto de primaria se encontraban por debajo del nivel considerado como «competente» en lectura (NAEP, 2009). Ten en cuenta que son estadísticas procedentes del país más rico del planeta y también el que tiene el mayor gasto educativo por estudiante en todo el mundo. Esto pone de manifiesto que la situación actual de la enseñanza de la lectura es, cuanto menos, imperfecta, y desde luego está muy por detrás de donde debería.

Otro enfoque didáctico muy habitual es el uso de palabras «a la vista», basado en el uso de tarjetas de vocabulario. El primero en popularizar esta práctica fue Glenn Doman, y hoy día son muchos los profesores que utilizan palabras reconocibles a simple vista para enseñar a leer de manera efectiva. No todos tienen éxito con este método, y por lo general se debe a que no presentan las palabras según las pautas que acabamos de explicar, escritas con letra grande y clara, y repetidas con la frecuencia adecuada.

Hay varias investigaciones que demuestran que la enseñanza basada en el uso de palabras es efectiva. En un estudio publicado en el *Journal for Educational Psychology* se realizó un seguimiento a cuarenta y dos niños con problemas de lectura y se llegó a la conclusión de que incrementaron su comprensión y su velocidad de lectura al presentarles tarjetas de vocabulario, en comparación con otros niños que no siguieron este método (Tan y Nicholson, 1997). Otro estudio que apareció en el *International Electronic Journal of Elementary Education* se centró en niños con dificultades de aprendizaje a quienes se les enseñó a leer con este mismo tipo de materiales y reveló que, tras aplicar este método, mejoraron su habilidad para leer tanto palabras enteras como fonemas (Erbey, McLaughlin, Derby y Everson, 2011). Otro artículo, publicado en 2010 en el *Journal of the American Academy of Special Education Professionals*, demostró que unos alumnos con escasa fluidez lectora, al aprender utilizando palabras a la vista, mejoraron tanto sus competencias lectoras como su habilidad de lectura en voz alta. El resumen del estudio dice: «El análisis indicó que en los tres estudiantes hubo ligeras mejoras en su nivel de asimilación de palabras a la vista y, lo que resulta más interesante, la fluidez de lectura en voz alta mejoró de manera significativa en todos ellos» (Fasko y Fasko, 2010). En otras palabras, los alumnos mejoraron su capacidad para leer con fluidez, lo cual demuestra que una mayor habilidad lectora también puede resultar positiva para el desarrollo del lenguaje hablado.

No hay resultados uniformes con relación a la enseñanza de la lectura según el método fónico, ni siquiera con niños sanos y neurotípicos. En el caso de los niños no verbales o con problemas del habla, resulta casi imposible enseñarles a pronunciar las palabras utilizando fonemas. Utilizar palabras es el modo más rápido, práctico y efectivo para enseñarles a leer. La experiencia nos ha demostrado que, con una frecuencia (número de ocasiones en que enseñamos una palabra), intensidad (tamaño de las palabras) y duración (tiempo de cada sesión) adecuadas, se pueden obtener excelentes resultados. Nuestro Programa de Lectura del Método Doman está elaborado de tal modo que resulte ideal para que los niños con autismo, TDA y otros trastornos del desarrollo puedan aprender de manera efectiva y disfrutar durante el proceso.

## Preparando las tarjetas de vocabulario

Para confeccionar unos buenos materiales de lectura, escribiremos las palabras en cartulina dura. No nos interesa usar folios, ya que son demasiado

Spencer Doman presentando una tarjeta de vocabulario.

endebles. El tamaño ideal de las tarjetas será de 15 por 55 centímetros, ya que te permitirá escribir las palabras en letra bien grande.

Haz que las palabras se vean con claridad, y escríbelas con un rotulador grueso y rojo. Este es un buen color porque salta a la vista y capta la atención del niño. Las letras deben tener entre seis y ocho centímetros de altura. Con unas palabras que resalten y se vean claras, ¡estarás listo para empezar!

Utiliza letras minúsculas. Algunos adultos intentan escribirlo todo en mayúsculas (quizás porque se ven más grandes), pero es mejor hacerlo de esta otra manera. Solo pondremos en mayúscula la inicial de los nombres propios, como los nombres de persona («Juan», «Miguel» o «Melisa») o de lugares («México», «Nueva York» o «España»).

En el reverso deberás siempre escribir la misma palabra en letra pequeña, para que tú sepas cuál es y poder leerla en voz alta cuando se la enseñes a tu hijo. Te interesará estar siempre sentado de frente al niño, para que puedas apreciar el interés que pone en las palabras que le enseñes. Escribir la palabra por detrás te permitirá leer la palabra y observar el rostro de tu hijo al mismo tiempo.

elefante

Reverso de una tarjeta de vocabulario.

## LISTOS PARA COMENZAR

El primer paso para enseñar a leer a tu hijo es escoger las primeras palabras que vayas a mostrarle. Por suerte, tú serás la persona más indicada para ello, pues tú eres quien le conoce mejor que nadie. Se trata de una tarea importante ya que, si eliges las palabras adecuadas, podrás ganarte el interés del niño y así empezar el programa con buen pie.

Escoge un vocabulario que le resulte divertido e interesante, para que tu hijo se lo pase bien. Por ejemplo, a un niño le podrán encantar palabras como «globo» o «elefante», mientras que otro preferirá otras como «motocicleta» o «tren». Dependerá de cada niño, pues todos tienen intereses y personalidades únicas. A algunos les gustarán los nombres relacionados con los animales o la naturaleza; a otros, los deportes. Personalizar este programa de lectura es fundamental para captar la atención de tu hijo y tener el éxito asegurado.

Ahora que ya entiendes la necesidad de escoger palabras interesantes, deberás crear categorías de vocabulario. Agrupar las palabras por temáticas o por su relación hará que el programa resulte más ameno y efectivo. Por ejemplo, para tu hijo la primera categoría podría ser «nombres de la familia». Elige los nombres de cinco familiares, digamos: «mamá», «papá», «Andrés», «Mila» y «Álex». Pon cada uno en su propia tarjeta y ya tendrás un grupo o categoría de palabras.

### ¿POR QUÉ CATEGORIZAR LAS PALABRAS?

En primer lugar, agrupar las palabras por temas hace que al niño le sea más interesante. Si le enseñaras palabras al azar, le resultaría menos atractivo. Por ejemplo, mostrarle a la vez un vocabulario como «serpiente», «mantel», «tulipán», «martillo» y «rocas» le parecería extraño y tedioso. En cambio, si al niño le dices: «¡Vamos a ver palabras para hablar de tus lugares favoritos!» y le enseñas, por ejemplo, «parque», «zoo», «supermercado», «biblioteca» y «casa», será mucho más efectivo para captar su entusiasmo.

En segundo lugar, la categorización es mejor para afianzar el conocimiento y la comprensión de tu hijo. Agrupar el vocabulario por temas le permitirá establecer más conexiones entre las distintas palabras y clasificar la información que están asimilando, y así poder recordar y asociar estas palabras con mayor facilidad.

### ¡NO ALARGUES MUCHO LAS SESIONES!

A la hora de enseñar a un niño con autismo, TDA u otros trastornos del neurodesarrollo, es fundamental que las sesiones sean cortas, un principio que también conviene seguir con niños sanos cuando son muy pequeños. A todos les resulta difícil, e incluso doloroso, el estar sentado en el mismo lugar por largos periodos de tiempo mientras les dan una lección. Así que, ¿por qué no elegir la manera en la que tu hijo aprenda mejor? En lo que se refiere a la lectura, emplearemos sesiones de corta duración.

Al decir «de corta duración», nos referimos a que sean muy breves. Nunca le mostraremos más de cinco tarjetas por sesión, y se las enseñaremos con rapidez, algo esencial para generar interés y entusiasmo por leer. Si le obligas a estar varios minutos sentado, lo más probable es que se resista a participar en esta actividad, al saber que les obligará a soportar una lección tan larga (quizás a ti no te lo parezca, ¡pero a los niños se les hace muy largo!).

Mostrarás cinco tarjetas por sesión, y nuestra recomendación es que enseñes cada una durante un segundo. Si sigues esta pauta, cada sesión durará solamente cinco segundos.

## Las primeras palabras de tu hijo

Ahora que ya sabes qué clase de palabras has de enseñarle a leer a tu hijo, y cómo categorizarlas, empieza a pensar qué temas le pueden resultar más adecuados. Como primer paso, puedes considerar estas opciones:

CATEGORÍA 1: MIEMBROS DE LA FAMILIA

- mamá
- papá
- hermano
- tía
- abuela

CATEGORÍA 2: ANIMALES FAVORITOS

- elefante
- cebra
- jirafa
- león
- tigre

CATEGORÍA 3: OBJETOS FAVORITOS

- pelota
- coche
- camión
- muñeco
- tele

## Categoría 4: colores

- rosa
- verde
- azul
- amarillo
- rojo

## Categoría 5: frutas favoritas

- manzana
- naranja
- fresas
- plátano
- pera

### Cómo presentar las palabras

Hay diversas consideraciones a tener en cuenta a la hora de enseñar a leer a tu hijo. Asegúrate de seguirlas con cuidado y así garantizar que el niño disfrute con el programa:

- Las sesiones han de ser alegres: tu hijo no te quitará el ojo de encima cuando empecéis esta actividad de lectura. Si te muestras contento y haces ver que lo estás pasando bien, es mucho más probable que él también se divierta con ello. En cambio, si te ve estresado y descontento, lo más seguro es que no lo disfrute. Es importante que tú, como profesor de tu hijo, afrontes cada sesión con una actitud positiva, y que tu voz suene cálida y risueña. Léele cada palabra con auténtico gozo y entusiasmo: ¡lo que quieres es que tu hijo vea que leer es divertido!
- Las sesiones deben ser cortas: cíñete escrupulosamente a la norma de los cinco segundos por sesión, o sea, cinco palabras por actividad y un segundo para presentar cada tarjeta. Obligar a tu hijo a que se quede mirando cada palabra más rato puede resultar letal para esta actividad. Al niño no le hace falta más que un segundo para echar un vistazo a cada palabra, pero si le fuerzas a hacerlo por más tiempo, ¡le acabarás volviendo loco!
- Las sesiones tienen que realizarse sin distracciones: vas apañado si intentas aplicar este programa con la abuela charlando en voz alta en la otra habitación, con la televisión de fondo o con una canción puesta en el teléfono. ¿Cómo se va a concentrar tu hijo con tanto alboroto? Es imposible; no debe haber nada que desvíe su atención.

Apaga cualquier sonido, música o aparato que no sea necesario. Esta debe ser la única actividad estimulante que esté sucediendo en la casa.

● Las sesiones han de tener lugar en el momento de la jornada en que mejor se encuentre tu hijo. Normalmente esto suele ser por las mañanas, cuando esté bien descansado y alimentado. Por la tarde puede resultar más difícil, sobre todo si el niño sigue durmiendo la siesta. Estate atento a las señales que te transmita: si un cierto día ves que no se siente bien, o que está cansado o sin interés, quizás lo mejor sea dejarlo para otra ocasión en la que veas que esté más dispuesto.

## LA SESIÓN DE LECTURA PERFECTA

Estos son los pasos que has de seguir para enseñar una lección de vocabulario perfecta para tu hijo:

● Escoge una categoría de cinco palabras.
● Siéntate frente a tu hijo. Los dos debéis estar a gusto; tu hijo puede estar sentado en el sofá, en una silla, en el suelo… donde haga falta, con tal de que los dos estéis cómodos, contentos y listos para comenzar.
● Muéstrale las cinco palabras con rapidez. La mejor manera de presentarlas es sostener en alto el juego de cinco tarjetas, coger la última y ponerla delante del todo, donde tu hijo pueda leerla. Esta es la manera más rápida y eficiente de enseñarle el vocabulario porque, al tenerlo escrito en el reverso de la cartulina, al sacarlas se las podrás leer rápidamente en voz alta. Recuerda que en estas sesiones debes estar un segundo con cada tarjeta, o unos cinco en total.
● Al mostrar cada palabra, léela con una voz cálida y alegre.
● Termina cada sesión con abrazos, aplausos, vítores o con cualquier otro gesto positivo.

## ORGANIZANDO EL PROGRAMA DE LECTURA PARA TU HIJO

Hablemos de cómo organizar el programa de lectura a lo largo de la jornada. Empezaremos con cinco categorías de vocabulario de cinco palabras cada una, lo que equivale a presentar un total de veinticinco palabras cada día:

● Categorías diarias: cinco temas.
● Vocabulario por categoría: cinco palabras.
● Vocabulario a mostrar cada día: veinticinco palabras en total.

● Presentaremos cada una de las categorías tres veces al día. Esto es fundamental, pues sabemos lo importante que es la frecuencia para que el niño aprenda a leer las palabras. Mostrar cinco categorías, tres veces al día, equivale a un total de quince sesiones diarias.

● Categorías diarias: cinco juegos de cinco palabras.

● Sesiones por categoría: tres sesiones para cada uno de los cinco juegos.

● Sesiones diarias: quince sesiones en total.

Recuerda que, aunque quince sesiones puedan parecer muchas, cada una de ellas durará solo unos pocos segundos.

El siguiente principio a tener en cuenta es que deben transcurrir al menos cinco minutos entre cada sesión, e idealmente algo más. Recuerda que los niños prefieren que estas lecciones sean cortas: si realizas varias al mismo tiempo, tu hijo sentirá que el programa de lectura está durando demasiado tiempo y empezará a oponer resistencia. Así pues, entre cada una de estas quince sesiones deben pasar cinco minutos como mínimo, y preferiblemente algo más. Glenn Doman recomendaba al menos quince minutos entre sesiones, de modo que si fijas intervalos más largos será aún mejor. Ahora bien, estando los padres tan ocupados y con tantas actividades que realizar cada día con su hijo, en ocasiones será más práctico y realista dejarlo en cinco minutos.

Por tanto, si tienes que completar quince sesiones al día con un intervalo de cinco minutos entre cada una, completar todas ellas te llevará un mínimo de setenta y cinco minutos.

● Categorías diarias: cinco juegos de cinco palabras.

● Sesiones por categoría: tres sesiones para cada uno de los cinco juegos.

● Sesiones diarias: quince sesiones en total.

● Descanso mínimo entre cada sesión: cinco minutos.

● Tiempo mínimo requerido para completar todas las sesiones: setenta y cinco minutos.

Aunque una hora y quince minutos parezca mucho, recuerda que cada sesión de enseñar tarjetas es tan corta que podréis hacer otras actividades entre medias.

## INCORPORAR NUEVAS PALABRAS

En el primer día del programa de lectura vas a comenzar con veinticinco palabras. La pregunta que surgirá a continuación será: «¿Por cuánto tiempo debo estar enseñándoselas a mi hijo?». Glenn Doman descubrió que, en la mayoría de los casos, el programa daba los mejores resultados al mostrarlas tres veces al día durante un periodo de cinco días, es decir, un total de quince veces. Muchos niños se aprenderán todo el vocabulario dentro de ese plazo si se pone constancia en la realización del programa y si se muestra cada tarjeta tres veces al día. Algunos se quedarán con una buena parte de esas palabras y otros, con unas pocas.

Llegados a este punto, algunos padres podrán preocuparse y hacer preguntas tipo: «¿De verdad que mi hijo podrá aprender las palabras solo con verlas quince veces?». O bien: «¿Y por qué no enseñárselas más de quince veces?». Para responder a esta pregunta, Glenn Doman escribió lo siguiente:

«Te puedes sorprender del tamaño de su apetito y del ritmo al que quiere aprender. Tú y yo fuimos criados en un mundo que nos enseñó que uno debe aprender veinte palabras perfectamente. Debemos aprender y aprobar el examen con un diez por la cuenta que nos tiene. En vez del cien por cien de veinte, ¿qué te parece un cincuenta por ciento de dos mil? No necesitas ser un genio en matemáticas para saber que mil palabras son muchas más que veinte. Pero lo realmente importante aquí no es el mero hecho de que los niños puedan retener cincuenta veces más de lo que nosotros les ofrecemos. Lo importante es lo que sucede cuando les enseñas la palabra número veintiuno y la número dos mil uno. Aquí es donde se esconde el secreto de la enseñanza a los niños pequeños. En el caso anterior el efecto de la introducción de la palabra número veintiuno (cuando el niño ha visto las primeras veinte *ad infinitum* y *ad nauseam*) será mandarlo a correr en dirección opuesta tan rápido como pueda. Este es el principio básico que se sigue en la educación tradicional [...]. En el último caso, el de la palabra dos mil una, nos espera ansiosamente. La alegría por el descubrimiento y el aprendizaje de algo nuevo es aplaudida y la curiosidad natural y el amor por aprender que nace en cada niño se cuida como debe ser. Tristemente, a veces un método cierra la puerta del aprendizaje para siempre. El otro método la abre de par en par y la asegura contra intentos futuros de cerrarla» (Doman, 1964).

## En esencia, Glenn compara tus dos opciones

**Opción 1:** obligar a tu hijo a mirar muchas veces las mismas veinte palabras hasta que te hayan demostrado que son capaces de leerlas. Desde luego, leerán el cien por cien de estas palabras, pero detestarán el programa y no querrán volver a realizarlo. Resultado final de esta táctica: el niño lee veinte palabras y odia leer.

**Opción 2:** que tu hijo se divierta al enseñarle cientos y miles de palabras. Tal vez no se aprendan todas y cada una de ellas, pero sí muchas, y les encantará. Resultado final: tu hijo leerá cientos o miles de palabras y AMARÁ la lectura.

## ... ¡y nosotros te sugerimos la opción 2!

Glenn lo deja bien claro: nada de «practicar hasta matar». Nunca le enseñes las mismas palabras una y otra vez hasta que el niño acabe por odiarlas. En vez de eso, preséntaselas las veces que quiera y alimenta así su pasión por aprender. De este modo aumentarás su deseo por conocer nuevas palabras y, por defecto, mejorarás su capacidad de aprendizaje.

La importancia de seguir añadiendo nuevas palabras radica en que así inspirarás a tu hijo a sentir amor por la lectura. Si lo haces, mantendrás vivo el interés de tu hijo por aprender a leer. En cambio, si le fuerzas a seguir mirando las mismas palabras, harás que se aburra y que, molesto, acabe por rechazar el programa.

## Cómo incorporar nuevas palabras

La incorporación de nuevas palabras comenzará el sexto día de este programa de lectura, en el que añadirás una sexta categoría y eliminarás la primera. Por tanto, agregarás un nuevo juego de cinco palabras y retirarás uno de los anteriores. El séptimo día pondrás una séptima categoría y quitarás la segunda. El octavo día descartarás el tercer grupo, y así sucesivamente.

En resumen, a partir del sexto día incorporarás a diario una nueva categoría de cinco palabras, al tiempo que retiras una de las anteriores. Seguirás así todos los días, añadiendo un nuevo conjunto y quitando otro.

Naturalmente, si cada día enseñas cinco categorías, incorporando una nueva y eliminando otra, cada una de ellas te durará cinco días. Tu hijo verá cada uno de estos conjuntos tres veces al día por un periodo de cinco días, antes de retirarlo. Con este programa, tu hijo verá cada palabra un mínimo de quince veces.

Con siete días por semana, si incorporas cinco palabras cada día, el total semanal será de treinta y cinco palabras nuevas. Por tanto, con treinta días por mes, a tu hijo le estarás enseñando ciento cincuenta palabras nuevas todos los meses.

- Palabras nuevas al día: cinco palabras.
- Palabras nuevas a la semana: treinta y cinco palabras.
- Palabras nuevas al mes: ciento cincuenta palabras.

## Para resumir el programa inicial de lectura de tu hijo

- Le mostrarás cinco categorías de palabras cada día.
- Cada categoría constará de cinco palabras.
- Cada sesión durará solo cinco segundos.
- Le mostrarás cada categoría tres veces al día, por un total de quince sesiones.
- Entre cada sesión dejarás un intervalo de cinco minutos como mínimo.
- En total, el programa diario durará al menos setenta y cinco minutos.
- Cada día incorporarás un nuevo conjunto de cinco palabras y retirarás uno de los anteriores.
- Tu hijo aprenderá treinta y cinco palabras nuevas cada semana y ciento cincuenta al mes.

## Las claves para tener éxito

Estas son algunas medidas sencillas, pero importantes, para asegurar el éxito de este programa. Revisa cuidadosamente estos puntos y asegúrate de ponerlos en práctica con tu hijo:

- Ten mucha constancia: no comiences el programa para después interrumpirlo, ni lo realices con mucha frecuencia unos días sí y otros no. Pon toda tu voluntad en ello; a tu hijo le gustará más esta actividad si la ve como parte de su rutina diaria, como algo que esperar. Además, se aprenderá las palabras de un modo más fluido si practica todos los días.
- Síguele la corriente a tu hijo: si ves que prefiere que el programa se realice de una manera determinada, amóldate a ello. Por ejemplo, algunos padres han observado que al niño le gusta ver cada categoría dos veces en lugar de tres. Si eso es lo que te transmite tu hijo, bien está. No tienes que forzarle a que vea las palabras más veces de las que él quiera. Si solamente le gusta ver cada categoría por tres días, no hay que obligarle a que lo haga durante cinco días. En otras palabras, si lo que el niño te comunica es que va a disfrutar más del programa *si le enseñas las palabras con menor frecuencia que la recomendada en este libro, no pasa nada*. Si solamente pide tres días por palabra...
- ¡Es posible que se las esté aprendiendo así de rápido!
- Cambia el orden de cada categoría después de cada sesión: cada vez que le enseñes un conjunto de palabras, baraja las tarjetas de inme-

diato. Mezclar las palabras así es importante porque a muchos niños se les da genial memorizar cosas en orden, algo que nos confirman muchos padres acerca de sus hijos con autismo y TDA. Si le enseñamos el vocabulario siguiendo la misma secuencia, el niño simplemente memorizará dicha sucesión, en lugar de aprenderse las palabras en sí. Si revuelves las cinco tarjetas después de mostrarlas, harás que cada vez aparezcan en orden aleatorio.

● Haz que el programa resulte siempre alegre: si tú te lo pasas bien enseñando a tu hijo a leer, es muy probable que tu hijo disfrute aprendiendo. Si te presentas en cada sesión con rostro sonriente y voz risueña, el niño sabrá que estás contento con la actividad. Queremos inculcarle que el aprendizaje y la lectura son divertidos, así que trata de encarar cada sesión con esta actitud. Si por cualquier motivo, en un día en concreto no podéis mantener ese ánimo (pongamos, porque tú no te encuentres bien, o porque el niño haya dormido mal y esté de mal genio), tal vez lo mejor sea cancelarlo por esa vez. Por otra parte, algunos padres dicen que, cuando su hijo no se encuentra bien, la lectura suele ser su actividad favorita y sirve para alegrarles un día que por lo demás no ha sido tan bueno. Si es ese el caso, desde luego que podréis poneros a leer palabras juntos.

● No pongas a prueba a tu hijo. Los exámenes son capaces de destruir literalmente los deseos de aprender a leer en un niño. Muchos padres se sienten tentados de hacer que sus hijos lean en voz alta o escojan la palabra correcta. Te recomendamos encarecidamente que te abstengas de ello. Por lo general, los niños detestan verse sometidos a una prueba, y algunos rechazarán de plano el programa si son conscientes de que les vas a examinar.

Es importante que los adultos entendamos por qué sentimos dicha tentación: queremos asegurarnos de que el niño se está aprendiendo todas y cada una de las palabras, para poder seguir enseñándoles el vocabulario hasta tener la certeza de que se lo sabe todo. Es algo muy arriesgado, por distintas razones: la primera es que a casi ningún niño le gusta que lo examinen, así que es muy posible que no quieran colaborar. Algunos darán respuestas erróneas a propósito, solo para jugar o para sacar de quicio a sus padres. Otros directamente renegarán de todo el programa, al no gustarles el ser puestos en evidencia. Aun cuando tu hijo se muestre más dispuesto a realizar estas pruebas, hemos observado que, con frecuencia, solamente lo hará con unas pocas preguntas y después no querrá que lo sigas examinando.

En el caso de los adultos, esta práctica puede resultar casi adictiva: formulan tres preguntas al niño y este las responde correctamente, pero los padres quieren que su hijo les demuestre que puede leer hasta la última de las palabras y lo siguen presionando más y más, hasta hacerle llegar a esta conclusión: «Leer no es más que otra manera de ponerme a prueba; ya no les voy a seguir más el juego». Nuestro consejo es el siguiente: dale la lectura como si fuera un regalo y no le pidas nada a cambio. En palabras de Glenn Doman, a los niños «les encanta aprender, pero odian que los examinen. En ese aspecto son como los mayores. Examinar es lo contrario de aprender. Está cargado de estrés. Enseñar a un niño es hacerle un regalo maravilloso. Examinarle es pedir un pago por adelantado. Cuanto más lo examines, más despacio aprenderá y menos querrá aprender. Cuanto menos lo examines, más rápido aprenderá y más querrá aprender. El conocimiento es el regalo más valioso que le puedes hacer a un niño. Dáselo tan generosamente como le das la comida» (Doman, 1964).

## No cometas estos errores

Existen algunos errores que es habitual que los padres cometan al poner en práctica este programa, por lo que es mejor que te pongamos sobre aviso para que a ti no te ocurra. Lee estos puntos con cuidado, a ser posible varias veces, para así evitarlos:

- No pongas a prueba a tu hijo.
- No le enseñes las palabras con tanta lentitud que lo aburras.
- No le enseñes más de una categoría de palabras en cada sesión.
- No le enseñes una categoría más de tres veces al día durante cinco días.

## Recomendaciones para niños con autismo o TDA que puedan hablar

Si tu hijo es verbal, no les pidas que lean las palabras en voz alta a medida que se las enseñas, ya que sería una especie de examen. Exigir a un niño que lea en voz alta, sobre todo si tiene cualquier retraso o problema en el habla, solo hará que les entre la vergüenza y no se concentren en aprender. Recuerda que no hace falta que un niño pronuncie palabras para asimilarlas. Muéstraselas y léeselas tú en voz alta, pero a él déjale que se relaje y que disfrute con este aprendizaje.

Si tienes un hijo *que quiera o que insista* en repetir las palabras después de ti, entonces es estupendo, porque es voluntad y decisión de tu hijo. Algunos niños con dificultades para hablar repiten a propósito el vocabulario para tratar de mejorar ellos solos, motivados por su propio deseo. No hay ningún problema con ello, siempre y cuando sea elección de tu hijo y no seas tú quien se lo exija.

## Próximos pasos

En este momento tal vez pienses: «¡Menudo trabajo que tengo por delante!, ¿cómo me las voy a arreglar?». Pues lo creas o no, enseñar palabras sueltas a tu hijo no es más que el principio de esta travesía lectora. A continuación seguiremos una ruta bien detallada y dirigida hacia la lectura de libros. Este camino consta de los siguientes pasos:

- Palabras sueltas.
- Locuciones como «manzana verde», «buenos días», «ven aquí», «osito de peluche» o «camión de bomberos». Usaremos tarjetas con grupos de palabras como estos para que el niño aprenda que las palabras se pueden combinar para formar expresiones.
- Oraciones: prepararemos tarjetas con enunciados de tres o más palabras para que el niño aprenda a leer frases enteras.
- Libros preparados en casa: son libros hechos a medida para tu hijo, con letras grandes y dibujos. Para los niños son un auténtico placer, además de un paso de suma importancia en este proceso de aprendizaje. Los usaremos como apoyo para que el niño vaya progresando hasta poder leer libros convencionales.

Todos estos pasos son importantes y cada uno merece un capítulo aparte con todo lujo de explicaciones. En este capítulo tienes toda la información que hace falta para comenzar, y nuestra recomendación es que empieces cuanto antes. Puesto que la lectura es una actividad tan crucial para cualquier niño con trastornos del neurodesarrollo, te urgimos a que adquieras un ejemplar de *Cómo enseñar a leer a su bebé* para conocer al detalle el programa de lectura en su totalidad, incluidos los siguientes pasos tras enseñar palabras sueltas a tu hijo. Aquí, en este libro, te ofrecemos lo necesario para empezar; sin embargo, al cabo de algunos meses te interesará consultar directamente el libro de Glenn Doman para entender los próximos pasos y saber cómo enseñar a tu hijo a leer frases largas y libros completos. Se trata de una cuestión tan amplia y fundamental que da para todo un libro. Por suerte, gracias a Glenn Doman, el libro está disponible para los padres de todo el mundo. Por suerte, Glenn Doman puso el libro a disposición de todos los padres, independientemente de su procedencia. *Cómo enseñar a leer a su bebé* está a la venta en www.amazon.com.

A muchos padres, la idea de estar preparando materiales de lectura durante días, semanas y meses les parecerá una tarea abrumadora. Doman Learning se encarga de elaborar estos recursos y ponerlos a disposición de los padres para enseñar a sus hijos a leer. Yo mismo creé todos esos materiales para que otros niños pudieran tener la misma experiencia que mis padres me brindaron en casa. Para acceder, puedes suscribirte en www.DomanLearning.com.

## Otras actividades para el desarrollo cognitivo

Enseñar a leer a tu hijo no es más que una entre muchas otras actividades maravillosas que deberías realizar con él a diario con el fin de estimular su desarrollo cognitivo. Desde el momento en que recibiste el diagnóstico de tu hijo, este cometido probablemente se haya convertido en una de tus principales inquietudes y preocupaciones. Existen otras medidas que puedes poner en práctica en este instante y que pueden desempeñar un gran papel a la hora de mejorar la comprensión y la capacidad intelectual de un niño.

## Lectura en voz alta

Una de esas actividades tan importantes es leerle en voz alta todos los días, entre quince y treinta minutos. No es que forme parte del programa de lectura, sino que más bien sirve para mejorar la comprensión del niño. Para ello, no tienes más que hacer lo que los padres llevan tanto tiempo haciendo: escoger un libro ameno e interesante, y leérselo en voz alta a tu hijo. Hay muchos padres que lo hacen por la noche como parte de una adecuada rutina para irse a la cama. Suele ser un buen momento para que tu hijo se relaje y te escuche mientras lees. Algunos niños estarán mirando el libro y siguiendo lo que lees, mientras que otros simplemente se relajarán mientras te escuchan. Ambas opciones son buenas, siempre y cuando tu hijo te esté prestando atención.

Leer a diario es muy importante para los niños. Les sirve para mejorar su comprensión y *lenguaje receptivo,* al estar expuestos a un lenguaje o a un vocabulario que tal vez no se use habitualmente a su alrededor. Por este mismo motivo, también puede resultar beneficioso con relación al desarrollo del habla. Leer también ejercita la imaginación y la creatividad, ya que exige que el niño piense y dibuje en su cabeza lo que sucede, algo de suma importancia en los niños pequeños. Por último, es una actividad magnífica para fortalecer el vínculo entre padres e hijos y disfrutar juntos; si tienes más de un hijo, léeles a todos ellos a la vez.

Existe una cantidad ingente de estudios sobre lo importante que es para los niños el que les lean en voz alta. Hoy día se le da tal peso que existen organizaciones benéficas destinadas únicamente a enviar voluntarios a aquellos hogares donde los padres no leen en voz alta a sus hijos. Por ello, leer todos los días con tu hijo debe ser una parte indispensable de vuestra rutina.

Algunos padres preguntan si pueden leer más de quince o veinte minutos, y la respuesta es: ¡Desde luego que sí! Cuanto más se lea en tu casa, mejor será para tu hijo.

## Cambia el modo en que hablas a tu hijo

La misma manera en que hablamos e interactuamos con un niño puede tener profundas repercusiones en su desarrollo y su comprensión, en particular en el caso de aquellos diagnosticados con problemas neurológicos. Por ello es importante que al dirigirte a tu hijo utilices un lenguaje sofisticado y un vocabulario nutrido, sin usar palabras de bebé ni tratarlo como si fuera tonto. Al hablar con niños con autismo o cualquier otro retraso evolutivo, algunas personas sienten la necesidad de cambiar su modo de expresarse, utilizando un lenguaje simplista e infantiloide; nosotros hacemos justo lo contrario. Esta es la indicación que te damos a ti como padre: habla con tu hijo como si fuera capaz de entenderlo todo. Utiliza oraciones completas y elaboradas, y estate todo el día explicándole cosas. No des por hecho que habrá algo que no entienda; siempre será mejor darle orientación y explicaciones sobre todo lo que sucede.

Según el Centro de Desarrollo Infantil de la Universidad de Harvard, la cantidad de vocabulario empleado por los padres durante los primeros años de vida de un niño puede influir enormemente en su desarrollo del habla. De hecho, un estudio compara el lenguaje de unos niños criados en familias integradas por profesionales con formación universitaria con el de otros cuyos padres no habían terminado la secundaria. A los dieciocho meses de edad, las diferencias ya son apreciables y cuantificables (Hart y Risley, 1995); al cumplir los tres años, tal disparidad es enorme. El motivo es muy sencillo: los padres que utilizan un vocabulario más amplio con sus hijos les están proporcionando un entorno en el que pueden aprender y expresarse con un mayor número de palabras, lo cual supone una ventaja inmediata. Pensemos ahora en la situación de aquellos niños con autismo, TDA u otros trastornos neurológicos. Sus padres suelen oír que padecen serios retrasos cognitivos y que lo más seguro es que nunca puedan entender o hablar tan bien como los demás, lo cual puede llevarlos a utilizar un lenguaje muy simple o incluso a interactuar menos con sus hijos, no porque pretendan perjudicarlos, sino porque les han dicho que no les van a entender. Resulta, pues, que tenemos un niño con problemas del neurodesarrollo y, en vez de hacer lo que debemos, es decir, estimularlos, optamos justo por lo contrario, que es limitarlos. No cometas este error, y haz que tu hijo esté expuesto a todo el lenguaje y vocabulario que sea posible. Nunca es tarde para empezar, y lo tienen todo por ganar si actúas de esta manera.

Vamos a poner un ejemplo muy sencillo y cotidiano. Digamos que tienes una cita con tu médico y, al salir de casa, tu hijo ve marchándote y se pone a llorar. Muchos padres pedirán a su pareja o a la niñera que distraigan al niño mientras ellos se van. Al niño le entrará el enfado y el llanto en ese momento o más tarde, al darse cuenta de que mamá o papá no están. No entienden por qué les dejan y se ponen nerviosos, lo cual es comprensible. Lo que te recomendamos es que adoptes otro enfoque: habla con el niño como si te entendiera. Empieza a mentalizar a tu hijo el día antes: «Mañana, mamá va a visitar al Dr. Gómez por una cita médica. Durante ese tiempo vas a estar con tu tía Elisa, y solo será por una hora. Además, ¡la tía te va a llevar a los columpios para que juegues y te diviertas!». Y el día de la cita con el médico, siéntate con él y dile: «Mamá tiene una cita con el oculista, el Dr. Gómez. Voy a salir dentro de poco, pero solo será por una hora. Cuando acabe con el Dr. Gómez, vendré directamente a casa. Tengo muchas ganas de que leamos juntos nuestras palabras cuando esté de vuelta. Pórtate bien con la tía Elisa y pásatelo bien leyendo tu libro de ballenas mientras estoy fuera». ¿Será posible que el niño se altere? Desde luego. ¿Entendió todas las partes de la explicación de su madre? No podemos saberlo con exactitud. Sin embargo, es importante hablar así a tu hijo por dos motivos:

- Hablarle a un niño de una manera respetuosa y sofisticada es vital para su comprensión. Aprenderá más y tendrá un mayor vocabulario y un mejor entendimiento si le explicas las cosas. Además, será más fácil que responda del modo apropiado si entiende lo que está pasando a su alrededor, y se sentirán más cómodos con su entorno y con lo que suceda en él.

- Explicarle las cosas le ayudará a entender mejor el mundo y cuanto le rodea, lo cual le dotará de una mayor comprensión y madurez. Ahora bien, una razón aún más importante es que, si a un niño le hablamos como si fuera un bebé o careciese de inteligencia, ¿podríamos culparle de estar comportándose como tal? A menudo, son los padres y los adultos quienes infantilizan su lenguaje y hablan a los niños de un modo condescendiente; estos, a su vez, serán propensos a las rabietas o tenderán a ponerse agresivos o caprichosos. Cambiar la manera en que tú y tu familia interactuáis con vuestro hijo puede conllevar beneficios en su conducta y su modo de actuar.

Estos pequeños cambios en la manera de hablar con tu hijo pueden resultar muy beneficiosos para su visión del mundo y su comportamiento. Los niños son muy intuitivos y, cuando ellos sienten que se les respeta, será mucho más probable que actúen con madurez y se comporten lo mejor que puedan.

### Elimina las distracciones

A menudo, los niños con autismo y TDA son hiperactivos y tienen dificultades para concentrarse, como síntoma de su trastorno neurológico. Puesto que también suelen tener problemas de hipersensibilidad auditiva y táctil, será más fácil que se distraigan con cualquier estímulo externo. Si son capaces de hablar o escribir, lo que nos suelen decir es que a todas horas tienen que lidiar con una «sobrecarga sensorial», es decir, con un torrente de imágenes, sonidos y estímulos táctiles, y que les cuesta mucho soportarlo. Esto suele conducir a una ausencia de concentración y favorecer la hiperactividad y las conductas autoestimulatorias, entre otros comportamientos anormales. Por ello les puede ayudar si eliminas sonidos y distracciones innecesarias, por ejemplo, quitar cualquier música de fondo o apagar los aparatos que emitan sonidos, tales como la radio, la televisión o los teléfonos y tabletas. Esto les puede ayudar a reforzar su comprensión y concentración, al permitir que el niño se calme y pueda interactuar mejor con su entorno.

## Las tabletas y *smartphones* pueden dar problemas

A veces algún padre me comenta: «Mira a mi hijo de tres años, lo bien que maneja mi teléfono y mi tableta», y yo mientras tanto veo a un pequeño pasando sin esfuerzo de una aplicación a otra, poniendo vídeos, películas o música, o jugando a videojuegos. Por muy impresionante que pueda parecer, lo que a menudo sucede es que ese mismo niño se puede pasar cuatro o cinco horas cada día frente a una pantalla. Hoy tenemos estudios que demuestran que permanecer varias horas al día delante de una pantalla tiene efectos negativos en la salud y el desarrollo infantil. En muchos casos de autismo y TDA, tales aparatos pueden tener una dimensión adictiva. En ocasiones, al niño le entrarán rabietas cuando sus padres se los intenten quitar, y a veces podrá pasarse horas y horas jugando con ellos. En algunos casos, el uso de estos dispositivos puede aumentar las conductas autoestimulatorias y provocar que se aísle por completo de su entorno o que tenga problemas para controlar sus esfínteres. Tras pasar los últimos diez años observando a niños con tales problemas, hemos llegado a la total certeza de que la influencia de estas tecnologías es más negativa que positiva. ¿Y cuáles son las razones por las que estamos tan seguros?:

- Se pasan más tiempo con el teléfono o la tableta que interactuando con otras personas, cuando lo que en verdad necesitan es esto último.
- Estos aparatos los absorben y les quitan oportunidades para leer, recrearse con juegos educativos o realizar otras actividades productivas.
- Parecen mostrar dependencia y adicción hacia estos dispositivos, y cuanto más los usan más se aíslan de su entorno.
- En ocasiones, esta tecnología puede fomentar comportamientos repetitivos y anormales en los niños.
- Como mínimo, deberías limitar en gran medida el uso de estos dispositivos. En algunos casos se puede poner el tope en treinta minutos al día, y usarlo como recompensa por colaborar con las demás actividades del programa. Sin embargo, algunos padres dicen que a sus hijos les entran

rabietas cuando les quitan el teléfono o la tableta, lo que puede arruinar el día a toda la familia. De ser así, lo mejor será suprimir estos aparatos por completo y de manera temporal, hasta que el niño alcance la madurez necesaria o su situación mejore hasta el punto de poder mantener una relación sana con estos dispositivos.

● Uno de los principales motivos por los que a los niños con autismo y TDA les encantan estos aparatos es que les permite abstraerse con lo que están viendo y desconectar de todo lo demás. Suelen mostrar una combinación de hiperactividad e hipersensibilidad, de modo que, si son capaces de evadirse con vídeos, música o con cualquier videojuego, se podrán aislar de los demás estímulos a su alrededor. Aunque esto les pueda resultar placentero, no es beneficioso para su desarrollo. Les dará deseos de retraerse más y más, de quedarse en su propio mundo e interactuar cada vez menos con su entorno. No podemos permitir que tal situación se mantenga, pues el hecho de desconectar con el exterior no hará más que empeorar sus problemas cada vez más.

● Algunas familias nos comentan que su hijo tiene una actitud que raya con la «adicción» hacia otros objetos de la casa: el televisor, cualquier juguete o aparato que produzca sonido, o cosas por el estilo. Hemos visto a niños jugando con el mismo aparato electrónico o escuchando la misma canción una y otra vez. Como regla general, hemos descubierto que lo mejor es eliminar estos elementos del entorno del niño. Por nuestra experiencia, quizás el niño se enfade al principio, pero lo normal es que se adapte rápidamente a la nueva situación, y los padres observarán una mejoría en su comportamiento, su madurez y sus relaciones con los demás.

# CAPÍTULO 8

## COMUNICACIÓN Y DESARROLLO DEL LENGUAJE EN NIÑOS CON AUTISMO Y TDA

Quizás no haya asuntos que preocupen más a los padres de niños con trastornos evolutivos que el desarrollo del lenguaje y la comunicación. La mayor parte de estos niños, o bien son no verbales, o bien tienen dificultades para hablar.

En este libro se detallan muchas actividades de nuestro programa que pueden favorecer el desarrollo del lenguaje en la infancia. Uno de los motivos por el que es tan importante aplicar un enfoque integral es que la comprensión y la generación de mensajes orales requiere de un trabajo conjunto entre varias regiones del encéfalo. Si a un niño con problemas del lenguaje se le aplica un tratamiento de estas características y con el que poder influir en distintas áreas cerebrales, lo más probable es que se obtengan resultados que le ayuden en el proceso de comenzar a hablar.

Para ciertos niños, seguir el programa de lectura tal como se detalla en este libro puede suponer un gran cambio a nivel lingüístico, pero no en otros. En otros casos, es el programa físico el que puede potenciar el desarrollo del habla, con actividades aeróbicas tales como caminatas o carreras, y otros ejercicios como la braquiación. En algunos niños, serán los cambios nutricionales los que influyan en su entorno cerebral y que, como resultado, les ayuden a empezar a hablar. En otros, las mejoras procederán de las técnicas de integración auditiva detalladas en esta obra. En otras palabras, cada niño es diferente. No hay manera de que podamos saber con exactitud cuál de los tratamientos a realizar en casa será el que surta mejores efectos en un niño en particular. Por tanto, para obtener los mejores resultados posibles lo mejor será emplear todos ellos.

En este capítulo abordaremos una serie de técnicas y actividades con las que favorecer el desarrollo del habla en tu hijo, y que podrás poner en práctica en casa junto con los otros ejercicios detallados en este libro. Lo que ayudará a obtener los mejores resultados será la combinación de estas actividades con los demás programas.

## Fundamentos del desarrollo del lenguaje

Respecto al desarrollo del lenguaje en tu hijo, existen ciertos principios básicos que es importante que entiendas y que apliques a diario como filosofía rectora. Aunque puedan parecer simples, pueden ser fundamentales para ayudar a un niño en el proceso de comenzar a hablar.

PRINCIPIO N.º 1 — ESCUCHA A TU HIJO CON ATENCIÓN

El primer fundamento es que has de escuchar atentamente lo que diga tu hijo. Muy a menudo, los niños con autismo y otros trastornos evolutivos tratan de hablar, pero lo hacen con poca claridad. Como resultado, la gente no entiende lo que quieren expresar o, lo que es aún peor, no se les escucha, al asumirse que no tienen nada que decir. *No confundas estas dos ideas: solo por el hecho de que un niño no pueda hablar no significa que no tenga nada que decir.* Dicho de otro modo, es esencial que escuches cuidadosamente a tu hijo. Intenta descifrar su lenguaje, como si fueras un detective. Escucha con atención para ver si puedes entender las palabras y sonidos que tu hijo está tratando de generar. Los niños son muy intuitivos y saben cuando un adulto les está escuchando, y su comportamiento e interacciones cambiarán en función del tipo de respuesta y a la atención que les des.

PRINCIPIO N.º 2 — RESPÓNDELE SIEMPRE DE MANERA INMEDIATA

El segundo fundamento es que las respuestas a tu hijo han de ser inmediatas. Si oyes a tu hijo decir «pá», es posible que estén tratando de decir «papá». Quizás no estés seguro del todo, pero lo mejor es que le respondas al momento. Con frases como «¡Sí, soy papá, buen trabajo!» o «¡Has dicho "papá"! Papá está trabajando, ¡pero vamos a llamarle ahora por teléfono!», tu hijo verá que le estás haciendo caso y respondiendo a sus mensajes, lo cual es tan importante como el hecho de que se les escuche. Aun cuando el niño no pretendiera decir «papá», comprenderá que le estabas prestando atención y tratando de responderle, lo que verán como una gran motivación para decir más cosas.

Aunque el hecho de «escuchar y responder» pueda parecer algo muy simple, se trata de un principio fundamental y que has de poner en práctica. Para los adultos no resulta tan sencillo, empezando por que estamos todos muy ocupados y tenemos muchas cosas que hacer (sobre todo como padres). Así pues, es fácil que ignoremos los sonidos de nuestro hijo o, lo que es aún peor, que dejemos de oírlos del todo, al estar tan inmersos en nuestra lista mental de tareas. Por tanto, para ti ha de ser una prioridad el que escuches los intentos de hablar de tu hijo, y que respondas a todos ellos.

PRINCIPIO N.º 3 — DALE CONVERSACIÓN A TU HIJO, AUNQUE NO LE ENTIENDAS

Hablarle a tu hijo es bueno, pero más importante aún es hablar con tu hijo. Con esto pretendemos decir que debes mostrarle a tu hijo que puedes y quieres mantener una conversación con él. Así sucede en los primeros meses de vida; lo sabemos desde hace años. Los bebés interactuarán y tratarán de hablar más a menudo con los adultos que respondan a sus sonidos. Un estudio realizado en 2014 en la Universidad de Iowa confirmó que, en efecto, el modo en que los adultos reaccionan los afecta. La investigación reveló que los bebés cuyas madres respondían a sus sonidos e interactuaban con ellos mostraban mejoras en el habla a los quince meses de edad, en comparación con aquellos con padres menos receptivos (Gros-Louis, West y King, 2014). Ten en cuenta que estamos hablando de bebés sanos y neurotípicos, que emiten sonidos que a menudo los adultos no entienden como si fueran palabras, tal como sucede con los niños no verbales con problemas del neurodesarrollo. Sin embargo, el hecho de tener un padre que responde les motiva para hablar más. Entonces, si la manera en que los adultos reaccionan a los mensajes de un niño neurotípico puede tener un impacto en el desarrollo de su lenguaje, ¿no podemos asumir que lo mismo sucederá en aquellos que tengan necesidades especiales? En realidad, los efectos pueden ser aún más drásticos en esta población de niños que ya están padeciendo problemas del habla.

¿Cómo podemos hacer que estos efectos del grado de respuesta se produzcan sobre tu hijo de manera cotidiana? Cuando oigas hablar a tu hijo, respóndele como si estuvierais manteniendo una conversación. Si comprendes lo que te está diciendo, tu respuesta obviamente sería la que corresponda. Pero si tu hijo está emitiendo sonidos y no le entiendes, opta por frases como «¿De verdad? ¡No lo sabía!» o «¡Qué interesante!». Puede que al principio a tu hijo le sorprenda que muestres este interés y entusiasmo, al no estar acostumbrado a que la gente preste tanta atención a lo que dice. Pero si le respondes algo como «¡Gracias por contármelo!» o «¿En serio? ¡Es fantástico!», le podrás convencer de que le estás haciendo caso de veras. Al hacerlo, sonríe y mírale a los ojos para mostrarle tu buena disposición, y tu hijo verá que te estás implicando activamente en esta comunicación.

Quizás tu hijo sea consciente de que no has entendido del todo lo que ha dicho, pero lo más importante es que pensará: «¡Es verdad que mis padres responden y me hacen caso! ¡Tengo que seguir así!». Será una gran motivación para continuar hablando. Lo que sorprende a muchos padres de niños no verbales o con problemas del lenguaje es lo pesimistas que se vuelven. El niño se dirá: «¿Para qué voy a tratar de hablar con mamá y papá si no me van a entender?». Puede que incluso piense: «Es mejor gritar y llorar hasta conseguir lo que quiero que intentar hablar para comunicarme, ¡los adultos reaccionan mejor con gritos que con palabras!». Por eso te interesa alentar esa comunicación verbal lo máximo posible.

En ocasiones, ver lo que sucede en casos extremos puede hacer que algo resulte mucho más fácil de entender. Un estudio realizado en niños con audición normal, pero con padres sordos, reveló que, en más de la mitad de los casos, el lenguaje se les desarrollaba con mayor lentitud que la media (Schiff y Ventry, 1976). Estos niños podían oír perfectamente, pero el mero hecho de tener padres que no hablaban los afectó en el desarrollo del habla. La investigación, publicada en el *Journal for Speech and Hearing Disorders*, se realizó en cincuenta y dos niños y ofrece pistas que apuntan a estas dos importantes realidades:

- El modo en que los padres hablan a sus hijos sí que los afecta en términos de comprensión y de desarrollo del lenguaje.
- Si los padres no escuchan a sus hijos (como es el caso de los padres sordos, sin opción o capacidad para ello), entonces el niño no tendrá tanta necesidad o motivación para hablar.
- La lección a extraer es que debes *escuchar atentamente* a tu hijo y *responderle de inmediato y de un modo apropiado,* como si estuvierais manteniendo un diálogo normal y corriente. Si lo haces, será mucho más probable que tu hijo siga queriendo hablar contigo en el futuro.

## Técnicas del desarrollo del lenguaje

Ahora que has entendido los principios que subyacen al acto de escuchar para poder ponerlos en práctica todos los días, pasemos a examinar una serie de técnicas y actividades que ayudarán a potenciar el desarrollo del lenguaje.

Actividad n.º 1 — Canciones

A los niños les encantan la música y las canciones, sobre todo en el caso de los niños con autismo, TDA o cualquier otra necesidad especial, ya que ellos lo ven como un gran premio. Por esta razón, las canciones pueden ser una manera estupenda de motivar a un niño para que hable. Hay padres que me han dicho: «Mi hija no puede decir muchas cosas que tengan sentido, ¡pero me puede cantar una canción entera!». Posiblemente se deba a una combinación de factores ya que, por una parte, para cantar se emplean regiones del cerebro distintas a las que se utilizan para hablar, aunque quizás también pueda deberse a que, sencillamente, ¡a los niños les chifla cantar! Aprovechemos pues esta gran motivación para animarlos a hablar.

¿Cómo podríamos dar comienzo a este proceso? Al principio, sencillamente le cantarás una canción a tu hijo. Lo harás cinco veces al día, solo por diversión. Trata de sentarte de cara a tu hijo durante estas sesiones, para que quede claro que tú y tu hijo estáis compartiendo este momento en común. Siempre puedes cantarla más veces si tu hijo se lo pasa bien. Al final de cada ejercicio, celébralo y dale un beso y un abrazo a tu hijo.

Pongamos, por ejemplo, que a tu hijo le gusta el «Cumpleaños feliz». Comenzarías simplemente sentándote delante de él y cantándole:

«Cumpleaños feliz,
cumpleaños feliz.
Te deseamos, Juanito,
cumpleaños feliz».

Una vez hayas realizado este ejercicio durante una semana, le habrás cantado esa canción un mínimo de treinta y cinco veces.

- Duración de la sesión: una canción.
- Número de sesiones: cinco al día.
- Número de días: siete.
- Cantidad total de sesiones por semana: treinta y cinco.

Al cabo de siete días, convertirás estas sesiones de canto en ejercicios colaborativos. Empezarás por dejar de cantar una palabra para que sea tu hijo quien llene ese hueco, como por ejemplo:

«Cumpleaños feliz,
cumpleaños feliz.
Te deseamos, Juanito,
cumpleaños _____».

Es importante señalar en este punto que, al principio, tu hijo quizás no se espere que le hagas participar, así que le puede llevar algo de tiempo darse cuenta de que ahora le toca a él. Algunos niños entenderán inmediatamente que es su turno para cantar, pero tardarán un poco en decir la palabra en cuestión. Nota importante n.º 1: a veces un niño puede tardar diez, veinte o hasta treinta segundos en decir una palabra, pues es un síntoma de su trastorno del neurodesarrollo. Por este motivo has de ser paciente con tu hijo durante estas sesiones, y esperar lo que haga falta. Quizás te sientas incómodo por tener que permanecer sentado ante tu hijo durante quince o treinta segundos mientras aguardas a que diga la palabra «feliz» para terminar la canción, pero no pasa nada. Es el proceso para iniciar la comunicación.

Cuando tu hijo diga la palabra «feliz» al final de la letra, puede que no te suene como debería. De nuevo, un síntoma habitual de los trastornos neurológicos es la falta de claridad al hablar. Si no lo pronuncia bien, no te preocupes. Lo más importante es que los dos sabéis que tu hijo acaba de decir la palabra «feliz», lo cual es un paso crucial para poder romper las barreras de la comunicación.

Cuando el niño diga «feliz», esté bien pronunciado o no, tú exclama: «¡Buen trabajo, has terminado la canción!». Tu hijo tal vez piense: «Vaya, pues mis padres se han puesto contentos, ¡voy a hacerlo otra vez!».

Nota importante n.º 2: no seas crítico con la claridad de tu hijo al hablar. A los niños no les gusta que les critiquen (de hecho, a los adultos tampoco). Decirle a un niño que han dicho algo de manera incorrecta suele surtir el efecto contrario al que se pretendía, pues el niño pensará: «¿De qué me sirve esforzarme tanto en hablar si papá y mamá solo me van a decir lo que he hecho mal?». Si les criticas, lo que harán será hablar menos, no más. Por eso es importante que lo que oigan sean elogios, elogios y más elogios.

Ahora que habéis pasado a sesiones colaborativas de canto, seguid con cinco ejercicios diarios de cantar esa misma canción. Estaros una semana con el niño diciendo una palabra y, durante la siguiente, empieza a dejar de cantar el final de los demás versos:

«Cumpleaños ____,
cumpleaños ____.
Te deseamos ____
cumpleaños ____».

Si tu hijo está en una etapa más avanzada, puedes tratar de hacerle cantar versos enteros, o incluso toda la canción. Todo depende de lo bien que se lo pase tu hijo y de lo que es capaz; si tu hijo puede cantar una frase entera, déjale que se encargue de esa parte. ¡Cuanto más hagan, mejor! Ten en cuenta que esto es un programa de muestra, y que algunos niños podrán avanzar más rápido y otros tendrán que ir más despacio. Al principio, algunos niños no llegarán al punto de poder cantar el final de cada verso, y solo podrán decir la última palabra de la letra de la canción. No hay ningún problema en absoluto; cada niño es diferente y no existe un único enfoque que funcione con todos a la perfección.

Así, tu programación de ejercicios de canto sería similar a este ejemplo:

● Semana 1: cantar «Cumpleaños feliz» cinco veces al día.
● Semana 2: cantar «Cumpleaños feliz» cinco veces al día. Juanito dice la última palabra.
● Semana 3: cantar «Cumpleaños feliz» cinco veces al día. Juanito dice la palabra al final de cada verso.
● Semana 4: cantar «Es un muchacho excelente» cinco veces al día. Repasar «Cumpleaños feliz» una o dos veces como diversión y práctica.

Con este programa, deberías poder incorporar una nueva canción cada tres semanas, lo cual es muy importante por las siguientes razones:

● Motiva a los niños a decir nuevas palabras, ejercitar el habla y ampliar su vocabulario.
● Los niños se aburren con el exceso de repetición. Si no haces más que cantar las mismas canciones una y otra vez se acabarán cansando, pero si añades nuevas canciones mantendrás su interés.
● Si sigues este enfoque, al cabo de tres meses (unas doce semanas) deberías poder contar con cuatro o más canciones con las que rotar. Sé proactivo y no dejes de incorporar novedades.

Nota importante n.º 3: a los niños les suele ayudar el ver las canciones por escrito. Como ya hemos mencionado, muchos niños diagnosticados de trastornos evolutivos aprenden mejor con la vista que con el oído. Si escribes los versos de la canción en letra bien grande (un tamaño de fuente de 72 en tu ordenador), tu hijo podrá seguirte y le ayudarás a aprenderse su parte.

> «Cumpleaños feliz,
> cumpleaños feliz.
> Te deseamos, Juanito,
> cumpleaños feliz».

El uso de letras grandes favorece el desarrollo del lenguaje.

### ACTIVIDAD N.º 2 — RIMAS Y POESÍAS INFANTILES

Del mismo modo en que las canciones son muy efectivas para motivar a los niños no verbales o con dificultades para comenzar a hablar, las rimas y poesías infantiles también funcionan bien. Son divertidas, tienen ritmo y a menudo llevan una melodía, al igual que las canciones. Son perfectas para recitar tal como acabamos de ver, dejando palabras «en blanco» para que las diga tu hijo.

> «Estrellita dónde estás,
> me pregunto qué serás,
> en el cielo y en el mar,
> un diamante de verdad».

Como en la anterior actividad, tu hijo se aprenderá ciertas palabras o versos de la poesía. Tal como recomendamos, lo ideal suele ser escribir el texto a modo de ayuda para el niño y también para ti, si es que no te la sabes. Incluso puedes poner las palabras que vaya a decir tu hijo en **negrita** o en otro color, como en este ejemplo:

> «Estrellita dónde **estás**,
> me pregunto qué **serás**,
> en el cielo y en el **mar**,
> un diamante de **verdad**».

Programación de muestra para ejercicios con rimas y poesías:

● Duración de la sesión: una sola poesía.
● Sesiones diarias: cinco.
● Número de días: siete.
● Cantidad total de sesiones por semana: treinta y cinco.

Aunque parezca que son muchos ejercicios a la semana, recuerda que estos son relativamente cortos (con solo una poesía), además de placenteros. Al igual que con las canciones, asegúrate de incorporar una nueva rima cada tres semanas más o menos, para que el programa siga resultando interesante.

Actividad n.º 3 — Preguntas con opciones verbales.

En ocasiones, para trabajar el habla de un niño puede resultar muy útil una técnica tan sencilla como la de hacerle una pregunta y darle opciones verbales como contestación. A menudo, los padres de niños autistas observan que les cuesta mucho responder a lo que les preguntan, o a lo que otros dicen. Algunos repiten la última palabra que escuchan, o contestan con una palabra o frase sin relación con lo anterior. Algunos ni siquiera dan una respuesta, lo cual puede ser motivo de frustración.

Dar opciones verbales (dichas en voz alta) puede ser de ayuda para este problema. El motivo es que muchos niños con autismo y otros trastornos del neurodesarrollo padecen de alteraciones del lenguaje, y lo que les sale no es lo que pretenden decir. ¡A veces lo que dicen es justo lo contrario a lo que quieren! He visto a niños que, incluso al hacerles una pregunta cruel como: «¿Qué quieres comer, helado o coliflor?», repetirían «coliflor», a pesar de que era helado lo que querían. ¿Es porque el niño no es inteligente y no comprende la diferencia entre ambas comidas? ¡Pues claro que no! La entenderá al momento. El problema es que su cerebro, debido a esta alteración, es incapaz de decir la palabra correcta. Piensa en ello como si quisieras abrir un determinado archivo en tu ordenador, pero cada vez que haces clic se te abre otro documento que no es el que querías. Sería algo muy frustrante (y todos hemos tenido que lidiar con tecnologías que no hacen lo que nosotros queremos). Imagina si tu cerebro funcionara así: tú reaccionarías igual, te enfadarías y al final dejarías de intentarlo. Muchos niños con problemas neurológicos tienen que enfrentarse a estos problemas constantemente. Darles opciones verbales les puede ayudar con esta dificultad.

Por eso, en vez de formularle una pregunta abierta como: «¿Qué quieres comer?», le darías dos opciones de respuesta. Así, le dirías: «¿Qué quieres comer, **manzana o pera**?». Espera entonces a ver si tu hijo es capaz de responder. En ocasiones no darán una respuesta muy clara, pero es de esperar que suene más parecida a una opción que a otra. Si el niño dice «ma», le responderás algo como «¡Manzana! Quieres una manzana, ¡ahora te la traigo!». Si lo que escuchas es «pe», le contestarás con: «¡Oh, una pera! ¡Ahora mismo!». A continuación, le recompensarás dándole lo mismo que respondieron.

Siempre está la posibilidad de que no acabes de entender a tu hijo. Quizás el niño diga «ma», pero en realidad lo que quería era una pera. Es un contratiempo que siempre puede suceder. Aun así, aunque le digas algo como: «¡Manzana! ¡Voy a por ella!», tu hijo tal vez piense: «No quería decir manzana, pero eso es lo que entendió papá, ¡así que ese sonido es el que usaré cuando quiera una manzana!». Por eso, aunque se produzca un malentendido, siempre habrá la oportunidad de mejorar la comunicación entre tú y tu hijo. Es mejor que cometas algún que otro error y que tu hijo vea que estás totalmente entregado a entender lo que intenta expresar, que no darte por vencido y esperar a que tu hijo diga más cosas en el futuro.

*Ejemplos de preguntas con opciones verbales:*

- ¿Qué quieres merendar, ciruela o plátano?
- ¿Qué color de camiseta quieres llevar hoy, roja o azul?
- ¿Qué quieres hacer mañana para divertirnos, nadar o ir al parque?
- Cuando acabes de correr, ¿qué quieres de premio, un libro o una canción?

Trata de hacer cada día cinco preguntas en las que ofrezcas opciones verbales a tu hijo, y sé constante para que se convierta en un ejercicio rutinario. Ten paciencia después de formular la pregunta; algunos niños necesitan quince, veinte o treinta segundos para dar una respuesta. Al igual que con las canciones y las rimas y poemas, has de estar tranquilo, sentarte frente a tu hijo y aguardar.

Una vez formules la pregunta y le des las opciones, no se lo repitas una y otra vez. A veces los padres se ponen nerviosos y se empeñan en actuar así. Hazlo solo una vez y espera pacientemente. Si al cabo de treinta segundos no obtienes respuesta, vuelve a comenzar el proceso y aguanta otros treinta segundos. Es de esperar que en este minuto recibas una contestación. De no ser así, detén el ejercicio y vuelve a probar más tarde. En estas actividades es importante ser perseverante y no dejar de intentarlo.

ACTIVIDAD N.º 4 — EL TABLERO PARA EL DESARROLLO DEL LENGUAJE

Una herramienta increíblemente sencilla de usar en casa, pero que puede resultar muy efectiva para animar a tu hijo a hablar, es el *tablero para el desarrollo del lenguaje*. Se trata de una representación visual de lo que diga tu hijo, de los mensajes que use para comunicarse.

Un tablero para el desarrollo del lenguaje es una pizarra o tablón que colgarás de una pared en tu casa. Debe ser grande, de al menos un metro de lado, aunque puede ser aún mayor. Funciona de esta manera: cuando tu hijo diga una palabra, tú la añadirás al tablero. Le felicitarás por haber usado la palabra, la escribirás en una tarjeta y la pondrás ahí.

Ejemplo: tu hijo dice «papá», que es una palabra que solo dice una vez por semana más o menos, Tú dirás: «¡Hala! ¡Has dicho "papá"! ¡Voy a escribirla y a ponerla en tu tablero!». Escribirás «papá» en un trozo de cartulina y lo colocarás en el tablero para el desarrollo del lenguaje con una chincheta o cinta adhesiva. A continuación le enseñarás al niño la palabra puesta en su sitio.

En el centro del tablero deberás trazar un círculo. En él solamente aparecerán las palabras que tu hijo emplee con regularidad. Como «papá» es una palabra muy poco frecuente, la colocarás en la parte exterior del tablero, de modo que, cuando el niño vuelva a usarla al cabo de tres días, tú le dirás: «¡Mira! ¡Has vuelto a decir "papá"! ¡Vamos a ponerla más cerca del círculo!». Cuando tu hijo la vuelva a utilizar pasados un par de días, entonces dirás: «¡Estupendo! ¡Cada vez dices "papá" más a menudo! ¡Vamos a acercarla aún más al círculo, sigue así!». Tu hijo verá literalmente cómo su lenguaje va ganando consistencia sobre el tablero.

*¿Por qué el tablero es una manera efectiva de motivar a los niños a hablar?*

Los niños le dan mucha importancia a cualquier cosa que se muestre en público. Muchos padres lo saben por experiencia; por ejemplo, un niño hace un dibujo y, muy satisfecho, se lo entrega a sus papás. Estos dirán algo como: «¡Me encanta este dibujo de nuestra casa! ¡Vamos a pegarlo en el frigorífico!». En cuanto esté allí colocado, el niño no cabrá en sí de orgullo, porque a su edad las cosas puestas en público se toman mucho más en serio que cuando son más mayores.

Además, los niños son muy visuales, y consideran cualquier cosa que ven como algo real e importante. Por eso, el hecho de que tu hijo vea una representación visual de su propio lenguaje puede ser una gran motivación para que hable más y más.

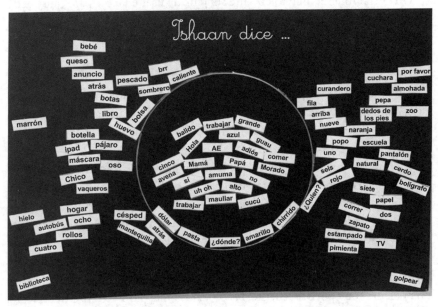

Un tablero para el desarrollo del lenguaje, con las palabras frecuentes en el interior del círculo y las demás en el exterior.

Llegados a este punto, algunos padres se preguntarán: «¿Y qué hago si mi hijo no dice palabras que tengan sentido, o dice tan pocas palabras que el tablero está casi vacío?».

Esta pregunta nos lleva a una técnica muy efectiva e importante: la de *convertir* los sonidos de tu hijo en palabras. A veces, los niños con autismo emiten sonidos repetitivos u otros que los padres no saben interpretar. Es importante que estos padres se den cuenta de que, solo por el hecho de que *ellos* no entiendan lo que su hijo les intenta decir, no significa que no les esté diciendo nada. Un síntoma frecuente de los trastornos del neurodesarrollo es una escasa claridad al hablar. Los niños hablan mucho, lo que pasa es que los padres no les entienden. Es algo que les puede causar mucha desazón: ¡imagínate si intentaras hablar una y otra vez, y lo único que te saliera fuese un embrollo de sonidos que nadie comprende! ¿Se puede culpar a los niños por que se vuelvan tan pesimistas e incluso dejen de intentar hablar porque nadie les entiende?

Esta es la razón por la que convertir sonidos en palabras puede ser una técnica tan efectiva. Para ilustrar lo que queremos decir con esto, te voy a contar la historia real de un muchacho llamado Álex.

Álex era un niño de tres años diagnosticado de autismo severo. Era no verbal, emitía sonidos repetitivos y le afectaban mucho los entornos ruidosos, que le sacaban de quicio y le hacían perder el control. Sus padres no estaban muy seguros de hasta qué punto les comprendía, ya que no decía ninguna palabra que tuviera sentido o que ellos pudieran entender. Álex emitía una y otra vez el mismo sonido, y su madre tuvo una idea brillante, pues se dio cuenta de que lo que repetía sin descanso se parecía mucho a la palabra inglesa «duck», que significa «pato». La mamá sabía que él no quería decir «duck», pero vio que sonaba de manera muy similar, así que decidió convertir este sonido en lenguaje y responder como si le estuviera diciendo «pato».

De este modo, cuando Álex repetía su sonido, su mamá decía: «¡Duck! ¡Has dicho "duck"! ¡Así que quieres ver a tu pato!», y se iba corriendo a la otra habitación a buscar un patito de juguete que le gustaba mucho. Al principio, la respuesta de su madre dejaba al pequeño Álex totalmente sorprendido, casi perplejo. Pero ella lo hacía de manera constante y reaccionaba de inmediato yendo a por el pato de juguete cuando él emitía aquel sonido. Para Álex no tardó en convertirse en una broma, y empezó a hacerlo solo para ver a su madre levantarse de un salto e irse volando a la otra habitación a buscar el patito.

Al poco tiempo, Álex estaba usando esa palabra para expresarse con su madre de un modo que tenía sentido. De este modo se derribaron las barreras de comunicación entre ambos y «duck» se convirtió en su primera palabra dotada de significado. «Pato» nunca habría sido la primera palabra de Álex, pero su mamá convirtió aquel sonido en palabra y respondió de manera inmediata y constante. Así el niño aprendió que podía utilizar aquel término con un sentido, para obtener una cosa que él quería.

Si avanzáramos tres años, veríamos que Álex ahora domina el español y el inglés, idiomas en los cuales puede leer y escribir. Ha actuado en obras de teatro y es un niño increíblemente sociable y comunicativo con niños y adultos. La gente se sorprende al ver lo inteligente y extrovertido que es, sin tener ni idea de que en su día lo diagnosticaron de autismo, pues es un muchacho excepcional en todos los sentidos.

Cierto, no sería honesto afirmar que el hecho de que su madre convirtiera aquel sonido en su primera palabra fuese la razón por la que ahora Álex habla dos idiomas con fluidez. Sus padres lo lograron con todo un programa integral de tratamiento, aplicado de una manera excelente y a diario en los planos cognitivo, físico, nutricional y social, según se describe en este libro. Pero convertir sus sonidos en lenguaje fue un primer paso muy importante para romper las barreras de comunicación y abrir camino a un progreso mucho mayor.

En el caso de tu hijo, escucharle y responderle es solo el comienzo. También hay que prestar mucha atención a los sonidos que no comprendas y convertirlos en lenguaje. Una vez hayas escogido el significado que le quieras dar, responde de manera inmediata y constante para que tu hijo vea que te tomas en serio el hecho de responder a lo que dice.

Deberás añadir cualquier sonido que conviertas en lenguaje (como «duck» en el caso de Álex) al tablero para el desarrollo del lenguaje de tu hijo. Pongamos que tu hijo farfulla un «ba-ba-ba-ba» y no estás seguro de si lo usa o no con un cierto significado. Responde como si el niño estuviera pronunciando una palabra mediante dicha conversión. Así, tal vez podrías responder diciendo: «¡Balón! ¡Has dicho «balón! ¡Voy a buscarlo para que podamos jugar!», y entonces volver con una pelota para tu hijo. En ese momento le dirás: «Mi amor, acabas de decir la palabra "balón", ¡buen trabajo! ¡Esta nueva palabra va a ir a tu tablero de hablar!». Escríbela entonces en una tarjeta, ponla con mucho orgullo en el tablero de tu hijo, y haz que sea algo muy importante.

**Repaso de puntos a tener en cuenta en el desarrollo del lenguaje**

- Escucha atentamente los sonidos y mensajes orales de tu hijo.
- Responde inmediatamente a los sonidos y mensajes orales de tu hijo.
- No solo basta con hablarle A tu hijo; asegúrate también de hablar CON tu hijo. Respóndele como si estuvieras manteniendo una conversación.
- Si no entiendes los sonidos de tu hijo, conviértelos en lenguaje.
- Cualquier palabra que oigas decir a tu hijo deberá añadirse al tablero para el desarrollo del lenguaje.
- Si conviertes cualquier sonido de tu hijo en palabras, también deberás incluirlas en el tablero para el desarrollo del lenguaje.
- Haz preguntas a tu hijo y dale opciones verbales.
- Ten paciencia cuando estés esperando a que tu hijo dé una respuesta verbal.

● Utiliza canciones y rimas infantiles como actividad diaria para mejorar el desarrollo del habla.

● Escribir el texto de estas canciones y rimas en letras grandes puede servir para que tu hijo hable más.

## El tablero de elección

Aunque te suponga mucho trabajo poner en práctica las actividades aquí descritas para que tu hijo hable cada vez más, además de los otros programas de desarrollo físico y cognitivo, también es importante que establezcas una comunicación efectiva con tu hijo, para que este te pueda transmitir lo que quiere y necesita. Casi todas las familias de niños con autismo y otras necesidades especiales son conscientes de que ellos comprenden mucho más de lo que son capaces de mostrar con sus palabras. Su capacidad de entendimiento está muy por encima de lo que pueden exteriorizar. Los padres suelen decir: «Sé que es un chico listo, lo que pasa es que no se puede expresar», y tienen toda la razón. El niño sabe lo que quiere decir, pero simplemente no puede comunicarlo.

Para los niños no verbales, o que tengan un lenguaje escaso o repetitivo, se puede recurrir a una gran herramienta llamada tablero de elección, que resulta increíblemente sencilla y fácil de usar. Funciona de esta manera: cuando se te ocurra algo que preguntar a tu hijo, escribe las posibles respuestas. Puedes utilizar simplemente un rotulador y un folio, o también una pizarra pequeña que puedas borrar. Divide el tablero en función del número de posibles elecciones y escríbelas todas.

Para una pregunta sencilla como: «¿Quieres comer algo?», escribirías «sí» en un lado del tablero y «no» en el otro, con una línea trazada en el medio.

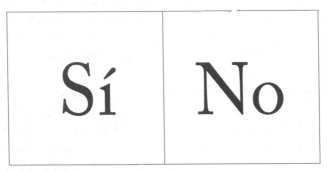

Un tablero de elección básico, con respuestas de Sí o No.

Para una pregunta con más opciones como: «¿Qué quieres merendar?», podrías escribir las distintas posibilidades, como por ejemplo «manzana», «pera», «ciruela» o «plátano».

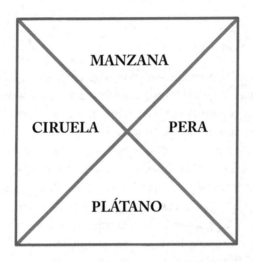

Un tablero de elección múltiple.

Siéntate cómodamente con tu hijo y formula tu pregunta. A continuación, cógele la mano a tu hijo para señalar cada una de las posibles respuestas mientras se las lees en voz alta (esto es importante para que el niño sepa cuáles son las opciones). Después quédate sosteniendo la mano a tu hijo por encima del tablero, mientras esperas a que indique con ella su elección.

Puedes sujetarle de la mano o de la muñeca mientras señalas las distintas opciones, pero no le sueltes al acabar de leerlas. Sigue manteniendo su mano por encima del tablero y aguarda a que este apunte hacia su respuesta.

¿Por qué hay que quedarse sujetando la mano a tu hijo aún después de haber señalado las distintas opciones sobre el tablero? Por dos razones:

- Dar apoyo de «mano bajo mano» a tu hijo puede ayudarle a coordinar sus movimientos en caso de que tenga dificultades para ello.
- Los niños con autismo y otras necesidades especiales darán respuestas más fiables y coherentes si cuentan con algún apoyo, algo que nosotros y muchos otros terapeutas y profesionales sabemos desde hace años.

¿Y por qué el hecho de sostener su mano le puede ayudar a escoger una respuesta? Existen ciertos motivos prácticos, además de otros relacionados con el comportamiento. Hacer que un padre u otro familiar le sujete la mano al niño puede facilitar la ejecución de determinados movimientos, además de darle una mayor seguridad de que son capaces de hacerlo. También funciona como recordatorio de que el adulto sigue allí y está aguardando una respuesta, con lo cual será menos probable que el niño se distraiga. Además, hará que el niño sienta que está realizando una actividad con otra persona, lo que reforzará el vínculo a la hora de comunicarse con ella.

Dejando estas razones aparte, puede haber otros motivos más profundos que expliquen por qué el contacto de otra persona puede ayudar a alguien que tenga un problema neurológico a responder con mayor facilidad. Hace poco entré en un aula donde se estaba efectuando un análisis conductual aplicado para observar la interacción entre el profesor y los alumnos, y fue una experiencia interesante. Uno de los aspectos que más gratamente me sorprendieron fue el hecho de que todos los profesores estaban ofreciendo apoyo de «mano sobre mano» o bien de «mano bajo mano». Glenn Doman comprendió hace décadas que un poco de apoyo podía ser útil para que un niño se comunicase de manera más efectiva, y fue justo eso lo que vi poner en práctica con total normalidad en una terapia. Esperemos que este concepto se siga propagando y difundiendo en la comunidad de expertos en autismo (y otros trastornos del neurodesarrollo), ya que los niños no podrán más que beneficiarse de tal conocimiento.

Además de las cuestiones motoras y conductuales ya mencionadas, una mayor investigación científica tal vez pueda demostrar que el tacto de otros seres humanos puede tener profundas repercusiones en la función neurológica de los demás. Por ejemplo, en una reciente investigación, realizada en la Universidad de Boulder-Colorado, se estudió cómo las ondas cerebrales de los seres queridos comenzaban a mostrar correspondencia entre sí cuando una persona sujetaba la mano de otra que estuviese experimentando un dolor. El artículo formaba parte de «un incipiente corpus de investigación que explora un fenómeno conocido como "sincronización interpersonal", por el cual las personas generan un reflejo fisiológico de aquellos con quienes se encuentran. Es la primera vez que se examina la sincronización de ondas cerebrales en el contexto del dolor, y arroja nueva luz sobre el papel que desempeña el acoplamiento intracerebral». En otras palabras, cuando se tocan dos personas que se aman, sus ondas cerebrales se adaptan de tal forma que se corresponden entre sí (Universidad de Boulder-Colorado, 2018).

Otro trabajo mostró cómo las ondas cerebrales de una persona pueden verse afectadas cuando otra está tocándola y prestándole atención, aun sin ser consciente de ser objeto de dicha atención (Cerritelli, Chiacchiaretta, Gambi y Ferretti, 2017). Aunque esto forme parte de las llamadas «nuevas ciencias», es emocionante que los académicos y facultativos por fin tengan pruebas que expliquen por qué estos niños son capaces de comunicar mejor sus ideas y necesidades cuando tienen a un padre o un ser querido tocándoles y dándoles apoyo físico.

### Sigue estos pasos cuando trates de usar el tablero de elección con tu hijo

- Piensa en lo que le quieres preguntar a tu hijo.
- Escribe las posibles respuestas en el tablero de elección.
- Siéntate cómodamente con tu hijo.
- Formula la pregunta y señala las distintas opciones con la mano de tu hijo, al tiempo que se las lees en voz alta.
- Sostén la mano de tu hijo por encima del tablero y espera a que haga una señal sin soltársela.
- Cuando la mano de tu hijo vaya hacia una de las opciones, hazle saber que le has entendido, diciéndole por ejemplo: «¡Quieres merendar una manzana! ¡Ahora te traigo una!».
- Actúa en consecuencia y dale lo que pidió en su respuesta. Esto es importante para que el niño vea el valor de esta actividad y siga queriendo comunicarte sus necesidades.
- Ten en cuenta que tu hijo no necesita leer las opciones para poder responder, puesto que tú ya estás señalando las opciones con su mano y leyéndoselas en voz alta. Aun cuando no sea capaz de leer las posibles respuestas, sí que las escuchará y verá dónde están en el tablero, así que sabrá adónde apuntar dependiendo de lo que quiera.

Lo que pretendemos es que el niño sienta el máximo interés y entusiasmo hacia esta actividad, por lo que asegúrate de que las preguntas resulten variadas. Puedes incluir algunas sencillas, con respuesta de «sí» o «no», tales como: «¿Tienes sueño?» o «¿Quieres merendar?». También puedes añadir otras más sofisticadas, como por ejemplo: «¿Qué quieres para cenar?», «¿Adónde quieres que vayamos este fin de semana?» o «¿Cuál es tu color favorito?». Para este tipo de preguntas, quizás quieras poner cuatro opciones diferentes en el tablero.

Hay una serie de problemas y obstáculos que interesa evitar a la hora de usar el tablero de elección, ya que algunos fallos importantes pueden hacer que el niño no quiera tomar parte. No cometas los siguientes errores:

- Usar el tablero para poner a prueba a tu hijo. No hagas preguntas como, por ejemplo, «¿Cuál es tu nombre?», ya que se trata más bien de una pregunta de examen y no de una comunicación real. Como ya hemos mencionado antes en este libro, los niños odian que se los ponga a prueba, por lo que es mejor evitar esta clase de interrogatorios. En vez de eso, utiliza esta actividad como un medio de averiguar cuáles son las necesidades y deseos de tu hijo, para que este no lo vea como una obligación y quiera participar en ella.
- Soltar la mano a tu hijo: según acabamos de explicar, si sostienes la mano de tu hijo sobre el tablero tras haberle leído en voz alta las opciones, le ayudarás a responder con mayor facilidad.
- Ignorar la respuesta de tu hijo: en ocasiones, la respuesta que señala un niño puede ser una gran sorpresa para los padres y estos deciden no actuar en consecuencia y no darle lo que ha pedido. Asegúrate de siempre dar una respuesta verbal a tu hijo, diciéndole que le has entendido, y cumpliendo con ello de inmediato.
- Tener distracciones cerca al realizar esta actividad. Nos referimos a minimizar los sonidos en el entorno y cualquier otra cosa que pueda distraer a tu hijo. Te interesa hacer que tu hijo preste toda su atención durante estas sesiones.

Esperamos que disfrutes usando el tablero de elección para comunicarte con tu hijo. Es muy habitual que los padres nos digan que han podido conocer mucho mejor a sus hijos y que estos están más contentos al saber que pueden expresar qué es lo que quieren y necesitan. Será el inicio de una comunicación efectiva entre un niño y sus padres, la cual es de esperar que no haga más que seguir mejorando en el futuro.

# Capítulo 9

## Tu hijo y sus necesidades de integración sensorial

Es muy típico que los niños con autismo, TDA y otros trastornos del neurodesarrollo padezcan serios problemas sensoriales. Algunos son hipersensibles a los estímulos recibidos a través del tacto y el oído. Otros son hiposensibles y no pueden percibir los sonidos o las sensaciones táctiles con normalidad.

- Hiposensibilidad: tener una sensibilidad menor que la normal.
- Hipersensibilidad: tener una sensibilidad mayor que la normal.

Recuerda que existen cinco vías sensoriales por las cuales los seres humanos recibimos información y experiencias del mundo que nos rodea. Dichas vías son la vista, el oído, el tacto, el olfato y el gusto, y a través de ellas interpretamos nuestro entorno y aprendemos todo lo que sabemos.

Algunos niños con problemas del neurodesarrollo son hiposensibles, lo cual significa que pueden tener visión escasa, deficiencias auditivas o limitaciones en sus capacidades táctil, olfativa o gustativa.

Otros niños son hipersensibles, es decir, son excesivamente susceptibles a lo que ven, oyen, sienten, huelen y saborean. La mayoría de los niños diagnosticados de autismo entran en esta categoría por tener una sensibilidad desproporcionada.

Pueden darse casos de hipersensibilidad en ciertas capacidades sensoriales e hiposensibilidad en otras. Por ejemplo, yo he visto a niños que son excesivamente sensibles del oído, y a quienes molestan sonidos como los del aspirador o la batidora, pero que son hiposensibles al tacto, ¡hasta el punto de apenas reaccionar si les pellizcan!

Es importante que seas consciente de las capacidades y reacciones sensoriales de tu hijo para poder entender mejor su manera de percibir el mundo.

## Ejemplos de hiposensibilidad en las distintas áreas sensoriales

● Hiposensibilidad de la vista: niños con agudeza visual reducida o que ven a una distancia limitada o con escasa claridad.

● Hiposensibilidad del oído: incapacidad de oír todos los sonidos en el entorno, dificultad para identificar su origen o respuesta retardada al habla u otros estímulos auditivos.

● Hiposensibilidad del tacto: un niño con «elevada tolerancia al dolor», que no muestra reacciones fuertes al pellizcarlo o extraerle sangre, o en situaciones de frío o calor extremo.

● Hiposensibilidad del olfato: un niño al que no repelen los olores fuertes o desagradables.

● Hiposensibilidad del gusto: predisposición a meterse cualquier cosa en la boca, incluidas aquellas consideradas de sabor desagradable por la mayoría de la gente.

## Ejemplos de hipersensibilidad en las distintas áreas sensoriales

● Hipersensibilidad de la vista: un niño que muestra conductas autoestimulatorias para su propia visión, como mirar fijamente una luz, un hilo o cualquier otro objeto en movimiento.

● Hipersensibilidad del oído: un niño a quien molestan o irritan determinados ruidos, o que se distrae con facilidad con estos. También se aplica a los niños que se obsesionan o se complacen en demasía con ciertos sonidos, como los de un juguete o algún tipo de música.

● Hipersensibilidad del olfato: ser mucho más sensible a los olores que lo habitual.

● Hipersensibilidad del gusto: un niño que se niega a probar ciertos alimentos y que se muestra excesivamente puntilloso con los sabores.

Al margen de que tu hijo sea híper o hiposensible, hemos descubierto que la estimulación es la clave para ayudarles a mejorar sus capacidades sensoriales. En este capítulo haremos mayor hincapié en la hipersensibilidad, al ser un problema mucho más común entre los niños con autismo y TDA.

En concreto, nos centraremos en las dificultades táctiles y auditivas, ya que estos son los síntomas más habituales a los que se enfrentan quienes tienen estas necesidades especiales. Además de cómo tratar a los niños en estos aspectos, también veremos cómo realizarles una evaluación exhaustiva, al ser un paso fundamental previo al inicio de cualquier terapia.

## Evaluación auditiva

¿Cómo podemos evaluar la capacidad de oído que tiene tu hijo? Consideraremos tres habilidades básicas que cualquier niño debería tener:

- Reflejo de sobresalto: un movimiento involuntario ante un sonido repentino y de gran volumen.
- Respuesta vital ante un sonido amenazador: una respuesta instantánea de miedo causada por un sonido fuerte y que implica amenaza, como el de un claxon o una bocina.
- Reconocimiento de sonidos dotados de significado: la habilidad de oír todos los sonidos del entorno, ubicar su procedencia y responder de manera apropiada.

Es importante que compruebes si tu hijo muestra una respuesta normal en el contexto de estas tres habilidades, con el fin de determinar con exactitud si tu hijo necesita realizar actividades de integración sensorial o no.

## Cómo evaluar la capacidad auditiva

EVALUACIÓN N.º 1 — REFLEJO DE SOBRESALTO

Materiales para evaluar el reflejo de sobresalto.

- Materiales: dos tacos de madera, dos cazos o sartenes, globos.
- Instrucciones de seguridad: *estas evaluaciones deben realizarse a más de tres metros de distancia del niño, con el fin de garantizar que su oído no sufra daños. No realices estas evaluaciones a menos de tres metros.*

- Cómo evaluar esta habilidad: provocarás un sonido fuerte y repentino con cualesquiera de los materiales arriba indicados. Para que la evaluación salga bien, es importante que a tu hijo le resulte un ruido súbito e inesperado. Por ejemplo, puedes entrechocar los dos tacos de madera para provocar un chasquido seco. En otra sesión de evaluación, puedes provocar un estruendo al golpear los dos cazos o sartenes y, en una tercera, puedes reventar un globo. Es fundamental que el niño no vea lo que estás a punto de hacer para que sea una sorpresa. *Mantén siempre una distancia de al menos tres metros por motivos de seguridad.* Al producir este sonido alto y repentino, presta mucha atención a la reacción de tu hijo.
- ¿Cuál es una respuesta normal?: justo en el momento de escuchar el sonido, deberías ver cómo el niño parpadea y su cuerpo se estremece levemente por el sobresalto. Si tu hijo responde así de manera constante, entonces no tendrás que proporcionar estimulación para esta habilidad.
- Posibles respuestas anormales que tal vez observes:
  - Respuesta nula: tu hijo no reacciona ante un sonido seco y repentino.
  - Respuesta débil: tu hijo mira en dirección al sonido, pero no muestra ninguna respuesta de sobresalto.
  - Respuesta retardada: tu hijo se sobresalta, pero tras un cierto lapso de tiempo (dos segundos o más).
  - Respuesta inconstante: tu hijo se sobresalta en algunas ocasiones, pero en las demás no responde de manera normal.

  Si tu hijo muestra alguna de estas cuatro clases de respuesta anormal, necesitará recibir estimulación para esta habilidad.

Evaluación n.º 2 — Respuesta vital ante un sonido amenazador

- Materiales: una bocina portátil.
- Instrucciones de seguridad: *estas evaluaciones deben realizarse a más de tres metros de distancia del niño, con el fin de garantizar que su oído no sufra daños. No realices estas evaluaciones a menos de tres metros.*

Puedes adquirir una bocina portátil en amazon.com o en cualquier ferretería o tienda de deportes.

- Cómo evaluar esta habilidad: harás sonar la bocina sin avisar. Al realizar esta evaluación, *mantén una distancia de al menos tres metros por motivos de seguridad.* Cuando des este bocinazo, presta mucha atención a la reacción de tu hijo.
- ¿Cuál es una respuesta normal?: deberías observar el miedo reflejado en el rostro de tu hijo, además de un estremecimiento instantáneo. Si tu hijo responde así de manera constante, entonces no tendrás que proporcionar estimulación para esta habilidad.
- Posibles respuestas anormales que tal vez observes:
  - Respuesta nula: tu hijo no reacciona ante un bocinazo repentino.
  - Respuesta débil: tu hijo mira en dirección al sonido, pero no muestra ninguna respuesta que transmita miedo.
  - Respuesta retardada: tu hijo se sobresalta, pero tras un cierto lapso de tiempo (dos segundos o más).
  - Respuesta inconstante: tu hijo a veces se asusta con la bocina, pero no siempre.

Si tu hijo muestra alguna de estas cuatro clases de respuesta anormal, necesitará recibir estimulación para este nivel de audición.

EVALUACIÓN N.º 3 — RECONOCIMIENTO DE SONIDOS DOTADOS DE SIGNIFICADO

- Materiales: cualquier cosa que provoque sonidos ambientales, tales como campanillas, silbatos, cascabeles, maracas, panderetas, el timbre de la puerta, un grifo abierto, una puerta al abrirse y cerrarse, etc. También puedes producir sonidos orgánicos como golpear una puerta, aplaudir o dar pisotones.
- Cómo evaluar esta habilidad: en distintos momentos del día provocarás sonidos como los que acabamos de mencionar. Hazlo cuando tu hijo menos se lo espere, para que puedas observar su reacción. Por ejemplo, puedes tañer una campanilla a una hora temprana para ver cómo responde. Una hora después haz sonar unas maracas y fíjate en cómo reacciona. Más tarde, prueba a tocar el timbre y, al cabo de unas horas, a golpear la puerta. En cada sesión estarás atento al niño, para ver si escucha el sonido y mira hacia él de inmediato.
- ¿Cuál es una respuesta normal?:
  - El niño oye el sonido al momento.
  - El niño mira en dirección al origen del sonido.

- El niño responde de manera apropiada en todas las ocasiones, sin mostrar señales de híper o hiposensibilidad.

Si tu hijo muestra estas respuestas normales, entonces no necesitará recibir estimulación para este nivel de audición.

● Posibles respuestas anormales que tal vez observes:
- Respuesta nula: tu hijo no reacciona ante ciertos sonidos ambientales.
- Respuesta retardada: tu hijo solo responde a un sonido cuando este se produce durante varios segundos.
- Respuesta inconstante: tu hijo a veces responde a ciertos sonidos, pero no a otros.
- Capacidad limitada para ubicar los sonidos: tu hijo oye los sonidos, pero le cuesta situar el lugar del que proceden.

Si tu hijo muestra alguna de estas cuatro clases de respuesta anormal, o cualquier señal de híper o hiposensibilidad, tendrás que proporcionar estimulación para esta habilidad.

Es habitual que los padres nos pregunten si su hijo es o no hipersensible. No siempre resulta fácil determinar si un niño es excesivamente sensible del oído. Entre otras, podemos encontrar las siguientes señales de hipersensibilidad:

- Cuando algunos sonidos le resultan dolorosos, irritantes o molestos. Pueden ser ruidos fuertes, como el que se oye al estar en una sala bulliciosa y abarrotada, o el que produce una aspiradora, una batidora o un secador de manos. En ocasiones, los niños hipersensibles se alterarán con otros sonidos como el de los bebés al llorar, ciertas clases de música o canto, determinadas voces o demás sonidos normales en su entorno. Algunos se taparán los oídos en estos casos y dejarán bien claro que no les gusta lo que escuchan, mientras que otros intentarán escapar de esa situación.
- Cuando se distrae con facilidad o si hay ciertos sonidos capaces de interrumpir su concentración. Les suele pasar a aquellos niños que tienen dificultades para centrarse cuando hay otras cosas sucediendo a su alrededor.
- Cuando muestra «obsesión» hacia ciertos sonidos, como escuchar la misma música o vídeos de forma repetitiva, o hacer a todas horas el mismo tipo de sonido con algún juguete. Esta atracción excesiva hacia determinados sonidos es una clase concreta de hipersensibilidad.

– Cuando «desconecta» con lo que sucede a su alrededor. Los niños que suelen aparentar estar «en su propio mundo» son, a menudo, hipersensibles a los sonidos y reaccionan de esta manera como vía de escape a esta sobrecarga sensorial. Este agobio y la consecuente «desconexión» es el motivo por el que algunos niños se muestren hipersensibles en ciertas ocasiones e hiposensibles en otras.

Si tu hijo reacciona de manera deficiente ante la evaluación con sonidos dotados de significado que acabamos de ver, o si muestra señales de híper o hiposensibilidad, necesitarán recibir esta clase de estimulación.

## Estimulación auditiva

Estimulación del reflejo de sobresalto

En caso de que tu hijo muestre alguna de las respuestas anormales ante la evaluación del reflejo de sobresalto descrita en este capítulo, le beneficiará recibir estimulación para esta habilidad, pues le ayudará a mejorar el sentido del oído, el procesamiento auditivo y su respuesta ante sonidos y mensajes hablados. En ocasiones, realizar este ejercicio tan elemental reforzará la comprensión del niño, al comportar mejoras en la capacidad auditiva en general. Si la respuesta por reflejo de sobresalto fue la normal, entonces no será necesario que proporciones dicha estimulación a tu hijo, ya que no supondrá beneficio alguno.

- Objetivo: que el niño muestre un reflejo de sobresalto normal ante un sonido repentino y de gran volumen.
- Frecuencia de la sesión: diez veces al día.
- Duración de la sesión: unos pocos segundos.
- Intervalo entre cada sesión: un mínimo de cinco minutos.
- Materiales: dos tacos de madera, dos cazos o sartenes, o un globo.
- Instrucciones de seguridad: *estas estimulaciones deberán realizarse siempre a tres metros de distancia o más.*
- Estimulación: tienes que tratar de estimular el reflejo de sobresalto diez veces al día. Cada sesión solo durará unos segundos, ya que consiste en producir un sonido fuerte y súbito. No hagas ver ni le digas al niño lo que vas a hacer, ya que el factor sorpresa es importante. Colócate de tal manera que puedas ver a tu hijo y entonces provoca

un sonido alto y repentino, alternando entre distintas clases de ruidos y haciéndolo solo una vez en cada sesión. Así, en uno puedes entrechocar los dos tacos de madera; en otro, usar las sartenes o los cazos y, en la tercera, reventar un globo. Al proporcionar esta estimulación, estate siempre atento a la respuesta de tu hijo. Continúa realizando este ejercicio hasta que tu hijo muestre la respuesta normal y deseada.

ESTIMULACIÓN DE LA RESPUESTA VITAL ANTE UN SONIDO AMENAZADOR

Si tu hijo mostró alguna de las respuestas anormales ante la evaluación con sonidos amenazadores que acabamos de ver, le resultará de ayuda recibir estimulación y hasta podría salvarle la vida, al darle la capacidad de saber si un sonido es una señal de peligro, como el claxon de un coche en la calle. Si vivieras en una gran ciudad, con tanto tráfico, gente gritando para llamar la atención, ruido de obras, etc., el no tener esta habilidad podría suponer un gran riesgo. Potenciar esta respuesta vital servirá para mejorar la capacidad y el procesamiento auditivos, y la respuesta ante sonidos y mensajes hablados. Si tu hijo respondió de manera normal a la evaluación con la bocina, entonces no hará falta que realices esta estimulación, pues no comportará ningún beneficio.

Es fácil confundir el reflejo de sobresalto con la respuesta vital ante un sonido amenazador. La principal diferencia entre estas dos reacciones radica en el miedo. Un reflejo de sobresalto al oír reventar un globo puede consistir en un parpadeo o un leve estremecimiento, pero se trata de algo muy diferente a la respuesta provocada por el miedo que se puede dar al escuchar un bocinazo. Este arranque de temor se produce porque el cerebro se da cuenta al instante de que la persona se encuentra en peligro y debe reaccionar. Ese es el motivo por el que las actuales alarmas de incendios son tan escandalosas, para provocar este tipo de respuesta: ¡el propósito de sus creadores es causar tanto miedo e incomodidad en la gente que les fuerce a abandonar el edificio! Cuando realices esta estimulación, debes fijarte en el rostro de tu hijo para ver si expresa este temor, como sucedería en una respuesta normal. Algunos niños llorarán y otros no, dependiendo de su edad y madurez, pero cualquier individuo que reaccione con normalidad dejará ver este miedo al instante.

- Objetivo: que el niño tenga una respuesta vital normal, motivada por el miedo, ante cualquier sonido amenazador.
- Frecuencia de la sesión: diez veces al día.

- Duración de la sesión: unos pocos segundos.
- Intervalo entre cada sesión: un mínimo de cinco minutos.
- Materiales: una bocina.
- Instrucciones de seguridad: *estas estimulaciones deberán realizarse siempre a tres metros de distancia o más.*
- Estimulación: intenta estimular el reflejo de sobresalto diez veces cada día. Ten en cuenta que cada sesión solo durará unos segundos, ya que consiste en producir un sonido fuerte y desagradable. No hagas ver ni le digas al niño lo que vas a hacer, ya que el factor sorpresa es importante. Sitúate al menos a tres metros de distancia, de tal modo que puedas ver a tu hijo, y entonces haz sonar la bocina. Al proporcionar esta estimulación, fíjate siempre en la respuesta de tu hijo y mantén un intervalo de al menos cinco minutos entre cada sesión. Continúa realizando este ejercicio hasta que tu hijo tenga la reacción normal y deseada en todas las ocasiones. Cuando tu hijo muestre siempre la misma respuesta al oír el bocinazo, podrás interrumpir el tratamiento.

ESTIMULACIÓN DE LA CAPACIDAD DE RECONOCER SONIDOS DOTADOS DE SIGNIFICADO

Si tu hijo es híper o hiposensible, recibir estimulación para esta habilidad le ayudará a mejorar la capacidad y el procesamiento auditivos y, potencialmente, la comprensión. El objetivo es que el niño pueda oír todos los sonidos en su entorno, saber de dónde proceden y reaccionar adecuadamente. Con aquellos niños que sean demasiado sensibles, utilizaremos sonidos suaves, puesto que otros más fuertes les podrían resultar irritantes o abrumadores. Para los que no tengan suficiente sensibilidad, los sonidos serán altos y claros, de modo que no les cueste oírlos.

- Objetivo: que el niño pueda oír sonidos ambientales, ubicar su procedencia y responder de un modo apropiado.
- Frecuencia de la sesión: quince veces al día.
- Duración de la sesión: treinta segundos.
- Intervalo entre cada sesión: un mínimo de cinco minutos.
- Materiales:
  - Cualquier cosa que provoque sonidos ambientales, como campanillas, silbatos, cascabeles, el timbre de la puerta, un grifo abierto o una puerta al abrirse y cerrarse.

- También puedes producir sonidos orgánicos como golpear una puerta, aplaudir o dar pisotones.
- Se pueden utilizar efectos de sonido disponibles en aplicaciones de dispositivos móviles. Puedes descargar una amplia variedad, que abarcan desde sonidos de animales hasta instrumentos musicales, pasando por efectos ambientales como el de una cascada, una hoguera o las olas en la playa.
- Estimulación: producirás diferentes sonidos quince veces cada día. Cada sesión durará treinta segundos y constará de tres sonidos diferentes, de diez segundos cada uno. Dile a tu hijo lo que va a escuchar y entonces pon el sonido. Al pasar los diez segundos, vete a otra parte de la habitación y pasa al siguiente. Siempre tienes que cambiar el lugar de procedencia del sonido y estimular al niño desde distintos lugares, pues es la mejor manera de realizar este ejercicio. También querrás disponer de un gran repertorio, para alternar entre los sonidos que hagan los objetos que recojas y los efectos de cualquier aplicación. Te recomendamos que escojas al menos treinta diferentes, ya que, al hacer diez sesiones al día, con tres sonidos cada uno, el poder contar con treinta te permitirá rotar entre todos ellos cada día. Así, las distintas sesiones irían en esta línea:
  - Sesión 1: golpear la puerta, maracas, aplausos.
  - Sesión 2: tocar el timbre, dar pisotones, maullido (con una aplicación).
  - Sesión 3: sirena (aplicación), silbato, campanilla.

A veces, lo ideal será conectar tu tableta o teléfono a un altavoz con *bluetooth* y así aprovechar al máximo los efectos de sonido, ya que al mismo tiempo les podrás subir el volumen y cambiarlos de sitio, lo que hará que el programa sea más efectivo.

## Otras maneras de ayudar a un niño hipersensible

Hay una serie de acciones sencillas que puedes poner en práctica en casa para ayudar a tu hijo a mejorar su concentración y procesamiento auditivo. Aunque el programa descrito en este capítulo puede reducir la hipersensibilidad, también es importante que tomes de inmediato algunas medidas que le proporcionen algún alivio.

Un paso muy simple es el de deshacerse de cualquier sonido innecesario en tu casa, especialmente músicas o ruidos de fondo procedentes de tabletas, teléfonos, la radio, el televisor, etc. Estos sonidos en el ambiente pueden ser una fuente constante de distracción y hacer que a un niño hipersensible le cueste mucho concentrarse. En cambio, si en casa le proporcionas solo un sonido cada vez, podrá lidiar mejor con esta sobrecarga sensorial, y le ayudarás a relajarse y concentrarse.

Algo que también deberías tomar seriamente en consideración es brindarle algo de alivio con tapones o protectores para los oídos, o bien con auriculares con bloqueo de sonidos. Estos tres artículos están diseñados para reducir el impacto de los sonidos en la gente, pero son algo diferentes entre sí en términos de función y comodidad. Puedes usar cualesquiera de ellos para ayudar a un niño a lidiar con los sonidos en entornos muy bulliciosos. Muchos padres observan que su hijo se porta mejor y es más obediente cuando utiliza tapones para los oídos o auriculares especiales con bloqueo de ruidos, incluso estando en casa, pues les ayuda a reducir la sobrecarga sensorial que soportan a todas horas con tantos estímulos auditivos. Veamos estas opciones por separado para que puedas decidir con fundamento cuál es la mejor para tu hijo.

### Tapones para los oídos

El uso de tapones para los oídos en niños hipersensibles puede resultar muy efectivo a la hora de ayudarles a relajarse y concentrarse. Un niño a quien molesten los sonidos se sentirá más contento y mejor dispuesto, al no tener tanta saturación de ruidos ambientales. Según nuestra experiencia, lo mejor es usar tapones de silicona, que se comportan como la cera y se pueden moldear para ajustarse perfectamente al oído. Están disponibles en marcas muy populares como Mack's Pillow Soft, muy prácticas y de excelente calidad. Puede ser extremadamente útil utilizarlos en lugares

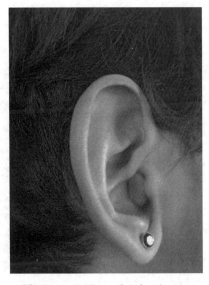

Tapones para los oídos de silicona.

ruidosos y con mucha gente, tales como centros comerciales, fiestas o eventos, en transportes públicos o en el coche. Sus ventajas consisten en que se amoldan fácilmente al oído y son baratos y fáciles de transportar.

#### AURICULARES CON BLOQUEO DE SONIDOS

Se trata de auriculares electrónicos especiales, capaces de reducir y eliminar ciertos sonidos ambientales. Fueron diseñados originalmente para quienes se iban de viaje de negocios y querían mitigar el zumbido constante de los motores de un avión en vuelo, por lo que son muy efectivos para cualquier ruido de fondo. Simplemente hay que encenderlos y verás cómo parecen desaparecer los sonidos procedentes del motor del coche, el aire acondicionado, el ventilador u otros aparatos. Por motivos de seguridad, te interesará hacerte con unos que sean inalámbricos. Llevamos muchos años utilizando este tipo de auriculares y los mejores fabricantes que hemos encontrado son Bose, Sony y Sennheiser, empresas líderes en tecnologías de cancelación de ruidos. Aunque son de la mejor calidad, son igualmente más costosos que muchos otros auriculares disponibles en el mercado. Si buscas, también encontrarás opciones más asequibles que te podrán venir bien. Estos auriculares se pueden utilizar en casa y en lugares públicos, pues son bastante cómodos y están diseñados para usarlos de viaje.

Auriculares con bloqueo de sonidos.

## PROTECTORES PARA LOS OÍDOS

Si no puedes conseguir unos auriculares con bloqueo de sonidos, o si estos son demasiado caros, otra opción son los protectores que se utilizan en la construcción o al disparar con armas de fuego. En ocasiones no resultarán tan cómodos y puede que sea difícil encontrarlos en tallas adecuadas para un niño, aunque cada vez son más populares. Los padres a menudo quieren proteger los oídos de sus hijos cuando van a conciertos u otros eventos. En general, para nosotros estos protectores son una opción secundaria, a considerar solo en caso de que no se puedan usar tapones o auriculares con bloqueo de sonidos.

El uso de tapones o auriculares especiales hará que los niños se sientan más relajados, concentrados y con mejor actitud. Algunos mostrarán un mayor grado de interés e interacción hacia lo que les rodea, al reducirse la distracción producida por sonidos externos.

## EVALUACIÓN TÁCTIL

Tras haber evaluado la audición, también será muy importante determinar la tactilidad del niño, es decir, su capacidad de percibir estímulos táctiles. Es muy habitual que los niños con trastornos del neurodesarrollo reaccionen de manera anormal al tacto, sea de un modo híper o hiposensible. Por eso es fundamental que examinemos exhaustivamente estas habilidades y proporcionemos la estimulación adecuada para ayudarles a corregir estas respuestas anómalas.

Ser hiposensible al tacto puede ser muy problemático ya que, si no puedes sentir tu cuerpo con normalidad, ¿cómo esperas poder moverlo? A menudo hemos descubierto que los niños con problemas motrices, por ejemplo, dificultad para coordinar movimientos o usar las manos, también sufren complicaciones táctiles y no sienten su cuerpo como lo hacen otras personas. La hiposensibilidad también puede resultar peligrosa en ciertos casos, al no percibir adecuadamente el dolor o las temperaturas extremas. Imagínate que agarras un cazo con agua caliente sin saber que está quemando por no poder sentirlo, o que un niño se haga un corte en el pie al correr por la calle y no se dé cuenta. Podría ser peligroso para la salud y, en el caso de las personas hiposensibles, se trata de algo muy habitual.

En el caso de los niños hipersensibles, la vida también puede ser muy difícil, y a menudo se considera que tienen «problemas sociales» porque no les gusta que les toquen. Si una persona trata de darles un abrazo, tal vez traten de apartarla de un empujón. Si otro niño les agarra del brazo quizás intenten pegarle, solo para hacer que les suelte. Esta sensibilidad excesiva puede reducir enormemente la capacidad de tolerancia de estos niños, y a menudo dejarán muy claro qué es lo que no les gusta y que así su familia sepa lo que le molesta.

La estimulación táctil será necesaria en niños tanto hiposensibles como hipersensibles.

### Cómo evaluar la capacidad táctil

Existen dos clases de habilidades y respuestas táctiles a evaluar en tu hijo, ambas importantes. La primera es la capacidad de percibir sensaciones vitales, es decir, el dolor, el frío y el calor. La segunda evaluación se centrará en cómo reacciona el niño ante las sensaciones gnósticas, o sea, el percibir y responder adecuadamente a distintas texturas y sensaciones.

Veamos cómo evaluar estas habilidades tan diferentes e importantes:

Compresas de calor y de frío para evaluar sensaciones vitales.

### Capacidad de percepción de sensaciones vitales

● Materiales: compresa de calor, compresa de frío y aguja esterilizada.
● Instrucciones de seguridad: *nunca coloques sobre la piel de tu hijo nada que no hayas probado sobre ti mismo previamente:* si le vas a aplicar una compresa de frío, siempre hazlo primero sobre tu propia piel, y lo

mismo con una compresa de calor. Al asegurarte de que la temperatura es segura para tu piel, tendrás la certeza de que no harás daño a tu hijo.

● Evaluación: en sesiones por separado, usarás distintas clases de estimulación de gran intensidad para evaluar la respuesta de tu hijo. En una utilizarás la compresa de calor (una bolsa con gel que puedes calentar en el microondas), pero probándola primero sobre ti mismo para asegurarte de que es segura y no quema. Una vez te hayas cerciorado, aplícala brevemente sobre la piel del niño, durante uno o dos segundos, para ver cómo reacciona. Comprueba a continuación las distintas zonas de su cuerpo y observa su reacción. Hazlo en las manos, brazos, piernas, pies, pecho, espalda y cuello de tu hijo. En otros ejercicios usarás los otros materiales detallados para esta evaluación. Nunca habrás de hacer sangre o dejarle marca; de lo contrario es que no estás realizando la evaluación de manera segura.

Así pues, un programa de evaluaciones tendría este aspecto:

– Sesión n.º 1: compresa de calor.

– Sesión n.º 2: compresa de frío.

– Sesión n.º 3: aguja esterilizada.

– Sesión n.º 4: pellizco.

● ¿Cuál es una respuesta normal?: un niño que responda con normalidad mostrará dolor de inmediato. Deberás verle al instante poniendo una expresión de desagrado y apartándose de la fuente del dolor. Su reacción al frío, el calor y el dolor deberá ser igual en todas las partes de su cuerpo.

● Posibles respuestas anormales que tal vez observes:

– Respuesta nula: tu hijo no reacciona con molestia ante el frío, el calor y el dolor.

– Respuesta débil: tu hijo percibe el estímulo, pero su reacción y respuesta son muy leves.

– Respuesta retardada: tu hijo percibe el estímulo doloroso, pero al cabo de un lapso de tiempo (dos o más segundos).

– Respuesta inconstante: tu hijo reacciona al recibir el estímulo en ciertas partes de su cuerpo, pero no de la misma manera en todas ellas, o no en todas las ocasiones.

Si tu hijo muestra alguna de estas cuatro clases de respuesta anormal, necesitará que le estimulen esta habilidad, como veremos más adelante en este capítulo.

Contraste de texturas para evaluar las sensaciones gnósticas.

CAPACIDAD DE PERCEPCIÓN DE SENSACIONES GNÓSTICAS:

● Materiales:
  – Un cepillo áspero (de cerdas duras) y otro suave (como uno de maquillaje).
  – Un trozo de seda y un estropajo.
● Evaluación: en una sesión evaluarás la respuesta de tu hijo al frotarle todo el cuerpo con un cepillo áspero y otro suave. El primero deberá ser del tipo que se utiliza para limpiar o fregar la vajilla, con cerdas duras. El otro podrá ser un cepillo para bebés o de maquillaje. Empezarás con el cepillo suave y frotándole todo el cuerpo al niño, que debería sentir agrado. Después usarás el cepillo áspero, que no le gustará tanto, pero que debería tolerar sin reaccionar de manera excesiva. En un segundo ejercicio, frótale todo el cuerpo con un trozo de seda o terciopelo, y después repite la operación con un estropajo duro. De nuevo, el niño debería disfrutar y tolerar las texturas suaves, pero no las ásperas.
● ¿Cuál es una respuesta normal?: el niño disfruta con las texturas suaves, y tolera, pero no disfruta, con las ásperas.
● Posibles respuestas anormales que tal vez observes:
  – Respuesta nula: tu hijo no reacciona ante las distintas sensaciones.
  – Respuesta débil: tu hijo muestra una reacción muy leve y quizás la misma con las sensaciones suaves que con las ásperas.
  – Respuesta hipersensible: tu hijo reacciona de manera excesiva a las diferentes sensaciones, resistiéndose o negándose a participar.

- Respuesta inapropiada: tu hijo disfruta sobremanera con las sensaciones ásperas.

Si tu hijo muestra alguna de estas cuatro clases de respuesta anormal, necesitará recibir estimulación para esta habilidad, como veremos a continuación. Si muestra cualquier ausencia o exceso de sensibilidad en alguna parte de su cuerpo, también le tendrás que estimular esta habilidad.

### ESTIMULACIÓN TÁCTIL

En caso de que tu hijo muestre híper o hiposensibilidad en cualquier parte de su cuerpo, la integración táctil deberá formar parte de su programa de tratamiento a realizar en casa. Antes de proceder con la estimulación, asegúrate de seguir las instrucciones para evaluar la tactilidad que hemos descrito en este capítulo. Entender cuáles son sus problemas táctiles y las respuestas te servirá como guía para saber qué tratamiento proporcionarles.

Aunque parte de esta evaluación pueda resultar intimidante (como determinar su respuesta ante el frío, el calor y el dolor), es importante que te esmeres en ella. Recuerda que una tactilidad reducida puede provocar problemas de movilidad y de destreza manual.

### ESTIMULACIÓN DE LA PERCEPCIÓN DE SENSACIONES VITALES

- Objetivo: que el niño tenga una capacidad normal de percibir sensaciones vitales (frío, calor y dolor).
- Aplicación: niños con respuestas anormales al evaluarles la percepción de sensaciones vitales (frío, calor y dolor) tal como hemos explicado en este capítulo.
- Frecuencia de la sesión: diez veces al día.
- Duración de la sesión: no más de veinte segundos.
- Intervalo entre cada sesión: un mínimo de cinco minutos.
- Materiales:
  - Compresa de calor.
  - Compresa de frío.
  - Aguja esterilizada.
- Instrucciones de seguridad: *comprueba siempre esta clase de estimulación en tu propio cuerpo antes de aplicarla en tu hijo; de no seguir esta recomendación le podrías causar daños.*

● Estimulación: intenta estimular la capacidad de percibir sensaciones vitales diez veces cada día. En las sesiones deberás alternar entre distintos tipos de sensación vital. Cada sesión no deberá durar más de veinte segundos, ya que no son agradables. Tienes que rotar entre cuatro formas diferentes de estimulación, asegurándote siempre de comprobarlas contigo mismo por motivos de seguridad:
  – Sesión n.º 1: compresa de calor (del microondas).
  – Sesión n.º 2: compresa de frío (del congelador).
  – Sesión n.º 3: pellizco (con las uñas).
  – Sesión n.º 4: aguja esterilizada (mojándola en agua hirviendo).
  Cada una de estas estimulaciones deberá aplicarse sobre una parte del cuerpo de manera momentánea (solo uno o dos segundos) y a continuación pasar a otra. Por ejemplo, estimula brevemente la mano y luego hazlo con el antebrazo, el pecho, la espalda, la pierna y el pie. Asegúrate de trabajar distintas partes del cuerpo en cada sesión, para que a lo largo del día puedas abarcar lo máximo posible. Si el niño responde mejor en ciertas partes del cuerpo, céntrate en aquellas con menor grado de respuesta.

ESTIMULACIÓN DE LA PERCEPCIÓN DE SENSACIONES GNÓSTICAS

Si tu hijo es híper o hiposensible hacia cualquier tipo de sensación táctil, necesitarán recibir estimulación para esta habilidad. Si el niño aparenta no percibir el tacto en absoluto o de manera defectuosa, esta clase de integración táctil será totalmente necesaria. En caso de que haya cualquier tipo de sensación o textura que les moleste y repela, o ante la cual se muestren excesivamente sensibles, también necesitarán este tratamiento.

En los casos de hipersensibilidad al tacto, aplicaremos una estimulación de baja intensidad. En los niños hiposensibles aplicaremos una estimulación más intensa y brusca.

● Objetivo: que el niño sea capaz de percibir sensaciones gnósticas.
● Frecuencia de la sesión: quince veces al día.
● Duración de la sesión: un minuto.
● Intervalo entre cada sesión: un mínimo de cinco minutos.
● Materiales:
  – Un cepillo áspero y otro suave.
  – Un estropajo y una esponja suave.
  – Seda y papel de lija.
  – Una bola de algodón suave y otra de lana suave.

Contraste de texturas para evaluar las sensaciones gnósticas.

Estimulación: proporcionarás este contraste de sensaciones táctiles quince veces al día, alternando entre distintos pares de texturas. Frótale el cuerpo durante treinta segundos con una textura, y luego repite la operación en la misma parte del cuerpo con la otra textura. Si el niño es hiposensible, empieza con la sensación más áspera y luego pasa a la más suave. Si el niño es hipersensible, hazlo al revés. Trata de abarcar la mayor superficie posible en cada ejercicio, pero no hagas que dure más de un minuto.

## Resumen

Proporcionar esta clase de estimulación puede ser esencial para los niños con necesidad de integración sensorial. En aquellos que tengan poca sensibilidad, estos ejercicios les ayudarán a percibir mejor su cuerpo. Se trata de algo muy importante por razones de seguridad, ya que un niño que no sienta el dolor con normalidad estará en peligro, en caso de que reciba cortes o contusiones y no se dé cuenta. Asimismo, un niño que no perciba bien su cuerpo tendrá dificultades para moverse adecuadamente y mover las manos con normalidad.

Para los niños con hipersensibilidad, la vida puede ser muy difícil. Los adultos suelen pensar que son «maleducados» o que tienen «problemas sociales» solo porque no les gusta que los toquen. ¡En absoluto! Si tú y yo fuéramos igual de sensibles que ellos, créeme, tampoco querríamos que nadie nos tocase.

Has de proporcionar integración sensorial el tiempo que sea necesario. Para algunos niños solo harán falta unos pocos meses hasta que puedan oír o percibir el tacto con normalidad. Sin embargo, otros necesitarán integración sensorial de manera continua por periodos de tiempo más largos hasta poder responder con normalidad. Márcate este objetivo y ten mucha constancia para poder alcanzarlo.

# Capítulo 10

# Desarrollo social para niños con necesidades especiales

Nuestro programa de desarrollo social no tiene nada que ver con el hecho de que un niño sufra retrasos evolutivos. Se trata de un programa diseñado para todos ellos, tanto si son neurotípicos como si tienen cualquier necesidad especial.

En estos tiempos cada vez resulta más sorprendente que nos encontremos con un niño sociable y educado. A menudo, el motivo es que los adultos no les han proporcionado la orientación ni las pautas adecuadas para comportarse e interactuar con los demás como es debido. ¿Cómo van a crecer y progresar en la escuela y en el mundo sin que los padres les hayan enseñado qué conductas sociales son las apropiadas? Todos nosotros hemos visto a niños a los que, al no haberles marcado ningún límite, les entran rabietas y berrinches sin importar dónde estén. Asimismo, hoy día tenemos muchos niños que, desde el momento en que se despiertan, se pasan el día entero absortos en su *smartphone* con cualquier vídeo o aplicación, sin importar que estén o no en público. En ambos casos les resultará muy difícil conectar con los demás.

Por eso, nosotros hemos creado un programa social llamado el Código de Conducta y que se puede emplear con cualquier niño. No está diseñado solamente para uno de tus hijos, sino para todos; ha de aplicarse de manera equitativa a todos los miembros de la familia.

## El Código de Conducta

Pasemos a definir las dos palabras más importantes de este programa:

- Código: un conjunto de reglas.
- Conducta: comportamiento personal; modo de actuar.

En pocas palabras, un Código de Conducta es un conjunto de normas sobre cómo deben actuar y comportarse todos los miembros de la familia. Lo ideal es comenzar este programa a los dieciocho meses, ya que es la media de edad a la que un niño puede comprender unas reglas de conducta. Muchos niños con necesidades especiales también son capaces de entenderlas a esta edad, por lo que más vale empezar pronto que tarde.

Los niños quieren saber cuáles son las normas para vivir y comportarse en familia. De hecho, cuando un hogar no tiene reglas son ellos quienes las dictan. Este punto es de especial importancia en los niños con necesidades especiales, ya que, debido a sus problemas neurológicos, son incapaces de percibir y entender el mundo tal como lo hacemos nosotros. Serán más susceptibles ante una situación caótica y desordenada, de modo que, cuanto más orden pongamos en su entorno, más fácil será que lo comprendan. Los padres nos dicen constantemente que a sus hijos les va mucho mejor cuando cuentan con una rutina y un programa a seguir. El motivo es que a los niños les resulta de gran ayuda saber qué es lo que se espera de ellos.

Los padres suelen sentirse frustrados con sus hijos porque tienen un comportamiento errático: en ocasiones su actitud es amable y colaboradora, y otras veces se muestran testarudos y peleones. Los adultos tienen que entender que a menudo ellos también se comportan de forma incoherente, lo que hace que a un niño le cueste mucho saber lo que es o no aceptable. Si los padres no responden de manera constante ante una mala conducta, es muy comprensible que los niños no sepan lo que está y lo que no está permitido.

**Hace sesenta años, mi padre Glenn usó este ejemplo de cuando yo era pequeño**

Mi padre ha tenido un gran día en el trabajo. Llega a casa, muy contento consigo mismo y con la vida, y decide que va a relajarse, leer la prensa y tomar algo. Su hijo de cinco años, o sea, yo, entra en la habitación porque quiere jugar con su papá, pero él está descansando y no quiere que interrumpan su lectura. Le doy golpecitos en el periódico para indicar que quiero jugar, pero papá me dice: «Estoy leyendo las noticias».

Continúo el juego de golpetearle la página para llamar su atención. Mi padre, todavía de buen talante, me dice que no haga eso. Yo sigo erre que erre y, después de hacerlo diecisiete veces, mi padre pierde la paciencia y, enfurecido, me grita: «¡Ya está bien! ¡Vete a tu cuarto!». Muy sorprendido y decepcionado, me pongo a llorar porque yo me lo estaba pasando muy bien, pero mi papá fue y se enfadó. Ese día aprendí una importante lección: podía dar golpecitos dieciséis veces, pero no diecisiete. Mi padre toleró ese comportamiento tantas veces porque estaba de buen humor.

Al día siguiente, mi padre ha tenido una jornada horrible en el trabajo. Llega a casa agotado, pensando que se merece relajarse y tomar una copa mientras lee el periódico. Yo entro en la sala, contento y con ganas de volver a jugar. Le doy un golpecito en la página e, inmediatamente, mi padre pierde los nervios y me grita: «¡Fuera! ¡Hoy te quedas en tu cuarto el doble de tiempo que ayer!». A mí me entra la llorera porque yo tenía pensado hacerle la gracia dieciséis veces (porque había aprendido que hasta ahí podía llegar antes de que me castigasen), pero ahora me penalizaba a la primera. Me siento confundido y no lo puedo entender: ¿Tengo permiso para hacerlo diecisiete veces o ninguna? ¿Puedo fiarme de papá y de su comportamiento?

¿Cómo va a saber un niño pequeño si hemos tenido un buen o un mal día? ¿Es justo que nos decepcionemos con ellos cuando nosotros somos así de incoherentes al criarlos y educarlos? Antes de señalar al niño, tenemos que mirarnos a nosotros mismos para ver si estamos siendo constantes a la hora de enseñarles cómo actuar y comportarse.

Los adultos tenemos que ser coherentes; no podemos cambiar las normas en función de cómo nos sintamos.

## La disciplina

Los expertos están hablando a todas horas de cómo *disciplinar* a los niños. La disciplina puede definirse como: «Control que se obtiene al hacer obedecer unas órdenes o reglas, y al castigar el mal comportamiento. Modo de conducta que muestra una voluntad de obedecer órdenes o reglas. Comportamiento a juzgar por lo bien que cumple con un conjunto de órdenes o reglas».

No son unas definiciones muy amables: de hecho, rezuman autoritarismo y se centran en el castigo. Por ese motivo, lo que enseñamos no es cómo disciplinar a los niños. ¿Y si hablamos de autodisciplina? Mi padre Glenn estuvo en Londres durante la Segunda Guerra Mundial y vivió los bombardeos de la ciudad. Cuando las bombas comenzaban a caer, dejando por todas partes un rastro de muerte y destrucción, los ingleses se iban corriendo de manera muy ordenada a los refugios antiaéreos. Al llegar, la gente se paraba y decía: «Pase usted primero», y otro respondía: «No, entre usted primero». Una y otra vez fue testigo de esta asombrosa cortesía y autodisciplina en la más horrenda de las circunstancias.

Nuestro programa social consiste en crear una buena autodisciplina, y nuestro enfoque está en enseñarle al niño a controlarse a sí mismo y no en castigarlo.

## Cómo establecer un Código de Conducta en casa

EL PRIMER PASO ES ESCOGER UNA NORMA INICIAL

Quizás tu hijo pierda los estribos de vez en cuando y le dé por dar golpes y mordiscos si se enfada contigo o con sus hermanos. Por eso, la primera regla que elijas podría ser: «Nosotros no hacemos daño a los demás». O a veces, estando en la mesa, tal vez tu hijo se aburra y le dé por lanzar comida, lo que te lleve a decidir que la primera norma sea: «Nosotros no tiramos la comida». O a lo mejor tiene la costumbre de ponerse a sacar pañuelos de la caja y esparcirlos por toda la casa, lo cual es un desperdicio y un caos, por lo que haces que la primera regla de tu casa sea: «Nosotros solo sacamos un pañuelo cada vez y no cogemos otro hasta que hayamos usado y tirado el primero». Para empezar has de escoger una única norma.

EL SEGUNDO PASO ES DETERMINAR LA SANCIÓN EN CASO DE QUE SE ROMPA LA REGLA

El objetivo es decidir la pena *mínima* para impedir el comportamiento no deseado. Los legisladores tienen que tomar estas decisiones a todas horas. Pongamos que en la ciudad de Pisa, en Italia, la gente aparca en cualquier parte, obstruyendo el tráfico, por lo que el departamento de transportes decide impedir que se estacione en ciertas calles. Si fijaran la multa en cinco euros, la gente seguiría haciéndolo, ya que el coste por romper la ley es ínfimo. Si la pena por estacionar ilegalmente fuese un año de cárcel, entonces sería injusto y excesivamente riguroso. Si la penalización es de treinta euros, servirá para disuadir a la gente, pues romper la ley resultará muy costoso. Esta sería la pena mínima.

Para determinar la sanción, escoge un tiempo mínimo de «pausa obligada» para el niño. Ha de ser lo justo para que sea efectivo. En algunos casos, sobre todo cuando son niños muy pequeños, lo ideal tal vez sea treinta segundos, pero otros pueden necesitar más tiempo, hasta dos o tres minutos, dependiendo de su edad y grado de madurez. Los niños tienen una noción del tiempo muy diferente a la de los adultos: si para nosotros un minuto se pasa volando, ¡a ellos se les hace mucho más largo!

EL TERCER PASO ES ANUNCIAR LA PRIMERA NORMA
CON SU CORRESPONDIENTE SANCIÓN, Y PONERLA EN UN LUGAR
DONDE LA VEA TODA LA FAMILIA

Casi todos los padres ponen la norma en el frigorífico o en la pared, para que así sus hijos la puedan aprender. Durante el día les puedes leer las reglas en la pared a modo de recordatorio, aunque también sirve para que los adultos nos acordemos de aplicarlas de manera coherente y justa. La norma se aplica por igual a todos los miembros de la familia. Por ejemplo, si la norma es «Nosotros no gritamos en casa» y papá pierde la paciencia y levanta la voz, entonces él tendría la misma sanción que los niños y tendría que pasar el mismo tiempo de «pausa obligada». El Código de Conducta se aplica a todo el mundo; eso es lo que hace que sea justo. Todos los miembros de la casa viven con las mismas reglas, ¡no importa que tú seas el padre o el abuelo!

ES FUNDAMENTAL QUE NO HAYA «POLI BUENO» NI «POLI MALO»

Mi padre me enseñó a aplicar normas y a aplicar sanciones de la misma manera en que la policía imponía multas. Él tenía la costumbre de conducir con exceso de velocidad y decía que a veces, cuando la policía lo paraba y le ponía una denuncia, el agente se mostraba respetuoso y carente de emoción, pero otras veces le soltaba un sermón y le hacía pasar un mal rato.

Él decía que lo más interesante de estas dos actitudes era su propia respuesta. Cuando el policía mostraba respeto, mi padre se sentía mal por haber incumplido las reglas, pero si lo reñía y aleccionaba, entonces se enfadaba con el agente. Es importante que comprendas esto al tratar con tu hijo: cuando se infringe el código, es mejor responder con respeto y sin mostrar emociones. Si actúas así, tu hijo se dará cuenta de que se equivocó al romper las normas. Si respondes con gritos o regañinas, tu hijo te verá como el malo.

Tú amas a tu hijo y no lo quieres reprender o ningunear. Cuando tu hijo incumpla el código que has escrito y expuesto en casa, lo que querrás es decirle con una voz amable y sosegada: «Qué pena; has roto la norma. Te toca marcharte un momento».

En mi casa, yo tendía a ser «de mecha corta», pero mi mujer siempre se las arreglaba para mantener la calma. A nuestros hijos a veces les entraban rabietas, pero Rosalind se quedaba tranquila y decía: «Vete a tu cuarto y vuelve cuando estés listo». Esta manera de tratar con ellos era mucho más sana. Cuando yo me sentía molesto e irritado por su comportamiento, a los niños les quedaba claro que me habían tocado la fibra, porque estaba permitiendo que su conducta me afectase. En otras palabras, eran ellos quienes tenían el control. Los niños son conscientes de ello cuando sus padres se enfadan y lo dejan ver. Yo a veces perdía la paciencia, y mis hijos se daban cuenta.

Ten esto siempre en mente: los niños suelen preferir atraer atención negativa de sus padres que ninguna atención en absoluto. Muchas veces se comportan mal solo para que les hagan caso, y prefieren que te enfurezcas a que los ignores. Ese es el motivo por el que un cierto tiempo de aislamiento puede ser bastante efectivo, pero es fundamental que lo apliques sin perder los estribos o levantar la voz. Di algo así como: «Has pegado a tu hermano, y nuestra norma dice que nosotros no hacemos daño a los demás. La penalización es de un minuto de pausa obligada, así que por favor vete y quédate un minuto sentado en la escalera».

No es fácil mantener la cabeza fría, pero es muy efectivo. Rosalind me solía decir: «Cariño, sé que tienes cosas que hacer, así que yo me encargaré de esto». Esto me permitía tranquilizarme, dejando que fuese ella la que aplicase el Código de Conducta de la manera y con el espíritu que correspondía.

APLICA EL CÓDIGO CON COHERENCIA

Cuanto más coherente sea la aplicación de la norma, antes aprenderá el niño a cumplirla. De lo contrario, tu hijo se dará cuenta de que no son reglas de verdad y no las respetará. El único modo de que funcione el código es cumpliéndolo todos los días.

## Cuando tu hijo se sepa la primera norma, entonces añade la segunda

Si las reglas y sanciones se aplican de manera coherente, lo normal es que los padres observen una clara disminución de ese comportamiento al cabo de una o dos semanas. De esta manera podrás expandir el Código de Conducta y favorecer el desarrollo social de tu hijo.

## No te olvides de las felicitaciones

Cuando tu hijo siga el código de manera independiente, no dejes de hacerle ver tu entusiasmo. Si el niño se enfada, pero no da golpes, dile: «Me encanta verte así de amable; ¡buen trabajo!». Si tu hijo saca un solo pañuelo y se lo ofrece a la abuela, será una magnífica oportunidad para cubrirlo de besos y abrazos y decirle lo maravilloso que es. Aprovecha siempre la ocasión de decirle a tu hijo lo bien que lo está haciendo. El éxito motiva a la gente a esforzarse aún más, y el sentido del fracaso tiene el efecto contrario. Si le haces ver que lo está haciendo genial, él lo entenderá como una victoria.

Te presentamos un ejemplo del programa del Código de Conducta. Ten en cuenta que solo añadimos las normas de una en una, por lo que se puede tardar meses en llegar a las cinco reglas.

Las normas de la familia Doman:

- Nosotros no hacemos daño a los demás.
- Nosotros no gritamos.
- Nosotros no tiramos la comida.
- Nosotros siempre recogemos los libros y juguetes después de usarlos.
- Nosotros no quitamos las cosas a los demás.
- Sanción por romper cualesquiera de las normas:
  - Dos minutos de pausa obligada.

## Claves para tener éxito con el Código de Conducta

RECLUTA EN CASA A UN EQUIPO GANADOR PARA TU HIJO

Es fundamental que toda la familia forme parte del equipo. Antes de nada, los padres tienen que actuar de mutuo acuerdo entre sí. Si intervienen los abuelos, también tienen que estar totalmente de acuerdo; los abuelos pueden ser de gran utilidad en el programa, y proporcionar un apoyo magnífico a los padres.

Los hermanos y hermanas de nuestros niños con necesidades especiales son de las personas más extraordinarias que he conocido en toda mi vida: la ayuda que prestan a sus padres es inmensa, y el amor y el respeto que profesan a su hermano con necesidades especiales es conmovedor. Pueden participar en los programas de desarrollo físico, cognitivo y social, lo cual también resulta beneficioso para su propio crecimiento, además de favorecer el éxito de su hermano con el tratamiento.

En nuestros más de setenta años de experiencia, hemos visto que los programas más complicados en los que inscribirse son aquellos que requieren que los padres cambien. Esta corrección del comportamiento de los padres es necesaria si se quieren mejorar las habilidades del niño.

Implicar a toda la familia en este proceso también será buena para tu hijo, al hacerle ver que todo el mundo está participando. También os facilitará la vida a vosotros; ¡recuerda que las reglas del Código de Conducta se aplican a todos los miembros de la casa!

### TODA LA FAMILIA HA DE CAMBIAR SU PUNTO DE VISTA

Céntrate en las cosas positivas que hagan tus hijos. Como padres, es muy fácil que nos fijemos solamente en las veces en las que nuestros niños se distraen, se portan mal o no cumplen con sus tareas. Tienes que cambiar esta perspectiva para apreciar también todo su esfuerzo y poner en valor los aspectos positivos.

Pensemos en un niño con necesidades especiales que intenta recoger la mesa y llevarse los platos. En vez de realizar esta acción de manera rápida e independiente, tal vez la lleve a cabo con dificultad. Si logra dejar un plato en el fregadero, hazle ver que lo está haciendo genial. Si a un niño le dices que está logrando hacer algo, le animarás a que siga así. La motivación procede del éxito. Si le elogiamos con genuino entusiasmo, sabrá que ha hecho un buen trabajo y le motivará a hacerlo aún mejor la próxima vez.

### CREA UN SISTEMA DE RECOMPENSAS PARA MOTIVAR A TU HIJO

A continuación tienes dos ejemplos para establecer un sistema de recompensas. El primero es para el Programa de Caminatas, y el otro tiene que ver con las tareas de casa.

### RECOMPENSAS DEL PROGRAMA DE CAMINATAS PARA JUAN

- Objetivo: que Juan camine 1,6 Km en treinta minutos en su Programa de Caminatas.
- Recompensas:
  - Si hace la caminata con alegría, Juan podrá jugar en los columpios durante cinco minutos.
  - Si completa la caminata en menos de treinta minutos, podrá jugar durante diez minutos en los columpios.

- Si completa la caminata en menos de veintinueve minutos, ¡Juan tendrá veinte minutos para jugar en los columpios!

### RECOMPENSAS PARA LAS TAREAS DE CASA

- Objetivo: que Juan termine su rutina de irse a la cama en menos de diez minutos.
  - Cepillarse los dientes.
  - Dejar el cepillo y la pasta de dientes bien recogidos.
  - Ponerse el pijama.
  - Dejar la ropa en el cesto.
  - Cerrar las persianas.
- Recompensas:
  - Si Juan termina su rutina de irse a la cama con alegría, escogerá su libro favorito.
  - Si Juan termina su rutina con alegría y en menos de diez minutos, mamá le leerá durante cinco minutos.
  - Si termina su rutina de irse a la cama en menos de ocho minutos, mamá le leerá durante diez minutos.

### COHERENCIA

Un síntoma de los trastornos del neurodesarrollo es que, a menudo, el niño no ve, escucha o siente el mundo como los demás. Esta información sensorial defectuosa hará que le cueste responder de manera apropiada a lo que sucede a su alrededor. Por tanto, tenemos que hacer cuanto esté en nuestra mano para proporcionar orden y coherencia en su vida y su entorno. Esta es una clave fundamental para que el niño tenga éxito con nuestro programa y en la vida en general. Si le damos la forma de una rutina o programa diario, o de unas normas y límites de la casa, esta coherencia ayudará a que el niño se sienta mucho más cómodo con su entorno.

### PROGRAMA DIARIO

Todos los miembros de la familia han de tener un programa diario; es algo fundamental para que todo el mundo cumpla con su trabajo. A menudo, el único que no tiene esta rutina es el niño con necesidades especiales. Para él todos los días son diferentes y nunca sabe qué esperar, lo que le puede suponer un gran problema.

Del mismo modo en que sus hermanos y hermanas saben exactamente qué hacer cuando se levantan, desayunan y se preparan para ir al colegio, lo mismo debería suceder con el que tiene necesidades especiales. Al llegar al colegio, los niños sanos tienen un horario exacto, a menudo remarcado con toques de campana, que les dice dónde han de estar. En la familia, el programa más organizado debe ser el del hijo con necesidades especiales. Ha de ser coherente: cuanto más lo sea, mejor sabrá lo que tiene que hacer en cualquier momento del día. Cuando esto suceda, el niño será capaz de entender lo que ya está hecho y prever lo que hará en un futuro próximo. Tanto tú como yo necesitamos esta organización en nuestras vidas, y lo mismo tenemos que proporcionar día a día a nuestros hijos. Pon por escrito el horario exacto de tu hijo y ponlo en un lugar donde todo el mundo lo pueda ver.

El programa de rehabilitación neuronal ha de ser ordenado y coherente. Por todo el mundo trabajamos para que nuestras familias cuenten con un Programa del Método Doman diseñado para ajustarse al desarrollo neurológico de cada niño en concreto. Lo primero que hace la familia es irse a casa y preparar su rutina diaria, en la que se integran y organizan los programas de desarrollo físico, cognitivo, fisiológico y social.

Ha de ponerse una gran constancia en la aplicación de dicho programa. Para el niño será muy útil, sobre todo al principio, que la rutina sea siempre la misma, ya que le permitirá asimilar, comprender y memorizar exactamente lo que le toque hacer cada día. Esto, a su vez, le permitirá en todo momento prever justo lo que sucederá a continuación. Solo con poner en marcha este cambio le ayudarás a mejorar su comportamiento, ya que el niño se sentirá más cómodo con su entorno y su horario.

# CAPÍTULO 11

# LISTOS PARA COMENZAR EL PROGRAMA

Este libro contiene información en abundancia; ¡no te culpes si ahora te sientes algo abrumado! Ahora bien, tampoco dejes que te intimide y te impida comenzar con el programa: Roma no se hizo en un día. Hemos visto a muchos padres igual que tú asimilando esta información y poniéndola en práctica con gran éxito para su hijo.

RECOMENDACIÓN N.º I — COMIENZA EL PROGRAMA DE MANERA GRADUAL

La mejor recomendación que te podemos dar es que vayas aplicando estos consejos de uno en uno. No trates de comenzar con todo de hoy para mañana; resultará muy agobiante si pretendes hacerlo de una sola vez. En vez de eso, empieza por tomar medidas de una en una y de iniciar cada programa por separado. Te sugerimos que establezcas un plan en el que introduzcas una nueva actividad cada mes. Toma en consideración esta planificación de muestra, pues hemos visto que funciona muy bien:

- Primer mes: céntrate en comenzar los programas de nutrición e higiene del sueño, y en obtener logros en estos aspectos.
- Segundo mes: comienza el programa de caminatas y carreras siguiendo nuestras recomendaciones, y empieza a preparar materiales para el programa de lectura.
- Tercer mes: comienza el programa de lectura con los materiales que hayas ido preparando. Empieza a reunir materiales sensoriales de cara al mes siguiente.
- Cuarto mes: comienza los programas sensoriales (integración táctil y/o auditiva, en caso de que sean aplicables a tu hijo).

● Quinto mes: comienza el programa de desarrollo del lenguaje.

● Sexto mes: comienza el programa de suspensión, y empieza a preparar la escalera de braquiación para más adelante.

● Séptimo mes: empieza a poner en práctica las recomendaciones del programa de desarrollo social.

¿Por qué solemos recomendar este orden? Normalmente empezamos centrándonos en la fisiología, pues sabemos que un niño saludable progresará con más rapidez. Por ello, mejorar la nutrición, el sueño y el entorno hará que comencemos el tratamiento con buen pie. En segundo lugar, nos gusta implementar un buen programa de preparación física y, a continuación, pasaremos a ejecutar un programa eficaz de desarrollo cognitivo y social. El motivo es que hemos observado que una buena fisiología, sumada a la actividad física constante, resulta fundamental para obtener buenos resultados a nivel cognitivo y social.

Si tu sensación es que alguno de estos programas resulta de especial importancia, puedes anteponerlo a otros en tu planificación. Por ejemplo, si ves que tu hijo tiene una necesidad imperiosa de comenzar el programa de desarrollo social con el Código de Conducta, lo puedes adelantar en tu plan. Depende de ti por completo.

RECOMENDACIÓN N.º 2 — TEN CONSTANCIA

Independientemente de lo que hagas con tu hijo y de los conocimientos y herramientas que extraigas de este libro, lo mejor que puedes hacer por él es poner en práctica un programa que sea coherente. Practicar una actividad todos los días de manera constante generará mayores resultados que realizar varias actividades de vez en cuando. Como mejor responden los niños es cuando se pone constancia en lo que se hace. Al margen de que decidas aplicar el programa descrito en este libro o pienses que existen mejores opciones para tu hijo, te podemos decir que la constancia es clave a la hora de ayudar a que un niño con necesidades especiales mejore y se desarrolle.

Al hablar de constancia, nos referimos a tratar de hacer algo todos los días. Aunque no puedas dedicar más que una hora diaria a las actividades programadas para tu hijo, será mucho mejor que echarle muchas horas durante solo un día a la semana. Verás cómo obtienes mejores resultados y que el niño se lo pasa mucho mejor.

Recomendación n.º 3 — Hazlo como una familia

Si tienes más hijos, haz que colaboren y participen en estas actividades junto a su hermano con necesidades especiales; ¡a ellos les encantará ayudar y verse involucrados! De lo contrario, se sentirán apartados y excluidos. Los hermanos pueden ser grandes entrenadores y aportar ideas que a ti nunca se te habrían ocurrido.

Es importante que, a ser posible, ambos progenitores se impliquen en este programa. Si en la casa viven ambos padres, el programa será más coherente y dará mejores resultados, al estar los dos comprometidos con él. Si has leído este libro y tienes ganas de empezar, pide a tu pareja y demás miembros de la familia que también lo lean para que así puedan ayudarte y que estéis todos en el mismo barco.

# CONCLUSIÓN

Esperamos que este libro te haya resultado esclarecedor y que al mismo tiempo sea de utilidad para tu hijo. El cerebro humano tiene la capacidad de sanar y desarrollarse gracias a la neuroplasticidad. Para favorecer dicho desarrollo, lo mejor es aplicar un enfoque integral. Al seguir las recomendaciones de este libro, los padres podrán dar comienzo a un programa que contribuirá al crecimiento de su hijo a nivel cognitivo, físico y social. Podrán tomar medidas que ayuden a que el niño esté más fuerte y sano. Al aplicar de manera constante estos programas en casa, aumentarán las probabilidades de que este niño alcance su máximo potencial en la vida.

Uno de los aspectos más importantes del Método Doman es que se encuentra en constante cambio. A medida que se produzcan nuevos descubrimientos e innovaciones que puedan ser de ayuda para los niños con necesidades especiales, tales tratamientos quedarán incorporados en el programa. Lo que cuenta para los padres, y para nosotros mismos, son los resultados. ¿Qué podemos hacer para ayudar a más niños a tener una mejor salud con mayor rapidez? Esta es la pregunta que nos planteamos todos los días, con el fin de intentar alcanzar nuevas cotas de excelencia en el enfoque de nuestro tratamiento y en nosotros mismos.

Por ahora, lo más importante para ti es que des el siguiente paso en el camino hacia el bienestar de tu hijo. Aunque empieces con solo una de las recomendaciones de este libro, ciertamente servirá para marcar una diferencia. Incorporar nuevos programas de manera gradual normalmente ayuda a que no te sientas agobiado en exceso. Nosotros hemos descubierto que, en última instancia, los mejores resultados se obtendrán cuando se apliquen al completo los programas de nutrición y movilidad, así como los de desarrollo cognitivo, sensorial, social y del lenguaje, tal como están definidos en este libro.

Tenemos la certeza de que el Programa del Método Doman te reportará grandes beneficios. No hay duda de que eres un padre con gran determinación; de lo contrario nunca habrías escogido este libro. Si te sientes algo abrumado, ¡no pasa nada! Es natural que suceda antes de comenzar algo maravilloso. Si no sabes muy bien por dónde empezar, escoge el programa recomendado en este libro que más ganas tengas de iniciar. Si eliges la parte del programa que más te motive, tendrás más probabilidades de éxito. A su vez, el éxito genera motivación, y el ver triunfar a tu hijo te animará a seguir adelante.

Cuando tu hijo obtenga un logro, ya sea una mejora grande o pequeña, es fundamental que tú y tu familia os alegréis por ello. Muchos padres no se toman el tiempo de celebrar las victorias de su hijo y se «queman» durante el proceso. Pongamos que, por primera vez, tu hijo se mantiene colgado de las barras durante diez segundos: dale un enorme abrazo, bailotea con él y cúbrele de besos, o ponle su canción favorita y llévale al parque que más le guste. Y si dice su primera palabra, ¡entonces saca el champán! ¡Haz ver que tu familia se esfuerza mucho y lo celebra aún más!

Si gracias a *Respondiendo al autismo* hay un niño que diga sus primeras palabras, que le dé a su madre su primer abrazo o que se gradúe en la universidad, todo este esfuerzo habrá merecido la pena. Nos imaginamos a una mamá diciéndole a otra que a su hijo lo diagnosticaron como autista antes de leer este libro y cómo a su amiga, al ver a este niño aparentemente sano, le cuesta creer que así fuera. Tenemos la sospecha de que es algo que sí sucederá, pues es una historia que ya nos han contado otras madres.

Nunca te des por vencido con tu hijo; nunca pierdas el espíritu combativo. Esperamos que el conocimiento y las herramientas que contiene este libro te sirvan de apoyo en la misión de ayudar a tu hijo. Creemos firmemente que este es el comienzo de algo en verdad hermoso para ti y tu hijo. Ahora es el momento de empezar.

# RECURSOS

## Curso del Método Doman: De Necesidades Especiales al Bienestar

Este libro no es más que el principio. El próximo paso para que tú y tu familia aprendáis más es un magnífico curso sobre todo lo que hay que saber del Método Doman.

Nuestras décadas de experiencia a nivel de desarrollo infantil y de tratamiento de niños con necesidades especiales nos han conducido a la creación del programa de formación para padres *El Método Doman: De Necesidades Especiales al Bienestar*. Este curso es un seminario en línea, en el que el equipo de Doman International enseñará directamente a los padres cómo desarrollar un plan de tratamiento en casa personalizado para su hijo. Como parte del curso, se ofrece una consulta gratuita de treinta minutos con uno de nuestros expertos en desarrollo cerebral infantil, quien brindará su ayuda a los padres a la hora de diseñar el plan de tratamiento en casa y responderá a cualquier pregunta final que puedan tener. El objetivo del curso es que los padres adquieran un mayor conocimiento sobre la afección de su hijo, desarrollen un programa del Método Doman personalizado y que, en suma, observen mejoras en el niño. Al completar el curso, los padres contarán con un plan de tratamiento exhaustivo e integral con el que ayudar a su hijo. El Curso del Método Doman está diseñado para padres de niños diagnosticados de autismo, TDA, TDAH, parálisis cerebral, retrasos evolutivos, dificultades de aprendizaje, epilepsia, trisomía 21 y otras anormalidades genéticas.

### ¿QUÉ ES LO QUE HACE ESPECIAL A ESTE CURSO?

Este curso consiste en una serie de ciclos formativos impartidos por expertos del Método Doman, mundialmente reconocidos en materia de nutrición, respiración, crecimiento físico e intelectual, integración sensorial, desarrollo cognitivo y del lenguaje, sueño pediátrico y salud infantil. Los formadores transmitirán todo este conocimiento a los padres de una manera relevante, práctica y fácil de comprender. Las materias tratadas incluyen, entre otras:

- Explicación del trasfondo neurocientífico de las dificultades de tu hijo.
- Los motivos por los que tú, como padre, desempeñas el papel más importante en el desarrollo de tu hijo.
- Medidas a tomar con relación al crecimiento físico de tu hijo, y cómo este a su vez influye en el desarrollo cognitivo y fisiológico.
- Programas de integración sensorial con los que tratar los problemas de híper o hiposensibilidad que pueda arrastrar tu hijo.
- Programas con los que poder favorecer el desarrollo de tu hijo a nivel cognitivo, intelectual y del lenguaje.
- Medidas a tomar con relación a la nutrición de tu hijo, con el fin de mejorar su salud en general.
- Cómo mejorar la respiración de tu hijo, y cómo esta influye en la función cerebral.
- Cómo mejorar la comunicación con tu hijo con necesidades especiales.
- Cómo evaluar adecuadamente a tu hijo con necesidades especiales y vigilar su evolución.
- Profundización en las dolencias de tu hijo y en su percepción del mundo.
- Cómo empezar a ayudar a tu hijo en casa.

### ¿Más preguntas sobre el Curso del Método Doman?

- Para obtener más información, visita **https://www.domaninternational.es/**.
- Si tienes cualquier pregunta, contáctanos en **info@domaninternational.org** y nuestros representantes te proporcionarán respuestas útiles, al igual que han hecho con miles de padres a quienes han ayudado a tratar a sus hijos con necesidades especiales utilizando el Método Doman.

### Qué ayuda puede prestar Doman International a tu hijo

Tal como hemos visto en el apartado anterior, el primer paso para ayudar a tu hijo con necesidades especiales es asistir a nuestro selecto programa virtual de formación *El Método Doman: De Necesidades Especiales al Bienestar*, diseñado para que los padres puedan hacer que su hijo goce de una mejor salud. En este curso se imparten tratamientos específicos de terapia física, psicológica y fisiológica con los que ayudar a tu hijo. A cada familia se le asigna un *coach* personal, con quien se podrá contactar directamente todos los días. Su responsabilidad será garantizar que la familia tenga éxito con el curso y se vuelva a casa equipada con un programa específico para su hijo.

Tras finalizar este ciclo de formación para padres, son muchas las familias que desean que nuestro equipo les siga proporcionando asesoramiento u orientación para diseñar tratamientos personalizados y, por ello, en Doman International ofrecemos evaluaciones para sus hijos realizadas por nuestros expertos. Estas visitas se podrán concertar a lo largo del año en diversas ubicaciones por todo el mundo.

*Todas las visitas incluyen:*

- Una evaluación funcional completa realizada por nuestro personal cualificado.
- Un detallado informe evolutivo redactado por nuestro equipo.
- Un diagnóstico funcional efectuado por uno de los directores de Doman International.
- Un reconocimiento físico completo realizado por el personal médico de Doman International.
- Un plan exhaustivo e integral de tratamiento a realizar en casa de seis meses de duración.
- Un plan de desarrollo intelectual y sensorial impartido por nuestros especialistas en cognición.
- Un plan de desarrollo físico diseñado por nuestro equipo de expertos en motricidad.
- Un plan de nutrición y suplementación completo, elaborado por nuestros nutricionistas.
- A cada familia se le asigna un *coach* personal, quien se asegurará de responder a todas las preguntas que tengan los padres al volver a casa, velará por que se cumplan los objetivos marcados para el niño y ofrecerá su ayuda para alcanzarlos. Cada familia tendrá contacto ilimitado con su *coach*.
- Una reunión final con uno de los directores de Doman International para aclarar las últimas preguntas y mirar hacia el futuro.

## Objetivos de la visita inicial

- Los padres saldrán equipados con el mejor plan de tratamiento diseñado para su hijo.
- Los padres comprenderán el plan y tendrán la certeza de poder llevarlo a cabo.
- Los padres se sentirán totalmente apoyados por nuestro equipo al volver a casa.
- Ante cualquier pregunta, los padres recibirán respuestas exhaustivas y a la mayor brevedad.

Una vez hayan vuelto a casa tras su primera visita y comenzado su programa de tratamiento en casa, los padres que quieran seguir realizando visitas con regularidad se incorporarán al **Programa Avanzado Doman**. En él, las familias regresarán a nuestras instalaciones cada seis meses para evaluar el progreso del niño y que se les diseñe un programa nuevo y más avanzado en cada visita. Al volver a casa siempre tendrán al *coach* a su disposición, para responder cualquier pregunta que surja y proporcionar apoyo y orientación para obtener un éxito completo con el programa de tratamiento.

En todas y cada una de estas visitas se realizará una evaluación exhaustiva del niño y se mantendrá un seguimiento de su progreso. A continuación, nuestro equipo enseñará a los padres el plan de tratamiento para los próximos seis meses y se asegurará de despejar todas las dudas. También se podrán impartir conferencias sobre programas avanzados de tratamiento. Se evaluará a todos y cada uno de los niños, y las familias recibirán formación individualizada.

El **Programa Avanzado Doman** es algo más que un programa; es un estilo de vida. Nuestras familias y expertos trabajan codo con codo para obtener el máximo beneficio para el niño. Trabajamos como un equipo y con el firme propósito de nunca, nunca, darnos por vencidos.

# CONSULTAS Y TRATAMIENTO EN DOMAN INTERNATIONAL

El próximo paso tras leer este libro es asistir a nuestro programa virtual de formación para padres *El Curso del Método Doman®: De Necesidades Especiales al Bienestar*. En este curso se imparten programas específicos de terapia física, cognitiva, sensorial y nutricional con los que podrás ayudar a tu hijo.

Tras finalizar el curso en línea del Método Doman, son muchas las familias que desean que nuestro equipo les siga proporcionando asesoramiento para diseñar tratamientos personalizados. Para estas familias hemos creado la **Visita Inicial,** que podrá concertarse a lo largo del año en diversas ubicaciones por todo el mundo.

Todas las visitas incluyen:

- Una evaluación funcional completa realizada por nuestro personal cualificado.
- Una valoración antropométrica para determinar el desarrollo físico del niño.
- Un detallado informe evolutivo redactado por nuestro equipo.
- Un diagnóstico funcional efectuado por uno de los directores de Doman International.
- Un plan exhaustivo e integral de tratamiento a realizar en casa de seis meses de duración.
- Un plan de desarrollo intelectual y sensorial impartido por nuestros especialistas en cognición.
- Un plan de desarrollo físico diseñado por nuestro equipo de expertos en motricidad.
- Un plan de nutrición y suplementación completo, elaborado por nuestros nutricionistas.
- A cada familia se le asigna un *coach* personal, quien se asegurará de responder a todas las preguntas que tengan los padres al volver a casa.

Una reunión final con uno de los directores de Doman International para aclarar las últimas preguntas y mirar hacia el futuro.

## Objetivos de la Visita Inicial

● Los padres saldrán equipados con el mejor plan de tratamiento diseñado para su hijo.

● Los padres comprenderán el plan y tendrán la certeza de poder llevarlo a cabo.

● Los padres se sentirán totalmente apoyados por nuestro equipo al volver a casa.

● Ante cualquier pregunta, los padres recibirán respuestas exhaustivas y a la mayor brevedad.

● ¿Tienes más preguntas sobre la Visita Inicial? Contáctanos en **admin@domaninternational.org** y en breve aclararemos cualquier duda que tengas.

# Información para contactar con Doman International

Dirección:
Doman International
1055 Virginia Drive, Unit 102
Fort Washington, PA
EE. UU.

• • •

Tel.: +1 (814) 232-8668

• • •

Email: **info@domaninternational.org**

• • •

Web: **https://www.domaninternational.org/**

• • •

Instagram: @domaninternational

• • •

Facebook: @DomanInternational

# Doman International — Suministros

DOMAN LEARNING, materiales de lectura
y estimulación cognitiva del Método Doman®.
**https://www.domanlearning.com/**

• • •

DOMAN MART, tienda de suministros y materiales
para el Método Doman®.
**https://www.domaninternational.org/domanmart**

• • •

MOBITHEM, equipos para desarrollo físico
aprobados por Doman International.
**https://mobithem.com/**
Tel.: +34 968 070 873
Mob.: +34 668 801 811
Email: **info@mobithem.com**

# AGRADECIMIENTOS

En 2017 la familia Doman, formada por Morgan, Rosalind, Spencer, Melissa y un servidor, decidimos llevar la obra de mi padre a una dimensión internacional. Nuestro objetivo es poner el Método Doman a disposición de todos los padres de niños con necesidades especiales, sea cual sea su país, raza, credo, etnia, género o religión. En aquel momento se nos incorporó un grupo de colegas con los que habíamos trabajado durante años y décadas. Quienes constituyeron este equipo se convirtieron en los miembros fundadores del Doman International Institute. En primer lugar, deseamos expresar nuestro reconocimiento hacia este núcleo original, formado por Susanna Horn, Marlene Marckwordt, Emma Esperanza, Jagjit Kaur, Jordan Earnest y Natasha Lunkina.

Este equipo se encuentra en constante expansión y ahora contamos con Niyati Patel, Tatiana Naporova, Amla Saraf, Alexander del Rosario, Julee Mahon y Colleen Hudson, con quienes formamos un elenco procedente de nueve países y cuatro continentes.

En 1987 tuve el enorme placer de fundar nuestro Centro Europeo del Método Doman. Graziana Ceccanti y Lucia Giorgi son miembros fundadores de este instituto. Wanda Zanghi, Sara Balestri y Manuela Martini son integrantes fundamentales de nuestro equipo europeo. En muchos sentidos, este es el instituto madre que fijó el modelo de nuestra expansión por todo el mundo. Francesco Del Freo y Stefano Biancalana nos han brindado su apoyo a todos los niveles: legal, financiero y organizativo. Existen pocos amigos como ellos, siempre velando por nosotros, por los niños y por los padres.

Tenemos la fortuna de contar con un fabuloso equipo médico internacional. Nuestros directores médicos son: la Dra. Isabelle Martineau, para Europa; el Dr. Stephen Matta, para los Estados Unidos; la Dra. Jelena Jovanovic, en Serbia; el Dr. Óscar Niebles, en Colombia; y la Dra. Neeta Kejriwal, en India.

Estamos profundamente agradecidos a nuestro *dream team* de medicina ayurvédica encabezado por el Dr. Aravind Bagade, quien también tiene un hijo con necesidades especiales enrolado en nuestro Programa Avanzado Doman. Nos enorgullece contar con varios padres de niños con necesidades especiales en nuestro equipo. El Dr. Vijay Murthy no solo es médico de ayurveda, sino que también es naturópata y doctor en sanidad pública. Es él quien dirige nuestro departamento de Investigación Académica y Científica. Este libro no estaría completo de no ser por los capítulos adicionales. El referente a la nutrición, que nos aporta el Dr. Murthy, sienta las bases para que los padres puedan desarrollar un excelente programa nutricional. El capítulo de Melissa Doman dedicado al sueño no solamente proporciona información vital sobre la importancia del sueño en el desarrollo cerebral, sino que también sirve para resolver los problemas que puedan tener los niños a este respecto. Esto tiene la doble (y enorme) ventaja de arreglar al mismo tiempo los problemas de sueño de los padres.

Nos sentimos enormemente en deuda con nuestro comité de dirección. Diane Phillips ha sido nuestro ángel de la guarda desde antes de que existiéramos siquiera. Andrew Hatton Ward asumió la importantísima responsabilidad de crear la fundación que asegurará el legado de mi padre.

Damos las gracias a los numerosos donantes y patrocinadores que tenemos por todo el mundo; sin ellos no habríamos podido expandirnos y, con diez más como ellos, este proceso estaría ya completo. Tenemos a Bogdan Nestor, que apoyó firmemente a nuestros padres en los países de la CEI. Nika y Alex Grgic han mostrado su gran amor por todas las familias de los Balcanes. Viraj Modran ha ayudado a cientos de niños al acoger a Doman International en India.

Marlowe Doman nos ha brindado resueltamente su apoyo legal, ayudándonos en todo momento. Nuestros abogados Stephen Levin y J. Eric Atherholt, del bufete de Flamm Walton Heimbach, han protegido nuestro activo más valioso: nuestra propiedad intelectual. Asimismo han sentado los cimientos de nuestra expansión internacional.

Quisiéramos expresar nuestro agradecimiento a todos nuestros editores: Rudy Shur, José Antonio Fossati, Sergey Kalinin, Il Castello Srl. y Hadkeren Publishing. Gracias también a Jordan Earnest y Amla Sara por ayudarnos a encontrar fotografías para el libro, y a Julee Mahon por ayudarnos a todos con la gestión del proyecto. Queremos extender nuestro reconocimiento en particular a Teresa Fitzpatrick, nuestra intrépida revisora, que hizo cuanto estuvo en su mano por hacer de este libro una realidad.

Y a todas las familias, los maravillosos padres e hijos por quienes siempre lucharemos: este libro es para vosotros.

«Nunca dejamos atrás a los heridos».

Glenn Doman

# Sobre los autores

## DOUGLAS DOMAN

*Fundador y director de expansión de
Doman International Institute*

Como fundador y presidente de Doman International Institute, Douglas Doman es el principal formador de los padres y autor de *Cómo enseñar a nadar a su bebé* y *Bebé en forma, bebé inteligente,* ambos publicados por Edaf en España. Es el mayor experto a nivel mundial en motricidad durante la infancia y ha colaborado con miles de familias para ayudar a sus hijos con necesidades especiales durante más de cuatro décadas, en las que también ha impartido formación para padres y profesionales en más de cuarenta países.

Como hijo de Katie y Glenn Doman, fundador del Método Doman y pionero en el ámbito del desarrollo cerebral en la infancia, la labor de Douglas consiste en expandir el legado de su padre y la obra de Doman International por todo el mundo.

Cuando no está escribiendo, Douglas dedica su tiempo a reunirse personalmente con familias de niños con necesidades especiales en los centros de Doman International en Filadelfia, Italia, India, Rusia, entre otros lugares.

Redes sociales:

Facebook: @DouglasMDoman

Instagram: @Douglasmdoman

## SPENCER DOMAN

*Director de innovación de Doman
International Institute*

Spencer Doman es nieto de Glenn Doman, fundador del Método Doman, y director de Innovación en Doman International Institute, una organización que enseña a los padres a crear un hogar saludable, amoroso y lleno de estímulos con los que los niños puedan alcanzar su máximo potencial. Como responsable de innovación, Spencer está a cargo del desarrollo de programas y actividades que resulten de ayuda para los niños con necesidades especiales. Tiene un máster en enseñanza preescolar por la Universidad de West Chester, en Pensilvania, y también viaja por todo el mundo para impartir formación sobre desarrollo infantil para padres y profesionales.
Redes sociales:
Facebook: @SpencerSDoman
Instagram: @spencerdoman

## MELISSA DOMAN

*Melissa Doman Sleep Consulting*

Autora del Capítulo 5: Higiene del sueño en niños con necesidades especiales.
Melissa Doman es directora de desarrollo de la motricidad en Doman International y consultora certificada en sueño pediátrico, especializada en impartir cursos de higiene del sueño para niños con necesidades especiales. Cuenta con una década de experiencia formando a padres de niños con diagnósticos diversos, a quienes ha proporcionado los medios, en los ámbitos del sueño y la motricidad, para que estos alcancen su máximo potencial. Su pasión es ayudar a los padres a hacer que sus hijos duerman bien y de manera independiente. Melissa también tiene experiencia en el campo

de la nutrición por su trabajo en Doman International, donde ha apoyado a los padres en la creación de planes nutricionales personalizados para sus hijos. Redes sociales:

Instagram: @MelissaDomanSleepConsulting
Facebook: Melissa Doman Sleep Consulting
Página web: https://www.melissadomansleepconsulting.com/

## DR. VIJAY MURTHY

*Murthy Clinic*

Autor del Capítulo 4: Nutrición para niños con necesidades especiales.

El Dr. Vijay Murthy ofrece servicios sanitarios personalizados basados en el ayurveda y la medicina funcional, con especial interés en salud intestinal, detoxificación, enfermedades crónicas y trastornos autoinmunitarios. El Dr. Murthy combina lo mejor del ayurveda y la medicina funcional con sus veinticinco años de experiencia clínica en atención médica, tanto personalizada como holística. La Murthy Clinic promueve el uso de pruebas funcionales y de laboratorio en combinación con hierbas, alimentos y suplementos nutricionales, además de ayuda en la gestión del estrés y los hábitos de vida, con el fin de proporcionar una atención sanitaria personalizada y con base científica.

Más información en https://www.murthyclinic.com/

Las credenciales del Dr. Murthy incluyen: licenciado en cirugía y medicina ayurvédica, máster en cirugía ayurvédica, licenciado en naturopatía, máster y doctorado en sanidad pública.

# APÉNDICE A — RECURSOS ADICIONALES

## Recursos

**¿Más preguntas?**
Escriba a: Doman International Institute
Email: info@domaninternational.org
Asunto: *Respondiendo al autismo*

## Redes sociales

Síguenos en:
Facebook: @Domaninternational
Twitter: @DomanTweets
Instagram: @Domaninternational
Suscríbete a nuestro canal de Youtube: Doman International
Escucha nuestro Podcast: Doman Parenting Podcast

## Cursos para padres

- El Curso del Método Doman: De Necesidades Especiales al Bienestar
- El Curso en Línea del Método Doman: De Necesidades Especiales al Bienestar

Para más información sobre estos cursos, por favor contáctanos en:

Doman International Institute
1055 Virginia Drive, Unit 102
Fort Washington, PA 19034
EE. UU.
Tel.: +1 (814) 232-8668
Fax: +1 (215) 689-1517
Email: admin@domaninternational.org
Web: https://www.domaninternational.org/
Curso: https://domaninternational.academyofmine.net/

## Libros para padres

● *Bebé en forma, bebé inteligente*
Por Glenn Doman, Douglas Doman y Bruce Hagy. Publicado por Edaf.
*Bebé en forma, bebé inteligente* explica de manera fácil de entender los principios básicos, la filosofía y las etapas del desarrollo motriz, en una inspiradora obra que describe lo sencillo y placentero que puede ser el enseñar a un niño pequeño a alcanzar una condición física sobresaliente. El libro indica claramente cómo crear un entorno que facilite el crecimiento y progreso de tu bebé, en el que los padres son el equipo de preparadores físicos más importantes que tu hijo jamás conocerá, y explica los pasos para iniciar y expandir el programa y cómo preparar los materiales necesarios. Esta exhaustiva guía también incluye diagramas, fotografías e ilustraciones a todo color, además de instrucciones detalladas para que puedas crear tu propio plan de entrenamiento para tu hijo.

● *Sí, su bebé es un genio. Desarrolle y estimule el máximo potencial de su recién nacido*
Por Glenn Doman y Janet Doman. Publicado por Edaf.
*Sí, su bebé es un genio* proporciona toda la información que los padres necesitan para hacer que su bebé alcance su máximo potencial. Los autores empiezan explicando todas las etapas de desarrollo del recién nacido y la importancia que tienen. A continuación, ofrecen orientación para que los padres creen en su casa un entorno que enriquezca y

potencie el desarrollo cerebral y, sobre todo, para diseñar un programa efectivo y equilibrado con el que favorecer el crecimiento físico e intelectual, una agradable rutina diaria que acercará a padres e hijos y que creará un vínculo de amor y aprendizaje para toda la vida.

- *Cómo enseñar conocimientos enciclopédicos a su bebé*
  Por Glenn Doman, Janet Doman y Susan Aisen. Publicado por Edaf.
  *Cómo enseñar conocimientos enciclopédicos a su bebé* ofrece un programa de información visualmente atractiva, diseñada para ayudar a que tu bebé se aproveche de su capacidad natural para aprender cualquier cosa. El libro muestra lo sencillo y placentero que puede ser el enseñar a un niño pequeño acerca del arte, la ciencia y la naturaleza. Tu hijo o hija podrá identificar los insectos en el parque, conocerá los países del mundo, descubrirá la belleza de un cuadro de Van Gogh, y mucho más. Esta obra explica los pasos para iniciar y expandir el programa y cómo preparar y organizar los materiales, con el fin de aprovechar al máximo el potencial de tu bebé.

- *Cómo enseñar a leer a su bebé*
  Por Glenn Doman y Janet Doman. Publicado por Edaf.
  *Cómo enseñar a leer a su bebé* le inculcará a tu hijo o hija el placer de la lectura, mostrando lo sencillo y placentero que puede ser el enseñar a leer a un niño pequeño. Esta obra explica los pasos para iniciar y expandir el programa de lectura y cómo preparar y organizar los materiales, con el fin de aprovechar al máximo el potencial de tu bebé.

- *Cómo enseñar matemáticas a su bebé*
  Por Glenn Doman y Janet Doman. Publicado por Edaf.
  *Cómo enseñar matemáticas a su bebé* te enseñará a potenciar con éxito la capacidad de tu hijo para pensar y razonar, mostrando lo sencillo y placentero que puede ser el enseñar matemáticas a un niño pequeño. Esta obra explica los pasos para iniciar y expandir el programa de matemáticas y cómo preparar y organizar los materiales, con el fin de aprovechar al máximo el potencial de tu bebé.

- *Cómo multiplicar la inteligencia de su bebé*
  Por Glenn Doman y Janet Doman. Publicado por Edaf.
  *Cómo multiplicar la inteligencia de su bebé* ofrece un programa exhausti-

vo que hará que tu hijo pueda leer, dominar las matemáticas y aprender sobre cualquier cosa. El libro muestra lo sencillo y placentero que puede ser el enseñar a un niño pequeño, potenciando sus capacidades y haciéndole ganar confianza en sí mismo. Esta obra explica los pasos para iniciar y expandir este asombroso programa y cómo preparar y organizar los materiales, con el fin de aprovechar al máximo el potencial de tu bebé.

● *Qué hacer por su hijo con lesión cerebral*
Por Glenn Doman. Publicado por Edaf.
Escrito por Glenn Doman, pionero en el tratamiento de lesiones cerebrales, este libro supone un verdadero avance y ofrece esperanzas reales a miles de niños, muchos de ellos incurables o sentenciados a una vida de confinamiento en una institución por considerarse casos perdidos. Esta obra explica por qué esta terapia revolucionaria ha triunfado allá donde las viejas técnicas y teorías han fracasado.

# Apéndice B — Referencias

## Introducción

G. J. Doman, *Qué hacer por su hijo con lesión cerebral*, Madrid: Edaf, 2010.

## Capítulo 1

M. M. Saleh y A. Adel, *Autism: A Neurodevelopmental Disorder and a Stratum for Comorbidities*, 2019.

L. T. Ferris, J. S. Williams y C. Shen, *The Effect of Acute Exercise on Serum Brain-Derived Neurotrophic Factor Levels and Cognitive Function*, 2007.

J. W. de Greeff, R. J. Bosker, J. Oosterlaan, C. Visscher y E. Hartman, «Effects of physical activity on executive functions, attention and academic performance in preadolescent children: a meta-analysis», *Journal of Science and Medicine in Sport*, núm. 21 (5), 2018: págs. 501-507.

## Capítulo 2

Mark R. Rosenzweig, «Aspects of the search for neural mechanisms of memory», *Annual Review of Psychology*, núm. 47, 1996: págs. 1-32.

F. R. Volkmar y W. T. Greenough, «Rearing complexity affects branching of dendrites in the visual cortex of the rat», *Science*, núm. 176 (4042), 1972: págs. 1445-1446. DOI: https://doi.org/10.1126/science.176.4042.1445

A. M. Turner y W. T. Greenough, «Differential rearing effects on rat visual cortex synapses. 1. Synaptic and neuronal density and synapses per neuron», *Brain Research*, núm. 329, 1985: págs. 195-203.

J. E. Black, A. M. Sirevaag y W. T. Greenough, «Complex experience promotes capillary formation in young rat visual cortex», *Neuroscience Letters*, núm. 83, 1987: págs. 351-355.

J. M. Juraska y J. R. Kopcik, «Sex and environmental influences on the size and ultrastructure of the rat corpus callosum», *Brain Research*, núm. 450, 1988: págs. 1-8.

T. A. Jones y W. T. Greenough, (1996). «Ultrastructural evidence for increased contact between astrocytes and synapses in rats reared in a complex environment», *Neurobiology of Learning and Memory*, núm. 65, 1996: págs. 48-56.


CAPÍTULO 3

A. C. Benefiel y W. T. Greenough, «Effects of Experience and Environment on the Developing and Mature Brain: Implications for Laboratory Animal Housing», *ILAR Journal*, núm. 39 (1), 1998: págs. 5-11.


CAPÍTULO 5

Kurth, S. *et al.*, «Increased Sleep Depth in Developing Neural Networks: New Insights from Sleep Restriction in Children», *Frontiers in Human Neuroscience*, 21 de septiembre de 2016. DOI: https://doi.org/10.3389/fnhum.2016.00456

W. Dement, *The Promise of Sleep: A Pioneer in Sleep Medicine Explores the Vital Connection Between Health, Happiness, and a Good Night's Sleep*. Nueva York: Dell, 2000.


CAPÍTULO 6

J. Firth, B. Stubbs, D. Vancampfort, F. Schuch, J. Lagopoulos, S. Rosenbaum y P. B. Ward, «Effect of aerobic exercise on hippocampal volume in humans: A systematic review and meta-analysis», *NeuroImage*, núm. 166, 2018: pág. 230. DOI: 10.1016/j.neuroimage.2017.11.007.

A. McPherson, L. Mackay, J. Kunkel y S. Duncan, *Physical activity, cognition and academic performance: an analysis of mediating and confounding relationships in primary school children*, 2018. DOI: 10.1186/s12889-018-5863-1.

P. Maffetone, *The MAF 180 Formula: Heart-rate monitoring for real aerobic training*, 2015. DOI: https://philmaffetone.com/180-formula/.


CAPÍTULO 7

G. J. Doman, *Cómo enseñar a leer a su bebé*, Madrid: Edaf, 2000.

L. Makovskaya, R. Vlasova, E. Mershina y E. Pechenkova, *Localization of Broca's and Wernicke's areas with resting state fMRI*, 2016.

National Assessment for Educational Progress, *The Nation's Report Card: Reading 2009*, 2009. DOI: https://nces.ed.gov/nationsreportcard/pubs/main2009/2010458.asp.

A. Tan y T. Nicholson, «Flashcards revisited: Training Poor Readers to Read Words Faster Improves Their Comprehension of Text», *Journal of Educational Psychology*, núm. 89 (2), 1997: págs. 276-288.

R. Erbey, T. F. McLaughlin, K. M. Derby y M. Everson, «The Effects of Using Flashcards with Reading Racetrack to Teach Letter Sounds, Sight Words, and Math Facts to Elementary Students with Learning Disabilities», *International Electronic Journal of Elementary Education*, núm. 3 (3), 2011: págs. 213-226.

S. N. Fasko y D. Fasko, «A Preliminary Study on Sight Word Flash Card Drill: Does It Impact Reading Fluency?», *Journal of the American Academy of Special Education Professionals*, 2010: págs. 61-69.

B. Hart y T. Risley, *Meaningful differences in the everyday experiences of Young American children*. Baltimore: Brookes, 1995. DOI: https://pdg.grads360.org/services/PDCService.svc/GetPDCDocumentFile?fileId=16462.

Capítulo 8

J. Gros-Louis, M. J. West y A. P. King, «Maternal Responsiveness and the Development of Directed Vocalizing in Social Interactions», *Infancy*, núm. 19, 2014: págs. 385-408. DOI: 10.1111/infa.12054.

N. B. Schiff y I. M. Ventry, «Communication problems in hearing children of deaf parents», *Journal of Speech and Hearing Disorders*, núm. 41(3), 1976: págs. 348-58.

University of Colorado at Boulder, «Holding hands can sync brainwaves, ease pain, study shows», *ScienceDaily*, 1 de marzo de 2018. Consultado el 27 de abril de 2020 en https://www.sciencedaily.com/releases/2018/03/180301094822.htm.

F. Cerritelli, P. Chiacchiaretta, F. Gambi y A. Ferretti, «Effect of Continuous Touch on Brain Functional Connectivity Is Modified by the Operator's Tactile Attention», *Frontiers of Human Neuroscience*, núm. 11, 2017: pág. 368.

# Apéndice C — Equipamiento

## Esquema de un trapecio

- Elegir una barra de soporte lo bastante fuerte (1).
- Cáncamos firmemente atornillados a la barra de soporte (2).
- Barra de soporte: rama de árbol gruesa o viga de acero de 10 cm de diámetro (3).
- Cáncamos firmemente atornillados a la barra de sujeción (4).
- Barra de sujeción de madera de 3 cm de grosor (5).
- Cadenas o cuerdas (6).
- Los dedos de los pies han de estar 8 o 10 cm por encima del suelo (7).

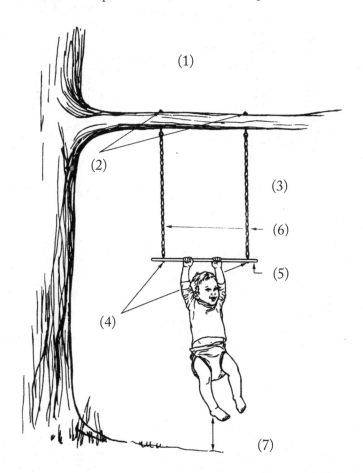

## Construcción de una escalera de braquiación

- Para construir la escalera de braquiación, en primer lugar han de montarse sus componentes principales y, a continuación, ensamblarlos para formar una estructura sólida que puedan utilizar niños y adultos.
- Para los barrotes se recomienda usar madera de roble por su solidez. Para el resto de la escalera, se recomienda madera de pino-abeto, por su ausencia de nudos.
- El primer paso es construir los dos bastidores verticales.
- A continuación se construirá la escalera propiamente dicha.
- Por último se ensamblarán todos los componentes.

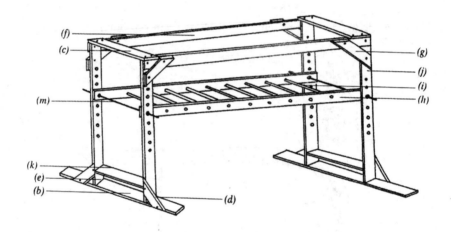

## Escalera de braquiación: montaje de los dos bastidores verticales

MATERIALES:

- Cuatro listones laterales de 5 cm x 15 cm x 230 cm *(a)*
- Dos listones de base de 5 cm x 15 cm x 150 cm *(a)*
- Dos listones de remate de 5 cm x 15 cm x 55 cm *(c)*
- Cuatro listones para refuerzo angular 5 cm x 10 cm x 75 cm *(d)*
- Dos peldaños de 5 cm x 15 cm x 45 cm *(k)*
- Ocho tirafondos de 6 mm x 7,5 cm
- Ocho escuadras metálicas para refuerzo angular de 10 cm x 10 cm x 2,5 cm con cuatro agujeros de paso *(e)*
- Treinta y dos tornillos para las escuadras metálicas de 6 mm x 12 mm
- Ocho tornillos de 7,5 cm para paneles de madera

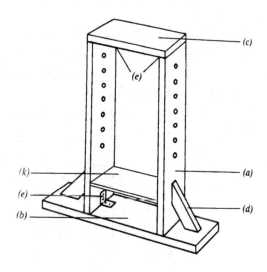

Montaje:

1. Taladrar 29 agujeros de paso de 2 cm de diámetro en los listones laterales *(a)*, comenzando a 70 cm desde el suelo y dejando un espacio de 5 cm entre ellos.

2. Clavar dos listones laterales (a) en cada listón de base *(b)*, dejando una distancia de 45 cm entre ambas como anchura interior.

3. Clavar listón de remate *(c)* sobre los listones laterales.

4. Cortar los listones para refuerzo angular *(d)* de modo que queden bien ajustados y clavarlos en los listones de base y lateral correspondientes.

5. Taladrar dos agujeros transversales en cada uno de los listones laterales, a 10 cm del suelo.

6. Fijar los dos peldaños *(k)* con dos tornillos de 7 cm para paneles de madera en cada lateral, que pasaremos por los agujeros que acabamos de hacer en los listones laterales. Los peldaños han de estar nivelados y firmemente ensamblados, de modo que no se muevan en la estructura.

7. Taladrar agujeros de paso de 6 mm de diámetro en los listones laterales y el listón de base para afianzar los listones de refuerzo angular con tirafondos. Avellanar los agujeros para que la cabeza de los tirafondos quede embutida en la superficie.

8. Insertar tirafondos. Fijar escuadras de refuerzo angular *(e)* con cuatro tornillos en cada una, según muestra el diagrama.

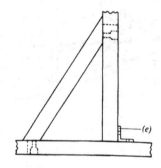

## Escalera de braquiación: montaje de los dos rieles horizontales superiores

MATERIALES:

- Cuatro rieles de 5 cm x 15 cm x 390 cm *(f)*
- Dos listones para refuerzo angular de 5 cm x 15 cm x 55 cm *(g)*
- Ocho tornillos de cabeza redonda de 6 mm x 10 cm
- Ocho tuercas de 6 mm
- Ocho arandelas de 6 mm

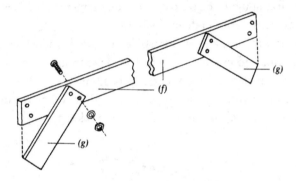

MONTAJE:

1. Taladrar agujeros de paso de 6 mm de diámetro en el extremo de los rieles, según muestra el diagrama. Dichos agujeros no deben superponerse con las escuadras metálicas para refuerzo angular colocadas entre los listones laterales *(a)* y el listón de remate *(c)*.
2. Atornillar los refuerzos angulares a los rieles, pero sin apretar demasiado las tuercas con las arandelas, ya que estas se ajustarán en la etapa final del montaje. Los tornillos se insertarán de tal modo que la cabeza quede en el lado interno del riel y las tuercas y arandelas en el lado externo.

## Escalera de braquiación: montaje de la escalera

MATERIALES:

- Cuatro listones laterales de 5 cm x 10 cm x 390 cm *(h)*
- Trece barrotes de madera noble, de 2,5 cm de grosor y 45 cm de longitud *(i)*
- Treinta y ocho clavos de acabado

MONTAJE:

1. Taladrar agujeros de paso de 2 cm de diámetro y a 7,5 cm de distancia de cada extremo de los listones.
2. Taladrar trece agujeros de paso del mismo diámetro que los barrotes (2,5 cm), a 15 cm de distancia de cada extremo de los listones y con una separación de 30 cm entre cada agujero.
3. Insertar barrotes en los agujeros y asegurar con clavos de acabado y, opcionalmente, con pegamento para maderas.

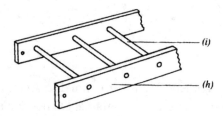

## Escalera de braquiación: montaje final

MATERIALES:

- Dos bastidores verticales montados según las instrucciones
- Dos rieles horizontales superiores montados según las instrucciones
- Una escalera montada según las instrucciones
- Ocho tornillos de cabeza redonda de 6 mm x 10 cm
- Ocho tornillos de cabeza redonda de 6 mm x 15 cm
- Dieciséis tuercas de 6 mm
- Dieciséis arandelas de 6 mm
- Dos tacos de separación de madera de 5 cm x 15 cm x 15 cm *(j)*
- Dos barras metálicas, de 2 cm de grosor y 75 cm de longitud *(m)*

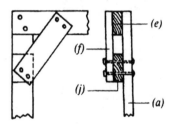

MONTAJE:

1. Situar los bastidores verticales a cuatro metros de distancia entre sí.
2. Colocar los rieles horizontales sobre los bastidores y marcar el lugar donde corresponda taladrar el agujero en los listones verticales.
3. Taladrar agujeros de paso de 6 mm de diámetro en los listones verticales.
4. Acoplar los rieles a los bastidores verticales con los tornillos de 10 cm. Colocar tuercas y arandelas.
5. Encajar los tacos de separación en la posición indicada.
6. Taladrar agujeros de paso de 6 mm de diámetro a través de los listones verticales, los listones de refuerzo angular y los tacos de separación.
7. Fijar los rieles a los listones verticales con los tornillos de 15 cm y colocar tuercas y arandelas, de tal modo que la cabeza del tornillo quede apuntando hacia el interior de la escalera.

8. Apretar y asegurar toda la tornillería.
9. Al acoplar los rieles y los listones de refuerzo angular a los bastidores verticales, en caso de que quede tapado alguno de los agujeros de paso, será necesario taladrarlo, para poder introducir las barras metálicas.
10. Colocar la escalera a la altura deseada y fijarla en posición insertando una barra metálica en cada extremo.

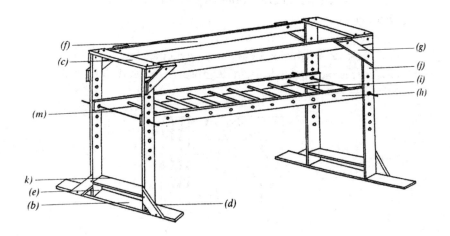

### DIMENSIONES Y AJUSTES — A PARTIR DE 18 MESES

- Grosor de los barrotes: 2,5 cm
- Anchura de la escalera: 45 cm
- Longitud de la escalera: 4 m
- Espacio entre los barrotes (de centro a centro): 30 cm
- Altura de la escalera: En caso de que el niño no pueda usarla de manera independiente, colocarla a varios centímetros por encima de la cabeza de la mamá o el papá. Si el niño puede braquiar de forma independiente, situarla a 10 cm por encima del niño mientras mantiene las manos en alto.

# Apéndice D — Glosario

**Ácidos grasos:** compuestos orgánicos consistentes en una cadena de átomos de carbono, con átomos de hidrógeno enlazados a lo largo de la misma y en uno de los extremos, y con un grupo carboxilo (—COOH) en el extremo opuesto.

**Aeróbico:** perteneciente o relativo a cualquier actividad que incremente la demanda de oxígeno del cuerpo, resultando en un incremento marcado y temporal de la frecuencia cardiaca y respiratoria.

**Aguante:** capacidad del cuerpo o la mente de soportar una actividad prolongada y de mucho esfuerzo.

**ALA:** ácido alfa-linolénico, un ácido graso de la serie omega-3, isómero del ácido linolénico, que se encuentra sobre todo en las semillas (como las de lino o soja) y que reduce la inflamación y el riesgo de padecer enfermedades crónicas.

**Aminoácidos esenciales:** aminoácidos que no pueden generarse en el cuerpo y que deben obtenerse de los alimentos. Los nueve aminoácidos esenciales son: histidina, isoleucina, leucina, lisina, metionina, fenilalanina, treonina, triptófano y valina.

**Aminoácidos:** compuestos orgánicos simples que contienen un grupo carboxilo y un grupo amino. Son los elementos estructurales que constituyen las proteínas.

**Antibióticos:** medicinas (como la penicilina o sus derivados) que destruyen microorganismos o inhiben su crecimiento.

**Anticuerpos:** proteínas producidas en la sangre para contrarrestar un determinado antígeno, al combinarse químicamente con ciertas sustancias que el cuerpo reconoce como ajenas, tales como bacterias o virus.

**Antinutrientes:** sustancias presentes de manera natural en alimentos de origen vegetal y que interfieren en la absorción o el adecuado funcionamiento de los nutrientes en el organismo.

**Asperger, síndrome de:** trastorno evolutivo que se distingue por causar dificultades en las interacciones sociales y la comunicación no verbal, y por mostrar intereses y patrones conductuales de carácter restrictivo y repetitivo.

**Auriculares con bloqueo de sonidos:** auriculares que reducen sonidos ambientales no deseados mediante un control activo de ruidos, que detecta y analiza el patrón de los sonidos que entran y genera una secuencia inversa como «antirruido».

**Autismo:** trastorno evolutivo de gravedad variable, que se caracteriza por causar dificultades en las interacciones sociales y la comunicación, y por mostrar pensamientos y patrones conductuales de carácter restrictivo o repetitivo.

**Autoestimulatorias, conductas:** comportamiento que pueden mostrar las personas con trastornos del neurodesarrollo, en particular del espectro autista, y que consiste en realizar acciones o movimientos repetitivos.

**Autoritarismo:** aplicación o propugnación de la obediencia estricta a la autoridad, a expensas de la libertad personal; indiferencia hacia los deseos u opiniones de los demás.

**Axones:** fibras nerviosas que se ramifican desde el cuerpo neuronal y transmiten señales a otras neuronas.

**Barrera hematoencefálica:** mecanismo de filtrado de los capilares que transportan sangre al tejido que forma el cerebro y la médula espinal, mediante el cual se bloquea el paso de ciertas sustancias.

**Braquiación:** forma de locomoción en la que, usando únicamente los brazos, el individuo se balancea y pasa de un barrote a otro en una escalera horizontal situada sobre su cabeza.

**Broca, área de:** región del cerebro relacionada con la producción del lenguaje, situada en la corteza del lóbulo frontal dominante.

**Calcio:** mineral que se almacena en la parte dura de los huesos, que se incorpora a ellos gracias a la acción de unas células llamadas osteoblastos y se elimina mediante los osteoclastos. El calcio es fundamental para tener unos huesos sanos y también es importante para la contracción muscular, la acción del corazón y que la sangre coagule con normalidad.

**Caloría:** unidad de medida de energía, equivalente a la cantidad de energía necesaria para aumentar la temperatura de un gramo de agua en un grado centígrado.

**Cándida:** un tipo de levadura que se encuentra en los intestinos.

**Caótico:** en estado de desorden o confusión total.

**Capilar:** cada uno de los minúsculos vasos sanguíneos que se ramifican y forman una red entre las vénulas y las arteriolas.

**Carbohidratos complejos:** azúcares compuestos por moléculas que forman largas cadenas, interconectadas y de gran complejidad, que en los alimentos se encuentran por ejemplo en verduras, legumbres y cereales integrales.

**Carbohidratos simples:** azúcares compuestos por cadenas moleculares más cortas, y que se digieren con mayor rapidez que los carbohidratos complejos.

**Carbohidratos:** gran grupo de compuestos orgánicos presentes en alimentos y tejidos vivos y que incluyen los azúcares, el almidón y la celulosa. Contienen hidrógeno y oxígeno en la misma proporción que el agua (2:1) y, por lo general, se pueden descomponer para liberar energía en el cuerpo.

**Cardiovascular:** relativo al corazón y los vasos sanguíneos.

**Carnívoro:** un animal que se alimenta de carne, en contraposición a los que se alimentan de vegetales.

**Celíaca, enfermedad:** dolencia caracterizada por una hipersensibilidad del intestino delgado al gluten, y que provoca dificultades para digerir la comida.

**Cepa bacteriana:** variantes o subtipos genéticos de un microorganismo.

**Cerebelo:** región del encéfalo situada en la parte posterior del cráneo de los vertebrados, cuya función es coordinar y regular la actividad muscular.

**Circadiano, ritmo:** reloj interno del cerebro, que de manera inconsciente y en ciclos de veinticuatro horas alterna entre el sueño y la vigilia a intervalos regulares.

**Cognitivo:** relativo a la acción o proceso mental de adquirir conocimiento y comprensión a través del pensamiento, la experiencia y los sentidos.

**Conciencia espacial:** capacidad de percibirse a uno mismo en el espacio; conocimiento organizado de los objetos en relación con uno mismo dentro de un espacio determinado.

**Conectividad neuronal:** conexiones entre las neuronas, en las que transmiten información a través de un neurotransmisor.

**Convergencia visual:** movimiento simultáneo en el que ambos ojos acercan la dirección a la que están enfocados, por lo general con el propósito de mantener una visión binocular única del mismo objeto.

**Convulsión:** perturbación eléctrica repentina e incontrolada en el cerebro, que puede causar cambios en sentimientos, conductas o movimientos, así como en el nivel de consciencia.

**Corolario:** una proposición que se deriva de otra que ya ha sido probada (y a la que suele ir anexa).

**Corral, de:** dicho de las aves criadas en condiciones naturales y con libertad de movimiento, las cuales producen carne y huevos con mayor valor nutricional y menos grasas.

**Corteza cerebral:** capa exterior del cerebro (también llamada córtex) consistente en una materia gris en forma de pliegues, que juega un papel importante en la consciencia.

**Crónico:** aplicado a una enfermedad recurrente o persistente durante un largo periodo de tiempo.

**Degeneración:** degradación o deterioro.

**Dendritas:** apéndices de las neuronas con forma de árbol y que reciben impulsos eléctricos de otras neuronas.

**Desarrollo cerebral infantil:** estudio del desarrollo neurológico en los niños y en especial durante la etapa más crítica, que son los seis primeros años de vida.

**DHA:** ácido docosahexaenoico (DHA), un ácido graso omega-3 que se encuentra principalmente en pescados de aguas frías, y que es esencial para el crecimiento y desarrollo funcional del cerebro en los niños y para mantener un funcionamiento normal del cerebro en los adultos.

**Digestión:** proceso por el cual los alimentos se descomponen en el canal alimentario mediante acción mecánica y enzimática en sustancias que el cuerpo puede utilizar.

**Disfunción:** anormalidad o discapacidad de la función de un órgano o sistema corporal determinado.

**Dislexia:** término genérico aplicado a trastornos que causan dificultad para aprender a leer o interpretar palabras, letras y otros símbolos, pero que no afectan a la inteligencia en general.

**Down, síndrome de:** trastorno congénito originado por un defecto del cromosoma 21, que por lo general tiene una copia de más (trisomía 21), y que provoca discapacidad intelectual y anormalidades físicas, entre otras, una corta estatura y un perfil facial aplanado.

**Ecológico:** perteneciente, relativo, o que utiliza y genera alimentos producidos mediante el uso de piensos o abonos de origen vegetal o animal, sin utilizar fertilizantes de formulación química, potenciadores de crecimiento, antibióticos o pesticidas.

**Electrolitos:** minerales capaces de conducir electricidad, como el sodio o el potasio.

**Entérico, sistema nervioso:** una de las principales divisiones del sistema nervioso autónomo, que consiste en una red neuronal que gobierna la función del tracto gastrointestinal.

**EPA:** ácido icosapentaenoico, un ácido graso omega-3 que se encuentra en la carne de ciertos peces de aguas frías, como la caballa, el arenque, el atún, el fletán, el salmón o el hígado de bacalao. El EPA se prescribe como medicina para reducir los niveles de triglicéridos.

**Epilepsia:** trastorno neurológico caracterizado por episodios recurrentes y repentinos de perturbación sensorial, pérdida de consciencia o convulsiones, asociados con una actividad eléctrica anormal en el cerebro.

**Esófago:** tubo musculoso que conecta la garganta con el abdomen.

**Espasticidad:** condición afectada por espasmos musculares.

**Espástico:** perteneciente o relativo a los espasmos; afectado por espasmos o pareciendo tenerlos; caracterizado por la hipertonía muscular.

**Esprintar:** correr a máxima velocidad, sobre todo en distancias cortas.

**Estimulación auditiva:** aplicación terapéutica de diversos tipos de sonido con el fin de estimular respuestas vitales.

**Estimulación táctil:** activación de los nervios que se encuentran bajo la superficie de la piel y que transmiten información al cerebro sobre la textura, la temperatura y otras sensaciones táctiles.

**Estrabismo:** incapacidad del cerebro de coordinar y controlar los ojos para obtener una visión binocular.

**Etimología:** estudio del origen de las palabras y del modo en que su significado ha cambiado en el curso de la historia.

**Expresión genética:** proceso por el cual la posesión de un gen conduce a la manifestación de un rasgo observable (fenotipo) del carácter correspondiente.

**Fermentación:** descomposición química de una sustancia mediante la acción de bacterias, levaduras u otros microorganismos, que por lo general libera calor y partículas gaseosas.

**Fibra:** material dietético compuesto de sustancias tales como celulosa, lignina o pectina, los cuales son resistentes a la acción de las enzimas digestivas.

**Flora bacteriana:** todas las bacterias presentes en el interior o en la superficie de un organismo.

**Flora microbiana:** grupo de microorganismos bacteriales característicos de una determinada zona del cuerpo, como por ejemplo, el sistema digestivo.

**FNDC (o BDNF):** factor neurotrófico derivado del cerebro, una proteína codificada en los humanos por el gen del mismo nombre. Pertenece a la familia de factores de crecimiento conocidos como neurotrofinas, y se le ha descrito como «fertilizante para el cerebro».

**Folatos:** vitaminas B presentes de manera natural en muchos alimentos, que el cuerpo necesita para generar ADN y otros materiales genéticos, y para el proceso de división celular.

**Fónico:** método de enseñanza en el que el alumno aprende el valor fonético de letras, grupos de letras y sobre todo sílabas para poder leer y pronunciar palabras.

**Fructosa:** azúcar de tipo hexosa (con seis átomos de carbono) presente especialmente en la miel y la fruta.

**Genético:** perteneciente o relativo a los genes, su origen o evolución.

**Glía, células de:** células del sistema nervioso central (encéfalo y médula espinal) y el sistema nervioso periférico, diferentes a las neuronas y que no transmiten impulsos eléctricos. Se encargan de mantener la homeostasis, formar la mielina y proporcionar apoyo y protección a las neuronas.

**Gliadina:** un tipo de proteínas presentes en el trigo y en otros cereales del género Triticum, que forman parte del gluten y son fundamentales para que la masa del pan crezca durante el horneado.

**Glucémico, índice:** una clasificación relativa del nivel de carbohidratos en los alimentos, según cómo afecten a los niveles de glucosa en sangre al ingerirse.

**Glucémico:** perteneciente o relativo a la glucosa en sangre.

**Glucosa:** un tipo de azúcar simple, que constituye una importante fuente de energía para los organismos vivos y forma parte de numerosos carbohidratos.

**Gluten:** proteína similar al pegamento, presente en el trigo, la cebada, el centeno o la espelta, entre otros muchos cereales.

**Gnóstica, sensación:** percepción asociada a la estimulación de un órgano sensorial o a una determinada condición corporal; capacidad de sentir o percibir; sensibilidad física.

**Grasa:** una sustancia natural de consistencia untuosa que se encuentra en el cuerpo de los animales, sobre todo cuando se deposita en forma de una capa por debajo de la piel o alrededor de ciertos órganos.

**Grasas monoinsaturadas:** moléculas lipídicas con un solo enlace insaturado, también llamado doble enlace de carbono.

**Grasas poliinsaturadas:** moléculas lipídicas con más de un enlace insaturado, también llamado doble enlace de carbono. Los aceites que contienen grasas poliinsaturadas son, por lo general, líquidos a temperatura ambiente y sólidos al enfriarse.

**Grasas saturadas:** un tipo de lípidos que contienen una elevada proporción de moléculas de ácidos grasos sin doble enlace, que en la dieta se consideran menos sanos que las grasas insaturadas.

**Grasas trans:** lípidos de textura sólida o semisólida, derivados de los ácidos grasos poliinsaturados debido a la acción del hidrógeno.

**HCH:** hormona del crecimiento humano, generada en la glándula pituitaria y que activa el desarrollo en niños y adolescentes, además de contribuir a la regulación de los fluidos corporales, el crecimiento de huesos y músculos, el metabolismo de azúcares y grasas y posiblemente el funcionamiento del corazón.

**HDL** *(high-density lipoprotein):* lipoproteínas de alta densidad; el llamado «colesterol bueno», que se comporta como un parásito benigno que recorre el torrente sanguíneo, quitando el «colesterol malo» de donde no debe estar.

**Hidratación:** proceso para que algo absorba agua, como el cuerpo humano.

**Hierro:** el elemento químico más abundante en la Tierra en términos de masa, que como nutriente desempeña una función vital en ciertos procesos biológicos.

**Hiperactividad:** condición de ser extremada o anormalmente activo, ocasionalmente con comportamientos problemáticos, y que se produce principalmente en niños.

**Hipersensibilidad:** sensibilidad anormal o excesiva hacia determinadas condiciones o sensaciones físicas.

**Hipersensibilidad gastrointestinal:** síntomas que se producen en un gran número de pacientes con alergias alimentarias, y que pueden causar náuseas, vómitos, dolor abdominal y diarrea.

**Hipocampo:** estructura del cerebro de gran complejidad, alojada en el interior del lóbulo temporal y que desempeña un papel principal en el aprendizaje y la memoria.

**Hiposensibilidad:** sensibilidad hacia los estímulos inferior a la normal.

**Hipotermia:** condición en la que la temperatura corporal alcanza niveles anormalmente bajos y, en general, peligrosos; se puede inducir este estado durante un proceso quirúrgico y así incrementar notablemente la tasa de supervivencia sin deterioro neurológico a largo plazo.

**Holístico:** tratamiento aplicado al todo en la persona, considerando factores mentales y sociales, y no solamente los síntomas de la enfermedad.

**Homeostático, ritmo:** aplicado a la necesidad de dormir, que incrementa de manera exponencial al mantenernos despiertos y que disminuye con la misma rapidez al dormir; se refiere a un ciclo interno de unas veinticuatro horas de intervalo y que se puede restablecer con la luz ambiental.

**Hongos:** grupo de organismos que producen esporas y se alimentan de materias orgánicas, en los que se incluyen los mohos, las levaduras y las setas.

**Hormona:** sustancia producida en el interior de un organismo y transportada a través de fluidos tisulares como la sangre o la savia, cuya función es regular y estimular determinadas células o tejidos para que realicen una determinada acción.

**Hormonas del estrés:** hormonas que incrementan el nivel de azúcar (o glucosa) en sangre, potencia su metabolismo en el cerebro e incrementa la cantidad de sustancias reparadoras de tejidos; la más importante de este tipo es el cortisol.

*In utero:* en el útero de la mujer; antes del nacimiento.

**Infección:** proceso en el que un organismo causante de enfermedad afecta a otro organismo, persona, célula, etc.

**Inflamación:** condición en la que una parte muy localizada del cuerpo se hincha, enrojece y aumenta de temperatura, a menudo de forma dolorosa y principalmente como reacción a una herida o infección.

**Inmunidad:** capacidad de un organismo de resistir una infección o toxina concreta mediante la acción de anticuerpos específicos o la activación de glóbulos blancos.

**Insaturado:** con capacidad de absorber o disolver en mayor medida que la actual; capaz de formar productos por adición química.

**Insomnio:** falta de sueño rutinaria; incapacidad para dormir.

**Insulina:** hormona generada en el páncreas que regula la cantidad de glucosa en la sangre.

**Insulina, resistencia a la:** respuesta defectuosa del cuerpo a la insulina y que se traduce en un mayor nivel de glucosa en sangre.

**Integración sensorial:** estimulación de uno o de todos los canales sensoriales (vista, oído, tacto, gusto y olfato) con el fin de mejorar la capacidad de un niño de percibir y experimentar el mundo a su alrededor.

**Integral:** con el propósito o función de aglutinar elementos separados; que combina varias terapias complementarias.

**Intestino grueso:** órgano largo y tubular, que conecta por un extremo con el intestino delgado y por el otro con el ano, y que consta de cuatro partes: ciego, colon, recto y conducto anal.

**Intestino permeable, síndrome del:** trastorno del sistema digestivo por el que ciertas bacterias y toxinas pueden «filtrarse» a través de las paredes del intestino.

**IRMF:** imágenes por resonancia magnética funcional, con las que se mide la actividad cerebral mediante la detección de cambios asociados con el flujo de la sangre. Esta técnica se basa en el hecho de que el flujo sanguíneo en el cerebro está asociado a la activación neuronal.

**Jarabe de maíz de alta fructosa:** edulcorante derivado del sirope de maíz, derivado de este cereal y que se utiliza en alimentos procesados y bebidas azucaradas, sobre todo en Estados Unidos. Su composición de glucosa y fructosa es similar a la del azúcar de mesa (también llamado sacarosa).

**LDL (*low-density lipoprotein*):** lipoproteínas de baja densidad, conocidas como «colesterol malo» y que en niveles elevados incrementan el riesgo de padecer enfermedades cardiovasculares.

**Lenguaje receptivo:** capacidad de entender palabras y lenguaje, incluyendo sonidos, gramática, información escrita y conceptos como tamaño o forma.

**Lesión:** zona en un órgano o tejido que se encuentra dañada por acción física o enfermedad, como heridas, úlceras, absceso o tumor.

**Linfa:** fluido incoloro que contiene los glóbulos blancos, que empapa los tejidos y que fluye al torrente sanguíneo a través del sistema linfático.

**Lípidos:** una clase de compuestos orgánicos formados por ácidos grasos o sus derivados, insolubles en agua, pero capaces de disolverse en líquidos orgánicos, y que abarcan muchos aceites naturales, ceras y esteroides.

**Liposolubles, vitaminas:** vitaminas que se pueden disolver en grasas y aceites, y que en la dieta se absorben junto con los lípidos y se pueden almacenar en los tejidos grasos del cuerpo. Proceden de alimentos de origen vegetal o animal o de los suplementos alimentarios, y son las vitaminas A, D, E y K.

**Macronutrientes:** referido a los carbohidratos, las proteínas, los lípidos y el agua, sustancias que el cuerpo necesita en grandes cantidades.

**Magnesio:** mineral necesario para más de trescientas reacciones bioquímicas en el cuerpo, que contribuye a mantener un funcionamiento normal de nervios y músculos, favorece el sistema inmunitario, mantiene un ritmo cardiaco constante y ayuda a fortalecer los huesos.

**Médula espinal:** cable de tejido nervioso que, desde el encéfalo, se extiende por la espalda a través del conducto vertebral, y del cual se derivan los pares de nervios raquídeos; su función es transmitir los impulsos que entran y salen del cerebro, además de iniciar y coordinar numerosos actos reflejos.

**Melatonina:** hormona presente en los vertebrados y derivada de la serotonina, segregada por la glándula pineal sobre todo como respuesta a la oscuridad, y que se ha asociado a la regulación de los ritmos circadianos.

**Memoria visual:** capacidad de recordar información que hemos asimilado por la vista, como palabras, imágenes o actividades.

**Mercurio:** un metal pesado, tóxico para el cuerpo humano.

**Microbiota intestinal:** conjunto de microorganismos, bacterias, virus, protozoos y hongos, así como de sus materiales genéticos, presentes en el tracto gastrointestinal.

**Microgramo:** unidad de masa equivalente a la millonésima parte de un gramo.

**Micronutrientes:** referido a las vitaminas y minerales, sustancias que el cuerpo necesita en pequeñas cantidades.

**Miligramo:** unidad de masa equivalente a la milésima parte de un gramo.

**Minerales:** elemento sólido e inorgánico presente en la naturaleza, dotado de una composición uniforme y con una estructura interna repetida a intervalos regulares; ciertos minerales como el calcio, el potasio o el zinc son esenciales para el cuerpo humano.

**Moléculas:** la parte más pequeña de una sustancia que conserva todas las propiedades de la misma, compuesta de uno o varios átomos.

**Mundano:** perteneciente o relativo al mundo; de carácter ordinario, práctico o transitorio.

**Neurociencia:** cualquier rama de las biociencias que estudie la anatomía, fisiología, bioquímica o biología molecular de los nervios y el tejido nervioso, sobre todo con relación al comportamiento y el aprendizaje.

**Neurodegenerativo:** perteneciente o relativo a la degeneración del tejido nervioso.

**Neurodesarrollo:** crecimiento y evolución del sistema nervioso.

**Neurofisiólogo:** científico que estudia la fisiología del sistema nervioso.

**Neurogénesis:** creación de nuevas células cerebrales durante la vida de una persona.

**Neuronas:** células granulares de color grisáceo o rojizo que constituyen la unidad funcional básica del tejido nervioso, al recibir y transmitir impulsos nerviosos mediante procesos citoplásmicos altamente diferenciados, bien en múltiples dendritas o de manera individual en el axón, siendo ambos los conductores de dichos impulsos.

**Neuroplasticidad:** capacidad del cerebro de cambiar y adaptarse en función de la actividad y el entorno.

**Neuroprotectores:** factores y sustancias que pueden resultar en la preservación, recuperación o regeneración del sistema nervioso o de sus células, estructura y función. Un ejemplo de neuroprotectores son los antioxidantes (vitaminas A, C y E).

**Neurotípico:** no afectado por un trastorno del neurodesarrollo, en particular del espectro autista, y que muestra o es característico de un desarrollo neurológico normal.

**Neurotóxico:** que produce envenenamiento en nervios o tejido nervioso.

**Neurotransmisores:** sustancia que transmite impulsos nerviosos a través de una sinapsis, como por ejemplo la norepinefrina o la acetilcolina.

**NREM (*no rapid eye movement*):** fase del sueño sin movimientos oculares rápidos, con ausencia de ensoñaciones y en la que, por lo general, las ondas cerebrales son lentas, la respiración y el ritmo cardiaco es pausado y regular, la presión arterial es baja y el cuerpo se mantiene relativamente quieto.

**Occipital:** perteneciente, relativo a o situado en proximidad del occipucio o hueso occipital, en la parte posterior de la cabeza.

**OGM:** organismo genéticamente modificado; una planta, animal u otro organismo cuya estructura genética se haya alterado en un laboratorio mediante técnicas de ingeniería genética.

**Omega-3:** perteneciente a o compuesto de ácidos grasos poliinsaturados en los que el último enlace doble en la cadena de hidrocarbonos se produce entre el tercer y el cuarto átomo de carbono, contando a partir de la molécula en el extremo opuesto al grupo carboxilo; se encuentran principalmente en el pescado, los aceites de pescado, las verduras de hoja verde y en ciertos frutos secos y aceites vegetales.

**Omega-6:** perteneciente a o compuesto de ácidos grasos poliinsaturados en los que el primer doble enlace en la cadena de hidrocarbonos se produce entre el sexto y el séptimo átomo de carbono, contando a partir de la molécula más distante del grupo de ácido carboxílico; se encuentran principalmente en aceites vegetales, frutos secos, legumbres, semillas y cereales.

**Oposición cortical:** función del córtex humano que permite a una persona oponer los dedos pulgar e índice con el fin de agarrar objetos.

**Oscilación:** un flujo que cambia periódicamente de dirección; específicamente, un flujo de electricidad que varía periódicamente de un máximo a un mínimo.

**Palabras «de vista»:** palabras utilizadas habitualmente y que se hacen memorizar de vista a los niños pequeños, para que las reconozcan automáticamente al verlas escritas sin tener que recurrir a otras estrategias para decodificarlas.

**Parálisis cerebral:** trastorno que provoca incapacidad para coordinar músculos (parálisis espástica) y/u otras discapacidades, por lo general causado por una lesión en el cerebro antes o durante el nacimiento.

**Parietal:** perteneciente, relativo a o situado en proximidad del hueso parietal (el principal hueso lateral del cráneo) o del lóbulo parietal (uno de los cuatro lóbulos principales en que se divide la corteza cerebral).

**Pasteurización:** esterilización parcial de una sustancia y en especial de un líquido (como la leche) a una temperatura y un periodo de tiempo lo bastante elevados como para destruir cualquier microorganismo indeseable, pero sin causar radiación o una gran alteración química en dicha sustancia.

**Pasto, alimentado con:** referente al ganado al que se le permite apacentarse y procurarse su propio alimento. A diferencia del ganado alimentado con pienso, el énfasis se sigue poniendo en hacer que la dieta de estos animales sea lo más natural posible.

**Péptidos:** grupo de amidas originadas a partir de dos o más aminoácidos, a partir de la combinación del grupo amino de uno de dichos ácidos con el grupo carboxilo del otro, y que en general se obtienen por hidrólisis parcial de las proteínas.

**Percepción en profundidad:** la capacidad de percibir la distancia relativa a la que se encuentra un objeto en el campo visual de una persona.

**Percepción sensorial:** capacidad de un individuo de procesar neurológicamente los estímulos en su entorno.

**Periferia:** perímetro de una esfera o de otra superficie curva cerrada; límite exterior de un cuerpo o superficie.

**Pesticidas:** agente químico usado para destruir plagas en plantas y cultivos.

**Pineal, glándula:** glándula que segrega la hormona de la melatonina.

**Pinza, agarre en:** coordinación de los dedos pulgar e índice para sujetar un objeto, y que supone un importante hito en el desarrollo de las habilidades motrices finas.

**Placenta previa:** implantación anormal de la placenta en la apertura interna del cuello del útero, de modo que precede al feto en el nacimiento y que suele provocar hemorragia severa en la madre.

**Prebióticos:** fibra no digerible, presente en alimentos tales como cebolla, ajo, jengibre, etc.

**Presión intracraneal:** presión ejercida en el interior del cráneo y en el tejido cerebral por fluidos como el líquido cefalorraquídeo.

**Presión sanguínea:** la presión de la sangre en el sistema circulatorio, que se suele medir con el fin de realizar diagnósticos por estar estrechamente vinculada a la fuerza y la frecuencia de los latidos del corazón, así como al diámetro y elasticidad de las paredes arteriales.

**Probióticos:** bacterias vivas con efectos beneficiosos sobre la salud y que se encuentran en alimentos fermentados, entre otros.

**Proteína:** diversas sustancias orgánicas extremadamente complejas y formadas por aminoácidos unidos por enlaces peptídicos, que contienen los elementos: carbono, hidrógeno, nitrógeno, oxígeno, normalmente azufre y ocasionalmente otros como fósforo o hierro, y que abarcan muchos compuestos biológicos esenciales como enzimas, hormonas o anticuerpos; las proteínas constituyen el total de las sustancias en plantas y animales con contenido en nitrógeno.

**Proteínas animales:** carne, pescado y lácteos, que son fuentes completas de proteínas y contienen todos los aminoácidos esenciales.

**Proteínas vegetales:** una importante fuente alimentaria de proteínas, derivada de las plantas y que incluye, entre otros: tofu, soja, semillas, frutos secos y ciertos cereales.

**Red neuronal:** arquitectura informática en la que una serie de procesadores se interconectan de manera similar al modo en que las neuronas están conectadas en el cerebro humano, creando un sistema capaz de aprender por un proceso de prueba y error.

**Reflejo de sobresalto:** reflejo observado en niños neurotípicos como respuesta a un sonido de gran volumen, que por lo general consiste en acercar los brazos y las piernas al pecho.

**Rehabilitación neuronal:** programa médico diseñado para personas con enfermedades, lesiones o trastornos del sistema nervioso, con el que a menudo se puede mejorar la función, reducir los síntomas y aumentar el bienestar general del paciente.

**REM (*rapid eye moveme nt*):** fase del sueño que se alterna con la fase NREM varias veces durante un ciclo normal de sueño, caracterizada por un tono muscular drásticamente disminuido, ensoñaciones vívidas, movimientos oculares rápidos y un aumento de la actividad neuronal en ciertas regiones cerebrales como el puente de Varolio, que por lo general comprende la cuarta parte del tiempo que pasamos durmiendo.

**Respuesta vital:** respuesta de un organismo vivo a un trauma o amenaza a su supervivencia.

**Retraso evolutivo:** trastorno de un niño con un desarrollo físico o mental inferior al normal en su edad.

**Sedentario:** asentado, no migratorio; que permanece mucho tiempo sentado; carente de actividad física.

**Sensación vital:** capacidad de sentir dolor, frío y calor.

**Serotonina:** neurotransmisor que funciona como un potente vasoconstrictor y que se encuentra sobre todo en el cerebro, el plasma sanguíneo y en las mucosas gástricas de los mamíferos.

**Sinapsis:** espacio entre el axón de una neurona y las dendritas de otra.

**Sináptico:** perteneciente o relativo a la sinapsis.

**Sincronización interpersonal:** aplicado a situaciones en que los movimientos o sensaciones de dos personas se solapan en tiempo y forma, cuya influencia causal se ha establecido recientemente a través de diversos experimentos.

**Sistema inmunitario:** sistema que protege el cuerpo de sustancias, células y cuerpos extraños al generar la respuesta inmunitaria, en la que participan los nodos linfáticos, el bazo, el timo y otros órganos.

**Sistema nervioso periférico:** parte del sistema nervioso que corresponde al exterior del sistema nervioso central, y que comprende los nervios craneales salvo el nervio óptico, los nervios espinales y el sistema nervioso autónomo.

**Sistema nervioso:** sistema que en los vertebrados consta del encéfalo y la médula espinal, los nervios, los ganglios y ciertas partes de los órganos sensoriales, cuya función es recibir e interpretar estímulos y transmitir impulsos a los órganos efectores.

**Sonido blanco:** mezcla heterogénea de ondas de sonido con un amplio espectro de frecuencia; ruido de fondo constante; murmullo o barullo que causa distracción.

*Spotting*: prestar ayuda física a otra persona para que aprenda nuevas habilidades de manera segura, con el fin de reducir el riesgo de sufrir lesiones o vigilar que se aplica la técnica apropiada.

**Tactilidad:** capacidad de percibir sensaciones al tocar; respuesta a la estimulación del sentido del tacto.

**Tapones de silicona:** tapones que se pueden moldear para ajustarse a la forma única del oído de cada persona por estar fabricados con masilla de silicona, que resultan más cómodos y aíslan mejor que los de otros materiales.

**TDA:** trastorno por déficit de atención, una alteración neurológica que provoca una serie de problemas de comportamiento, incluyendo dificultad a la hora de seguir con atención unas indicaciones, completar tareas o establecer relaciones sociales.

**TDAH:** trastorno por déficit de atención e hiperactividad, un trastorno evolutivo marcado especialmente por síntomas persistentes de inatención (por ejemplo, desorganización o facilidad para distraerse u olvidar cosas), de hiperactividad e impulsividad (tales como presentar tics, hablar fuera de turno o estar en constante movimiento) o por una combinación de todos ellos.

**Toxicidad:** estado o condición de venenoso.

**Triptófano:** aminoácido esencial, de estructura cristalina y que forma parte de casi todas las proteínas.

**Trisomía 21:** síndrome de Down; trastorno congénito caracterizado principalmente por retrasos en el desarrollo, normalmente limitaciones leves o moderadas en el funcionamiento cognitivo, y por rasgos físicos como corta estatura, ojos rasgados, tabique nasal aplanado, manos anchas con dedos cortos, tono muscular disminuido y un cromosoma de más en el par 21.

**Vegetariano:** dicho de una persona que no come carne; alguien cuya dieta consiste exclusivamente en verduras, frutas, cereales, frutos secos y en ocasiones lácteos o huevos.

**Vitamina D:** grupo de vitaminas liposolubles, emparentadas químicamente con los esteroides y que resultan fundamentales para mantener la estructura de huesos y dientes. Se encuentra sobre todo en aceites de hígado de pescado, la yema de huevo o la leche, o bien se produce por la activación de esteroles por radiación ultravioleta; comprende la vitamina D2 y la D3.

**Vitaminas hidrosolubles:** vitaminas que pueden disolverse en agua, las cuales se transportan a través de los tejidos corporales, pero no se almacenan. Se encuentran en alimentos de origen animal y vegetal y deben ingerirse a diario. A esta clase pertenecen las vitaminas del grupo B y la vitamina C.

**Vitaminas:** compuestos orgánicos que en cantidades ínfimas resultan esenciales en la dieta de casi todos los animales y ciertas plantas, presentes en los alimentos y en ocasiones producidas por el cuerpo, y cuya función principal es actuar de coenzimas o precursores de coenzimas en la regulación de los procesos metabólicos, pero no proporcionan energía ni sirven de elemento estructural.

**Wernicke, área de:** región del cerebro situada en la parte posterior del lóbulo temporal izquierdo y que se relaciona con la comprensión del lenguaje.

**Zinc:** elemento metálico de color blanquiazulado, el cual es un micronutriente esencial para plantas y animales y se utiliza principalmente en la fabricación de aleaciones y como capa protectora en la galvanización del hierro y el acero.